中国环境法典研究文丛

中国环境法典编纂的基本理论问题

主　编　陈海嵩
撰稿人　陈海嵩　曹　炜　丁　霖
代　杰　何　江　朱炳成
周骁然

法律出版社
LAW PRESS · CHINA
北京

感谢阿里巴巴公益基金会为“中国环境法典研究文丛”提供的大力支持！

标示“绿典”之路(代总序)

对法律人而言,“法典”似乎是一个不可抵挡的诱惑。在我的阅读范围内,什么是法典,没有答案;但我知道,法典化是学术与实践紧密结合的过程,法学理论是法典的基础,法典是法学理论的规范性表达,没有法学和法学家,就没有法典!正因为有法学和法学家的存在,世界上从来不缺少推动法典化的力量,也未消失过反对的声音。不可否认,法典化运动是近代以来一个普遍的法律现象,在法典的制定上,法学家发挥着不可替代的作用。

十二表法是法典,抑或民法大全是法典?真的很难回答。在最宽泛的意义上,法典是一种成文的法律作品,主要是对某一法律领域最根本的原则和基础性的规范作出规定。法典是整体的、系统的,不是单一的法律,也不是对多部法律的简单汇编;法典是科学系统编纂的成果,是对法学和法律的提炼和结合,需要由法学家和法律家共同参与才能完成。法典化作为一种理想的立法模式和方法,各类法律不断地完善、补充以及体系化,最终都是以制定法典作为目标的。

即便如此,环境法人对环境法典依然有太多的疑问。从形式上看,大陆法系的一些国家制定了环境法典,更多国家没有环境法典;有的国家环境法律冠有“法典”之名,但学者们却认为其不是一部法典;有的国家环境法典连续多达数本,有的国家环境法典只有可怜的几十条。从内容上看,不同国家的环境法典更是千差万别,与具有基本相同体例的各国民法典相比,简直是“冰火两重天”。从法典化的过程看,有的国家经过三十多年的争论,多次启动环境法典制定,始终不得其果;有的国家几乎还没有开始环境保护,就在国外专家的帮助下,出台了环境法典;还有的国家环境法典已经制定完成,却因为种种原因不能或者不敢颁行……到底什么时候需要环境法典?环境法典是社会变革的必然结果吗?特定的个人或政治家对环境法典有怎样的作用?应如何认识环境法典与环境法学的关系?剪不断、理还乱,直叫人爱也法典,恨也法典!

在中国,环境法典同样是环境法人的不变“初心”,也始终走在坎坷崎岖的道路上。20世纪70年代,中国环境保护立法起步之始,就设定了法典化目标。1979年,在时任城乡建设环境保护部部长李伯超代表国务院向全国人大常委会所作的《关于〈中华人民共和国环境保护法(草案)〉的说明》中,就明确指出这部法律主要是规定国家在环境保护方面的基本方针和基本政策,应成为环境保护领域的基本法。虽然这部法律因种种原因以《中华人民共和国环境保护法(试行)》的方式颁布,但以基本法为龙头、单行法为骨干的环境立法体系一直延续至今,“体系化”这个法典的核心要素始终存在。在环境法理论研究中,法典化是一个永恒的课题,三十多年的中国环境法发展史上,不断有学者推出有价值的环境法典研究成果。2011年年底,全国人大常委会讨论启动《环境保护法》的修订时,将修订后的《环境保护法》作为环境法典总则加以考虑并为进行环境法典编纂奠定基础的建议再次提出,遗憾的是没有得到采纳。2014年,十二届全国人大常委会第八次会议审议通过的《环境保护法修订案》只是进一步明确了其在环境保护领域的综合法定位。在学者们看来,这是《环境保护法》地位的提升,但由此带来的立法实践“困扰”日显,随着《大气污染防治法》《海洋环境保护法》《水污染防治法》等环境保护单行法修订工作的展开,如何处理与《环境保护法》的关系,成为一个现实的问题。或者高度重复立法或者法律支离破碎的困境,使立法者开始关注并思考环境法典编纂的必要性及可行性;人大代表、政协委员关于环境法典编纂的议案、建议逐渐增多,将编纂环境法典纳入十三届全国人大常委会立法计划的呼声也日益高涨。

不得不承认,我们这一辈环境法人赶上了好时代!过去四十年经济社会高速发展所积累的生态环境问题成为制约中国未来的“瓶颈”

达至社会共识,用法治手段推进生态文明建设、打赢污染防治攻坚战的举措彰显坚定的政治意志,中国自己的立法、执法、司法经验和理论成果奠定了环境法体系化、整体化的基础。种种现象表明,展开法典化研究和推进环境法典编纂的一些必要条件已经具备;但是,这些客观现实均不能构成中国必须编纂环境法典的充分理由。中国是否需要环境法典,是否存在环境法典的替代方案?如果我们认为中国应该有环境法典,也必须回答中国需要怎样的环境法典、如何构建适应环境法典需求的环境法知识体系、如何在现有环境立法与资源立法的基础上进行建构、如何处理环境法典与民法典等传统法典的关系……别有滋味在心头,真让人喜也法典,忧也法典!

一个时代的学者有一个时代的使命,回答环境法典编纂的基本理论问题,是今天的中国环境法学者必须直面的时代课题。这需要学者们有时不我待的担当和舍我其谁的勇气,以严肃的学术态度、坚毅的学术精神、科学的学术方法、理性的学术论证,提出能够让立法决策者接受、让社会接受的成果。至于最后的结论,无论是圆梦环境法典还是梦碎环境法典,都具有同等的非凡价值。我们要做的,仅仅是忠实记录所走过的道路,并留下一个又一个路标,昭示后来人。

在我的心目中,"绿典之路"丛书就是这样一个树立路标的系统工程。之所以将环境法典称为"绿典",是希望为我们的路标涂上最鲜明的底色,为每个行路人提供更高辨识度。面对可能前行、可能转折、可能返回的环境法典之路,希望既提供国外先行者的路线图,鼓励研究参照系、重走经典线,为可行或不可行之路插上绿色路标;也总结中国的经验,鼓励漫漫长路上下求索,逢山开路、遇水搭桥,为开辟康庄大道设定绿色标识。为此,"绿典之路"丛书设计了"各国环境法典译丛""外国环境法典研究文丛""中国环境法典研究文丛""环境法典相关研究文丛"等若干子系列,从构建环境法典研究"生态系统"的角度,探索环境法典化的"生态平衡"。出现在"绿典之路"上的每一本论著,都应该既有独立的功能与作用,也能为提升生态系统的服务能力贡献智慧与力量。

我知道,任何国家制定法典,都有很多既偶然又必然的因素发挥作用,结果不可预测。在中国,环境法典的出台,也许很快,也许很慢,甚至慢到我们这一代人都无缘相见。但是,我更明白,学者对法典的追求,从来不是以被命名为法典的某个法律文件为直接目的。在法典化的进程中,创新和创造环境法知识体系、合理解释环境法社会现象、准确把握环境法运行规律、教授和传承环境法思维方式、巩固和提升环境法学术品质,都是学者为环境法典所做的准备和贡献。因此,“绿典之路”丛书是否可以在当下直接为中国环境法典编纂做出贡献,可遇而不可求。但是,记录环境法学的思维过程,记载环境法学人的心路历程,记忆环境法学科的品格养成,为后人标示中国环境法典化之路,一定可以实现。

2014 年的今天,全国人大常委会高票通过《环境保护法修订案》,这部“长出了牙齿”的法律,凝聚了几代环境法人的心血,是环境法理论成果与立法决策的有机结合,值得环境法人骄傲和自豪!2018 年春天,我们托起心中的向往,满怀信心再出发!期待在“绿典之路”上,环境法学者不断成长,环境法成果不断涌现,环境法学科不断完善,环境法品格不断成熟!

吕忠梅
2018 年 4 月 24 日
于北京太平桥大街 23 号

作 者 简 介

陈海嵩 法学博士；武汉大学环境法研究所教授、博士生导师，武汉大学文科优青；入选湖北省“楚天学者”特聘教授。兼任湖北省高级人民法院环境资源审判咨询专家、湖南省人大常委会立法咨询专家等。中南财经政法大学法学学士（2004 年）、法学硕士（2007 年），武汉大学法学博士（2010 年）；耶鲁大学高级访问学者（2018 年）。主要研究方向为环境法基础理论、环境公法理论与实践、生态文明制度。在《法学研究》《中国法学》《法商研究》《法律科学》《法学》《法制与社会发展》《法学评论》《东方法学》《法学论坛》《华东政法大学学报》《政法论丛》等 CSSCI 刊物上发表论文 40 余篇。出版《国家环境保护义务论》《解释论视角下的环境法研究》等专著多部。主持国家社科基金重点项目、一般项目 3 项，主持省部级科研项目 10 余项。研究成果获得“中达环境法青年学者奖”、“董必武青年法学成果奖”、“中国法学家论坛”一等奖等多项奖励。

曹　炜 法学博士；中国人民大学副教授。主要研究方向为环境法基础理论、可再生能源与气候变化治理。在《中国法学》、《法学》、《法学评论》、《中国人民大学学报》、*Vermont Law Review* 等刊物上发表论文 10 余篇，多篇论文被人大复印资料全文转载。出版环境法专著 1 部。主持国家社科基金 1 项。

丁　霖 法学博士；中国人民大学国家发展与战略研究院博士后。主要研究方向为环境执法、政府环境责任。在《政治与法律》《重庆大学学报(社会科学版)》《吉首大学学报(社会科学版)》等刊物上发表论文多篇。作为主要成员参与生态环境部委托项目多项。2018 年获得“中达环境法优秀学位论文奖”。

代　杰　法学博士;天津大学法学院副教授,天津法官学院兼职教授。主要研究方向为环境监管与环境司法。在《法律适用》《环境保护》《中国环境管理》等刊物发表论文 30 余篇。出版环境法专著 2 部。

何　江　法学博士,西南政法大学生态法学院讲师。主要研究方法为环境公共治理、环境法律制度。在《法制与社会发展》《重庆大学学报(社会科学版)》《北京理工大学学报(社会科学版)》等刊物上发表论文多篇,其中 2 篇论文被人大复印资料全文转载。主持国家社科基金项目 1 项,参与国家社科基金重大项目以及教育部、司法部、中国法学会法学研究课题数项。

朱炳成　法学博士;中国政法大学民商经济法学院讲师,中国政法大学生态与资源法治研究中心秘书长。主要研究方向为环境法基础理论、环境风险规制、能源法。主持省部级项目 3 项,参与各级课题研究 10 余项;在《暨南学报》《学习与实践》《中州学刊》等刊物发表论文 10 余篇。获“中国未来之路环保奖”“中达环境法优秀学位论文奖”等;入选中国法学会环境资源法学研究会青年人才储备库。

周骁然　法学博士;西南政法大学生态法学院讲师,西南政法大学西部生态法研究中心研究人员。主要研究方向为环境法基础理论、环境法律制度。在《法制与社会发展》《中国人口·资源与环境》《中国地质大学学报(社会科学版)》等刊物上发表论文多篇。出版环境法专著 1 部。主持国家社科基金 1 项,司法部、重庆市社科基金等省部级项目 2 项。

目　录

《宪法》颁布,我们党恢复和重建社会主义法制的坚实脚步和显著成就,成为中国特色社会主义法律体系建设的重要开端。从党的十二大召开到党的十四大前,立法工作取得的重大成绩,立法体制、立法程序和工作机制的不断健全,为中国特色社会主义法律体系建设打下了坚实的基础。从邓小平南行发表重要谈话、党的十四大召开到党的十五大召开前后,我国在社会主义市场经济立法等方面迈出重大步伐,中国特色社会主义法律体系的框架初步形成。从党的十五大召开到党的十六大召开前后,我国不断加强立法工作、提高立法质量,初步形成中国特色社会主义法律体系。从党的十六大召开到 2010 年年底,我国全面贯彻落实科学发展观,继续加强和改进立法工作,不断推进科学立法、民主立法,中国特色社会主义法律体系如期形成。至此,一个立足中国国情和实际、适应改革开放和社会主义现代化建设需要、集中体现党和人民意志的、以宪法为统帅,以宪法相关法、民法商法等多个法律部门的法律为主干,由法律、行政法规和地方性法规等多个层次的法律规范构成的中国特色社会主义法律体系已经形成。[1]

(一)中国特色社会主义法律体系的发展历程

中国特色社会主义法律体系的形成与发展,即为中国法律的发展历程。从中华人民共和国成立开始,中国法律即处于不断的探索与发展之中。具体到中国特色社会主义法律体系,1997 年党的十五大提出"到 2010 年形成有中国特色的社会主义法律体系",2011 年形成中国特色社会主义法律体系,2012 年党的十八大报告提出全面推进依法治国,加快建设社会主义法治国家。由此可见,中国特色社会主义法律体系虽然已经形成但仍在不断地发展完善之中。就中国特色社会主义法律体系的形成和发展而言,具体可分为五个阶段:

1. 第一阶段:1978 年 ~ 1992 年,快速起步、奠定基础阶段

这一阶段,根据党的十一届三中全会要求,1982 年五届全国人大第五次会议制定了宪法,第五、六、七届全国人大及常委会先后通过了

---

〔1〕 法言:《光辉的历程——话说中国特色社会主义法律体系的形成(一)》,载《中国人大》2011 年第 11 期。

目　　录

第二篇 分 析 篇

第三篇 设 想 篇

绪 论

我国法律体系大体由宪法统领下的宪法及宪法相关法、民商法、行政法、经济法、社会法、刑法、诉讼与非诉讼程序法七个部分构成，包括法律、行政法规、地方性法规三个层次。2011 年 3 月 10 日，时任全国人大常委会委员长吴邦国在十一届全国人大常委会四次会议第二次全体会议上宣布：中国特色社会主义法律体系已经形成。在当时的法律体系之中，环境法被一分为二，与环境保护等行政管理方面的法律法规为行政法的组成部分，而与资源、能源利用相关以及与日常经济生活相关的环境行为的法律法规为经济法的组成部分。近十年后的今天，环境法已不再局限于行政法、经济法领域，其内容的不断扩充、范围的不断清晰，使其在我国法律体系之中的地位不断显现。2020 年《民法典》的出台寓意着我国法律体系迈向体系化完善的阶段。

环境法以其调整主体多元、调整机制综合、保护利益主体特殊等特点，在我国法律体系之中呈现一定的独特性，也为其法典化提供了法律体系的基础。环境法典编纂的前提是环境法已然形成了一个法律体系。环境法作为我国社会主义法律体系的重要组成部分，中国特色社会主义法律体系的形成特点与经验，可以作为验证环境法律体系是否形成的参考。

一、中国特色社会主义法律体系的发展与形成

中华人民共和国成立前后到党的十一届三中全会前，我们党领导人民发展社会主义民主法制建设的艰辛探索，为中国特色社会主义法律体系的建设积累了宝贵经验。从党的十一届三中全会后到 1988 年

《宪法》颁布,我们党恢复和重建社会主义法制的坚实脚步和显著成就,成为中国特色社会主义法律体系建设的重要开端。从党的十二大召开到党的十四大前,立法工作取得的重大成绩,立法体制、立法程序和工作机制的不断健全,为中国特色社会主义法律体系建设打下了坚实的基础。从邓小平南行发表重要谈话、党的十四大召开到党的十五大召开前后,我国在社会主义市场经济立法等方面迈出重大步伐,中国特色社会主义法律体系的框架初步形成。从党的十五大召开到党的十六大召开前后,我国不断加强立法工作、提高立法质量,初步形成中国特色社会主义法律体系。从党的十六大召开到2010年年底,我国全面贯彻落实科学发展观,继续加强和改进立法工作,不断推进科学立法、民主立法,中国特色社会主义法律体系如期形成。至此,一个立足中国国情和实际、适应改革开放和社会主义现代化建设需要、集中体现党和人民意志的、以宪法为统帅,以宪法相关法、民法商法等多个法律部门的法律为主干,由法律、行政法规和地方性法规等多个层次的法律规范构成的中国特色社会主义法律体系已经形成。[1]

(一)中国特色社会主义法律体系的发展历程

中国特色社会主义法律体系的形成与发展,即为中国法律的发展历程。从中华人民共和国成立开始,中国法律即处于不断的探索与发展之中。具体到中国特色社会主义法律体系,1997年党的十五大提出"到2010年形成有中国特色的社会主义法律体系",2011年形成中国特色社会主义法律体系,2012年党的十八大报告提出全面推进依法治国,加快建设社会主义法治国家。由此可见,中国特色社会主义法律体系虽然已经形成但仍在不断地发展完善之中。就中国特色社会主义法律体系的形成和发展而言,具体可分为五个阶段:

1. 第一阶段:1978年~1992年,快速起步、奠定基础阶段

这一阶段,根据党的十一届三中全会要求,1982年五届全国人大第五次会议制定了宪法,第五、六、七届全国人大及常委会先后通过了

---

〔1〕 法言:《光辉的历程——话说中国特色社会主义法律体系的形成(一)》,载《中国人大》2011年第11期。

138 部法律，并对 10 部法律作了修改，为法律体系的形成奠定了坚实的基础。[1]

2. 第二阶段：1992 年～2003 年，全面提速、初步形成阶段

这一阶段，为了适应建立社会主义市场经济体制和实行依法治国基本方略，以及到 2010 年形成中国特色社会主义法律体系的需要，立法工作全面提速，立法步伐不断加快。第八、九届全国人大及其常委会制定了 104 部法律，对 57 部法律作了修改。经过这一阶段的不懈努力，我国在经济、政治、文化和社会生活的主要方面已经实现了有法可依，以宪法为核心的中国特色社会主义法律体系初步形成，进一步为最终形成法律体系奠定了坚实的基础。[2]

3. 第三阶段：2003 年～2008 年，强基固本、基本形成阶段

这一阶段是第十届全国人大任期的五年。五年间，第十届全国人大常委会按照党的十六大提出的"社会主义民主更加完善，社会主义法制更加完备，依法治国基本方略得到全面实施，人民的政治、经济和文化权益得到切实尊重和保障"的全面建设小康社会的民主政治建设目标，全面贯彻落实科学发展观，努力"完善法制制度，夯实社会和谐的法治基础"，坚持以提高立法质量为重点，不断加强和改进立法工作，一大批关系经济社会发展全局、在法律体系中起支架作用的法律相继颁布实施。至 2008 年，经过改革开放以来近 30 年的努力，中国特色社会主义法律体系已经基本形成。[3]

4. 第四阶段：2008 年～2010 年，形成阶段

这一阶段，围绕"确保到 2010 年形成中国特色社会主义法律体系并不断加以完善"的目标，抓紧制定在法律体系中起支架作用的法律，集中开展法律法规清理。制定法律配套法规，深入开展中国特色社会

---

[1] 吴斌：《中国特色社会主义法律体系建设：成就、问题与对策——改革开放以来中国特色社会主义法律体系建设情况的调查与研究报告》，载《理论建设》2011 年第 1 期。

[2] 吴斌：《中国特色社会主义法律体系建设：成就、问题与对策——改革开放以来中国特色社会主义法律体系建设情况的调查与研究报告》，载《理论建设》2011 年第 1 期。

[3] 吴斌：《中国特色社会主义法律体系建设：成就、问题与对策——改革开放以来中国特色社会主义法律体系建设情况的调查与研究报告》，载《理论建设》2011 年第 1 期。

主义法律体系的理论研究和宣传。这一阶段,全国人大常委会共制定法律 13 部,修改法律 9 部,并通过法律集中清理,废止法律 5 部,"一揽子"修改法律 59 部。截至 2010 年 12 月 25 日,全国人大及其常委会制定的现行有效的法律达 237 部。[1]

5. 第五阶段:2011 年至今,发展完善阶段

2011 年 3 月 10 日,吴邦国委员长(时任)在十一届全国人大四次会议第二次全体会议上宣布:中国特色社会主义法律体系已经形成。同时,吴邦国委员长也强调:"中国特色社会主义法律体系形成后,如何适应经济社会发展和社会主义民主法制建设的需要,继续加强立法工作,提高立法质量,完善中国特色社会主义法律体系,是摆在我们面前的一个重大课题。"因此,中国特色社会主义法律体系的形成并非中国特色社会主义法律体系的终点,而是其发展完善的起点。故将中国特色社会主义法律体系形成后至今作为其发展历程的第五个阶段。

(二)中国特色社会主义法律体系的特点

具体解析中国特色社会主义法律体系的特点,可为环境法的法典化提供体系化的基础。通过中国特色社会主义法律体系特点、形成标志以及经验总结可见,中国特色社会主义法律体系是一个不断发展完善的动态体系,具有内部的完整性与外部的适应性。

1. 中国特色社会主义法律体系具有内部完整性

中国特色社会主义法律体系的内部完整性,是指中国特色社会主义法律体系涵盖社会关系各个方面的法律部门,且体系内部科学和谐统一。具体而言,又分为涵盖范围的完整性与内部体系的协调性。

中国特色社会主义法律体系涵盖范围的完整性是指中国特色社会主义法律体系应当涵盖中国特色社会主义政治、经济、文化等方方面面,是一个完整的有机系统。正如 1999 年全国人大常委会办公厅研究室课题组提出,中国特色社会主义法律体系应当全面规范和调整有中国特色社会主义的经济、有中国特色社会主义的政治、有中国特色社会

[1] 吴斌:《中国特色社会主义法律体系建设:成就、问题与对策——改革开放以来中国特色社会主义法律体系建设情况的调查与研究报告》,载《理论建设》2011 年第 1 期。

主义的文化。[1]

就中国特色社会主义法律体系形成标志而言,法律体系的法律部门是否齐全以及法律部门是否涵盖社会生活的各个领域、各个方面一直是其判断标准。1997 年党的十五大报告提出“依法治国,建设社会主义法治国家”后,第九届全国人大常委会成立之初就成立专题研究小组,专门组织力量对中国特色社会主义法律体系进行研究,提出了形成中国特色社会主义法律体系的三个主要标志。其中,第一、二个标志分别为“构成这个法律体系的法律部门应当齐全”“各法律部门中调整该类社会关系的基本的、主要的法律应当制定出来,使社会生活的各个领域、各个方面都基本有法可循”。[2] 2001 年 3 月召开的九届全国人大常委会第四次会议上,全国人大常委会工作报告提出了形成中国特色社会主义法律体系的三个基本标志,包括:第一,涵盖各个方面的法律部门应当齐全;第二,各个法律部门中基本的、主要的法律应当制定出来;第三,以法律为主干,相应的行政法规、地方性法规、自治条例和单行条例,应当制定出来与之配套。[3] 2010 年,学者刘茂林、王从峰提出,中国特色社会主义法律体系形成的标准可以从以下维度来予以确立,其中就包括:“社会生活的整个领域得到法律规范的系统调整”;“自洽、完满法律规范体系的确立门类齐全、体系完整的宪法与部门法体系的确立”;“以宪法责任的落实为最后保障的法律责任体系的构建”;“以法律为主干,相应的行政法规、地方性法规、自治条例和单行条例,应当制定出来与之配套”。[4] 经过不断探讨,各方面专家普遍认为,法律部门齐全、主要法律齐备、法规衔接配套,是判断中国特色社会

---

〔1〕 全国人大常委会办公厅研究室课题组:《中国特色社会主义法律体系若干问题研究》,载《理论研究》1999 年第 3 期。

〔2〕 法言:《判断法律体系形成的主要标志——话说中国特色社会主义法律体系的形成(二)》,载《中国人大》2011 年第 12 期。

〔3〕 法言:《判断法律体系形成的主要标志——话说中国特色社会主义法律体系的形成(二)》,载《中国人大》2011 年第 12 期。

〔4〕 刘茂林、王从峰:《论中国特色社会主义法律体系形成的标准》,载《法学论坛》2010 年第 6 期。

主义法律体系形成的重要标志。在原有基础上,判断中国特色社会主义法律体系形成的主要标志发展成为以下四个方面,而其中三个即为内部涵盖范围的完整性:第一,“涵盖社会关系各个方面的法律部门已经齐全”;第二,“各个法律部门中基本的、主要的法律已经制定”;第三,“相应的行政法规和地方性法规比较完备”。[1]

中国特色社会主义法律体系内部体系的协调性是指中国特色社会主义法律体系内部的各项法律规范具有系统性,相互协调,以及该体系与其他制度、国际法协调,即“各法律部门之间、不同位阶和不同效力等级的法律规范之间、实体法与程序法之间,应当做到上下左右紧密配合、相互协调,使这个法律体系结构严谨、形式科学”。[2] 包括:“系统、协调、有效法律实施机制的构建与法治秩序的形成系统、协调、有效法律实施机制的构建”;“以宪法秩序为基础和保障的法治秩序的形成”;“以宪法为基准的国内法与国际法调适机制的确立”;“以宪法为基础的常态法律体系与非常态法律体系的衔接”。[3] 例如,学者赵国伟认为,中国特色社会主义法律体系具有系统性,除引导促进规范和保障社会主义市场经济的法律外,还要有与之相匹配的协调政治权力、民主生活、规范行政行为等其他方面的法律法规。[4] 最终,经过不断探讨,各方面专家普遍认为,法律部门齐全、主要法律齐备、法规衔接配套,是判断中国特色社会主义法律体系形成的重要标志,其中,“法律体系内部总体做到科学和谐统一”为其重要标志之一。[5]

就中国特色社会主义法律体系在形成过程中所积累的成熟经验而言,“在中国特色社会主义法律体系的形成过程中,我们注意了法律手

---

〔1〕 法言:《判断法律体系形成的主要标志——话说中国特色社会主义法律体系的形成(二)》,载《中国人大》2011年第12期。

〔2〕 法言:《判断法律体系形成的主要标志——话说中国特色社会主义法律体系的形成(二)》,载《中国人大》2011年第12期。

〔3〕 刘茂林、王从峰:《论中国特色社会主义法律体系形成的标准》,载《法学论坛》2010年第6期。

〔4〕 赵国伟:《浅议形成中国特色社会主义法律体系》,载《吉林人大工作》1999年第7期。

〔5〕 法言:《判断法律体系形成的主要标志——话说中国特色社会主义法律体系的形成(二)》,载《中国人大》2011年第12期。

段调整与其他社会手段调整的功能区分与衔接”。[1] 汪习根教授提出，中国特色社会主义法律体系应当坚持重点倾斜性与均衡协调性的统一；国家的法律体系是一个有机整体，不同领域内的立法活动构成了法律体系的有机组成部分；法律规范与其他社会规范相融通。[2]

2. 中国特色社会主义法律体系具有外部适应性

中国特色社会主义法律体系的外部适应性，包括中国特色社会主义法律体系是与我国国情相适应的，是与中国特色社会主义的经济发展要求相适应的，是与民生需求相适应的，是与国际立法发展相适应的，是“与时俱进的，体现了极大的开放性和包容性”。具体而言，中国特色社会主义法律体系具有社会性、时代性以及国际性的特征。

中国特色社会主义法律体系的社会性是指中国特色社会主义法律体系应当与我国的国情相适应，与社会主义发展阶段相协调，与社会经济发展相协调，与社会民生需求相协调。例如，1999 年全国人大常委会办公厅研究室课题组提出，中国特色社会主义法律体系应当与社会主义初级阶段的发展进程相协调。[3] 同年，也有人提出，中国特色社会主义法律体系具有区域性，根植于中国这块土壤。[4] 2001 年，中国社科院学术委员会委员、法学研究所研究员刘海年提出，“有中国特色社会主义法律体系，要反映我国社会主义经济发展的客观规律”，“要反映全国人民的利益和要求，这也是社会主义法律体系的本质特征”。中国特色社会主义法律体系要处理好中央和地方、民族与民族、西部大开发以及依据“一国两制”原则建立和将要建立的特别行政区的法律关系。“为了构建有中国特色社会主义法律体系，必须总结我国历史

〔1〕 徐显明：《论中国特色社会主义法律体系的形成和完善》，载《人民日报》2009 年 3 月 12 日，第 4 版。

〔2〕 汪习根、罗思婧：《论当代中国特色社会主义法律体系完善之路》，载《河北学刊》2011 年第 6 期。

〔3〕 全国人大常委会办公厅研究室课题组：《中国特色社会主义法律体系若干问题研究》，载《理论研究》1999 年第 3 期。

〔4〕 赵国伟：《浅议形成中国特色社会主义法律体系》，载《吉林人大工作》1999 年第 7 期。

经验,从悠久的中华文化中吸收营养。"[1]

同时,就中国特色社会主义法律体系的形成经验分析,2011 年,吴邦国委员长(时任)在全国人大常委会召开的座谈会上发表重要讲话,称中国特色社会主义法制体系形成的经验中包括"坚持党的领导""坚持以中国特色社会主义理论体系为指导""坚持从中国国情和实际出发""坚持以人为本、立法为民"。[2] 徐显明认为:"中国特色社会主义法律体系在形成过程中所积累的成熟经验主要有四个方面:其一,中国的法律体系是以中国国情为出发点和落脚点的;其二,我们的法律体系始终与中国特色社会主义的经济发展要求相适应,是经济基础的反映,是为社会主义市场经济的建立、巩固和完善服务的。"刘肖委认为:"中国特色社会主义法律体系中所形成的基本经验归结为:其一,坚持党的领导、人民当家作主和依法治国的有机统一;其二,坚持服务大局、统筹兼顾和适当安排的有机统一;其三,坚持从实际出发与注重理论指导的有机统一。"这些经验也无一不标示着中国特色社会主义法律系的社会性。

中国特色社会主义法律体系的时代性是指中国特色社会主义法律体系是与时俱进的,是与特定时期的时代特征相适应的;是一个动态的体系,具有开放性与包容性,是随着时间的推移而不断发展完善的。例如,在中国特色社会主义法律体系建设阶段,就有学者提出,中国特色社会主义法律体系具有时代性,改革开放是最鲜明的时代特征,建立有中国特色社会主义法律体系必须弘扬邓小平理论的时代精神,紧扣改革开放时代主题。[3] 2009 年 3 月 15 日,《人民日报》评论员文章更是明确提出,"中国特色社会主义法律体系是动态的、开放的、发展的,需要与时俱进"。[4] 2011 年,时任全国人大常委会委员、全国人大内务司

---

[1] 刘海年:《中国特色社会主义法律体系若干问题研究》,载《人民法院报》2001 年 1 月 1 日,第 3 版。

[2] 吴邦国:《中国特色社会主义法律体系形成 人大常委会召开座谈会 吴邦国发表重要讲话》,载《人民日报》2011 年 1 月 26 日,第 1 版。

[3] 赵国伟:《浅议形成中国特色社会主义法律体系》,载《吉林人大工作》1999 年第 7 期。

[4] 《完善中国特色社会主义法律体系——论坚持和完善人民代表大会制度》,载《人民日报》2009 年 3 月 15 日,第 1 版。

法委员会副主任委员陈斯喜指也出,“中国特色社会主义法律体系,既继承了我国传统法律文化的积极部分,又借鉴了其他国家法律的有益内容,同时又是与时俱进的,体现了极大的开放性和包容性。中国特色社会主义法律体系,是伴随着社会主义现代化建设和改革开放不断发展而不断发展完善的,是与时俱进的”。[1] 汪习根、罗思婧提出中国特色社会主义法律体系应当是具有稳定性、自洽性与开放性、动态性相关联的系统。[2] 刘肖委认为,“中国特色社会主义法律体系中所形成的基本经验归结为”:“……其四,坚持稳定性、连续性与适时变动性的有机统一;其五,坚持法制统一和原则性与灵活性的有机统一。”[3]

中国特色社会主义法律体系的国际性一方面,是指中国特色社会主义法律体系构建、发展过程之中可以学习和借鉴国外经验,但一定要立足于中国特色将国外经验本土化;另一方面,是指中国特色社会主义法律体系的内容需要与国际法相协调,且中国特色社会主义法律体系本身可以为国际公约、条约以及国外其他国家的立法提供优秀的范本。例如,刘海年指出,“有中国特色社会主义法律体系,必须与国际公约相协调”。[4] 汪习根、罗思婧提出,中国特色社会主义法律体系应当实现普适性与地方性、全球化与地方化的协调。[5] 李林在全面总结我国的立法经验时提出,中华人民共和国成立多年来,我国立法活动的主要经验是“坚持中国国情和特色,学习借鉴外国立法经验”。[6]

综上所述,中国特色社会主义法律体系是一个不断发展完善的动

---

〔1〕 陈斯喜:《中国特色社会主义法律体系的主要特征》,载《人民日报》2011 年 3 月 12 日,第 12 版。

〔2〕 汪习根、罗思婧:《论当代中国特色社会主义法律体系完善之路》,载《河北学刊》2011 年第 6 期。

〔3〕 刘肖委:《近年来中国特色社会主义 法律体系研究进展述要》,载《人大研究》2012 年第 1 期。

〔4〕 刘海年:《中国特色社会主义法律体系若干问题研究》,载《人民法院报》2001 年 1 月 1 日,第 3 版。

〔5〕 汪习根、罗思婧:《论当代中国特色社会主义法律体系完善之路》,载《河北学刊》2011 年第 6 期。

〔6〕 李林:《中国特色社会主义法律体系形成的法治意义》,载《人民日报》2011 年 2 月 21 日,第 9 版。

态体系，具有内部的完整性与外部的适应性。由一个国家范围内广义上法律体系的特点可以推之，国家法律体系内部的每一个特定领域的法律体系，也应当具备内部完整性与外部适应，从而形成一个独立的法律体系。这一点为环境法典提供了法律体系的基础条件。

二、中国环境法律体系的发展历程

由中国特色社会主义法律体系的特点可知，法律体系应当具有内部的完整性及外部适应性。显而易见，一国环境法典编纂的前提应当是该国环境法律已然基本具备内部完整性以及外部适应性。中国环境法从诞生到现在，已然涵盖自然资源、能源、污染防治、生态保护等相关领域，具备法律、行政法规、部门规章、地方性法规、地方政府规章以及规范性文件等多个层级，形成了较为完整的法律体系。

（一）中国环境法律体系的形成

以中国特色社会主义法律体系形成的经验为基础来判断中国环境法律体系的形成也需考察内因外因两个方面。自中华人民共和国成立以来，环境法一直处于不断发展完善之中，时至今日已经具备了内部完整性与外部适应性。一方面，随着我国环境治理、环境立法以及国际形势的变化与发展，环境法的外部条件为环境法律体系的形成提供了契机，环境法律体系也需要适应外部条件的需求而形成和发展；另一方面，就其内部而言，环境法律体系从环境基本法的确立到生态环境各个领域法律规范的建立，已经成为涵盖生态环境各个领域的法律体系。

1. 我国环境法律发展外部形势的促成需要构建环境法律体系

环境法律体系的形成离不开外部条件的辅助与推动。如若欠缺外部契机以及相关外部条件，环境法律体系将无法适应时代、社会以及国际形势的发展，其法律体系也不能最终成立。根据上文梳理的中国特色社会主义法律体系形成的特征、标志以及经验可知，中国特色社会主义法律体系是与时俱进的，是一个动态的体系，具有外部适应性。具体而言，中国特色社会主义法律体系适应我国国情需求，适应社会发展需求，适应国际发展需要。因此，本节将从分析环境法律外部三个条件方面来证成环境法律体系的形成已然具备了外部需求，也需要不断调整以适应外部形势的发展。

首先,环境法律体系形成与我国时代发展相适应。

第一,新时代我国社会主要矛盾的转变。2017 年 10 月,党的十九大报告提出中国发展新的历史方位——中国特色社会主义进入了新时代。习近平总书记代表第十八届中央委员会向大会作了题为《决胜全面建成小康社会 夺取新时代中国特色社会主义伟大胜利》的报告,指出"中国特色社会主义进入了新时代","我国社会主要矛盾已经转化为人民日益增长的美好生活需要和不平衡不充分的发展之间的矛盾"。在这一时代背景下,人民对于优美环境需求成为主要矛盾的重要内容。

"社会主要矛盾决定党和国家根本任务。新民主主义革命时期,我们党准确把握半殖民地半封建社会实际,明确提出中国社会的主要矛盾是人民大众与帝国主义、封建主义和官僚资本主义之间的矛盾,为推翻帝国主义、封建主义和官僚资本主义这一根本任务的确立提供了科学依据。社会主义革命和建设时期,我们党明确提出,我国社会主要矛盾是人民对于建立先进的工业国的要求同落后的农业国的现实之间的矛盾,是人民对于经济文化迅速发展的需要同当前经济文化不能满足人民需要的状况之间的矛盾。由此,党和国家的主要任务是,从革命斗争转向集中力量发展社会生产力,实现工业化。改革开放新时期,我们党鲜明提出我国社会的主要矛盾是人民日益增长的物质文化需要同落后的社会生产之间的矛盾。"[1] 由此可见,此前,我国根本任务是经济文化发展。与之相应,我国法律体系在刑事、民事、经济、社会、行政等方面不断发展完善,为社会主要矛盾的解决提供了完备的法律支撑与纠纷解决方式。

而新时代的到来让我们意识到,经济文化发展已不是人民需求的唯一内容,人民生活有了更高层次的追求,即对"美好生活需求",而"人民日益增长的美好生活需要"既包含人民需要的内涵扩展又包含人民需要的层次提升。在新时代,人民不仅对物质文化生活提出了更高的要求,还从人的全面发展和社会全面进步的角度提出了更多需求,

〔1〕 党的创新理论学习研究中心:《不断满足人民日益增长的美好生活需要》,载《解放军报》2018 年 1 月 5 日,第 7 版。

其中,对环境的需要也在日益增长,人民的需要,已经从物质文化领域,扩大到物质文明、精神文明、社会文明、制度文明和生态文明各个领域。另外,人民追求更高质量的生活,而“更舒适的居住条件、更优美的环境”则是“更高质量生活”的保障之一。但在“不平衡不充分的发展”之中,从发展领域来看,社会文明和生态文明建设领域还有不少明显的“短板”。可见,在中国特色社会主义新时代,生态文明建设已关乎社会主要矛盾,生态文明建设的程度直接影响人民美好生活的实现与发展的平衡与充分。

第二,生态文明建设的提出。党的十九大报告作出了中国特色社会主义进入新时代,我国社会主要矛盾发生了新变化的科学论断。这一报告决定了我们的根本任务是集中力量为人民群众创造“美好生活”。有学者将“美好生活”直接定义为“人民群众要在宜居的生态环境中生产和生活”。[1] 还有学者提出,“好的生态生活是人民幸福生活的基础,因此我们要牢牢把握住发展和生态两个关键,统筹经济、政治、文化、社会、生态建设,把生态文明建设融入经济建设、政治建设、文化建设、社会建设全方面和全过程”。[2] 可见,新时代社会主要矛盾对生态文明建设提出了新的要求。

1997 年,党的十五大提出“到 2010 年形成有中国特色的社会主义法律体系”,2011 年形成中国特色社会主义法律体系,在当时的历史背景下,中国特色社会主义法律体系的构建适应经济建设、政治建设、文化建设、社会建设的要求。2012 年,党的十八大报告要求全面推进依法治国,加快建设社会主义法治国家,提出了“科学立法、严格执法、公正司法、全民守法”的“新十六字方针”,确立了新时期法治中国建设的基本要求。同时,党的十八大提出“全面落实经济建设、政治建设、文化建设、社会建设、生态文明建设五位一体总体布局”,“大力推进生态文明建设”,“把生态文明建设融入经济建设、政治建设、文化建设、社

[1] 王立伟:《唯物史观视阈下新时代社会主要矛盾》,载《青年时代》2018 年第 10 期。

[2] 张馨月:《新时代我国社会主要矛盾与中国特色社会主义生态文明》,载《广西教育学院学报》2020 年第 2 期。

会建设各方面和全过程”的要求。2014 年召开的党的十八届四中全会通过《中共中央关于全面推进依法治国若干重大问题的决定》，提出了全面依法治国的总目标，即建设中国特色社会主义法治体系，建设社会主义法治国家。其中，建设中国特色社会主义法治体系既是总目标，又是总抓手。2017 年，党的十九大重申了建设中国特色社会主义法治体系的重要地位，将坚持全面依法治国上升为新时代坚持和发展中国特色社会主义的基本方略，凸显了法治在“五位一体”总体布局和“四个全面”战略布局中的地位，同时提出将“人与自然和谐共生”等生态文明理念作为新时代中国特色社会主义思想和基本方略，“加快生态文明体制改革，建设美丽中国”。

张高丽提出，“生态文明是人类文明发展到一定阶段的产物，是反映人与自然和谐程度的新型文明形态，体现了人类文明发展理念的重大进步。建设生态文明，不是要放弃工业文明，回到原始的生产生活方式，而是要以资源环境承载能力为基础，以自然规律为准则，以可持续发展、人与自然和谐为目标，建设生产发展、生活富裕、生态良好的文明社会”。[1] 显然，生态文明建设并非在摒弃现有的工业文明基础上建立的社会关系，而是对工业文明的绿色化发展。因此，在生态文明建设的新时期，环境法作为生态文明建设法治手段的基础，也与工业文明形成的各种社会关系共存，并不断发展完善，提升到新时期社会治理重要任务的高度，具有体系化的时代条件。

其次，环境法律体系形成与我国社会发展相适应。随着社会的不断发展，环境法具备体系化的社会需求。随着环境问题的逐步凸显，人民群众对于美好环境的要求逐步提高，社会各界开始注重并关注环境问题。环境保护这一问题已经成为全国两会近几年特别关注的话题，是代表委员们关注的焦点。例如，有生态环境部部长黄润秋在全国“两会”“部长通道”回应热点问题，全国政协委员潘碧灵持续为生态环境保护发声，全国人大代表、张掖市委书记杨维俊畅谈生态环境保护和产业发展等；有音乐人自筹资金两次举办公益音乐会，为呼吁各界关注环境保护

[1] 张高丽：《大力推进生态文明　努力建设美丽中国》，载《求是》2013 年第 24 期。

问题,引发了社会上的共鸣和关注;更有河南省开展“生态环境网校”直播授课,提升社会各界对生态环境保护和理论认知、情感认同和实践认可。

随着2014年《环境保护法》的修订,环境立法、司法、执法在最近几年得到长足的发展,环境立法增多,环境司法专门化,环境公益诉讼案件增加,环境执法权力加强,这些都使立法机关、司法机关以及行政机关更加关注环境法的发展。生态损害责任党政同责、地方政府环境责任的落实,使各级党政领导、工作人员均重视环境问题,关注环境法。随着环境公众参与的普及、环境公益诉讼的发展,律师、法律实务人员、企事业单位、社会组织以及社会公众均有环境法学习的需求。在青海省,生态环境厅持续不断地推进生态文明制度体系建设,近几年先后制定了《青海省生态环境保护工作责任规定(试行)》《青海省生态文明建设目标评价考核办法(试行)》等文件,以进一步强化党政领导干部生态环境和资源保护意识。除此之外,青海省还深化生态环保领域改革,持续推进环境污染责任保险,对全省重点排污单位开展环境信用评价,加快推进生态环境损害赔偿制度改革,制定生态环境损害赔偿磋商和修复监督管理办法;设立省环境科学研究设计院生态环境损害司法鉴定中心,组建全省首个生态环境律师服务团,同时建立生态环境公益诉讼检察与行政执法协作机制,强化行政执法与司法的有效衔接等。

昆明市为全面贯彻落实党的十九大的“新发展”理念,开展了一系列生态环境立法保护活动,首创以法治为统领,将立法、执法、司法、普法等法治建设关键环节全覆盖到生态环境保护工作中的模式。在立法层面,昆明市人大常委会办公室、市司法局等单位牵头制定了《昆明市大气污染防治条例》,修订了《昆明市爱国卫生工作管理条例》,组织实施了《昆明市地下水保护条例》《昆明市水利工程管理条例》《昆明市公共场所控制吸烟条例》等专题调研等工作。在执法上严惩严查破坏环境行为,持续加强生态环境保护监管执法,围绕土壤、水、大气等重点领域开展专项执法保护活动,先后组织开展了大气污染防治、集中式饮用水水源地环境保护、流域排污口排查整治、固体废物及危险废物严重违法行为监督检查等工作。此外,昆明市还大胆创新环境司法保护措施。昆明市检察院创新“昆检慧视”案件勘检办案辅助体系,利用卫星遥感技术、无人机、全景成像及 VR 技术为检察人员全方位呈现案件现场，利用现场 3D 实景模型对损害生态环境案件现场面积、距离、高度等数据进行实时勘察测算，利用高科技助推公益诉讼案件办理。在有关环境法的全面普法层面，鼓励多部门参与努力形成环境保护氛围。例如，2020 年 6 月 1 日，昆明市委依法治市办公室在昆明中院信息数据中心举办了“昆明市 2020 年生态环境法治保护活动”启动仪式，该仪式同时也是昆明市委依法治市办公室与昆明中院、昆明市普及法律常识办公室联合举办的生态环境司法保护系列活动的启动仪式。

2017 年，《民法总则》（已废止）制定颁布后，引发了学界对民法典绿色化以及“绿色原则”的探讨。与此同时，2017 年 3 月，吕忠梅教授提案建议将环境法典编纂纳入第十三届全国人大立法计划，开启了“绿典之路”。在环境法得到社会普遍关注、环境法典编纂工作得以启动的背景之下，环境法的发展得到了新的契机。

最后，环境法律体系的形成与我国国际地位的提升相适应。在新的国际环境下，环境法面临新的挑战。生态环境保护无国界，是全人类共同面对并需要共同解决的问题。从最初中国派代表出席在斯德哥尔摩召开的联合国人类环境会议，到如今“中方积极斡旋，促成《巴黎协定》实施细则通过”，我国在国际舞台中的地位与作用发生了重大变化，在国际环境问题的应对中也更加彰显大国风采，承担大国责任。中国积极参与全球环境领域国际合作并取得长足进展，在多边环境合作过程中，坚持公平、公正、合理的原则，积极参与，加强对话，共谋发展。目前，中国已加入 22 项环境公约、7 个议定书、5 个修正案，内容涉及大气、危险废物、自然保护和陆地生物资源等各方面。同时，中国已与 40 个国家签署了双边环境保护合作协议或备忘录，合作范围涵盖了污染防治、生态保护等重要领域。此外，中国在区域环境合作上也取得了突破性进展，在区域环境合作中坚持“睦邻、安邻和富邻”政策，推动与周边国家或相关地区的合作，参与区域合作机制化建设。随着中国整体国际地位的提升，中国在环境与发展方面的话语权也越来越多，我国目前采取的环境政策也为大多数国家所接纳。“构建人类命运共同体”是我国习近平主席为全球治理和人类发展贡献的中国方案与中国智慧，是引领全球气候治理的重要指南。这一切都向国际社会证明中国会不遗余力地与世界各国携手解决全球环境问题，同时也证明了中国是一个有担当负责任的大国，在全球环境治理的艰难过程中，中国具有不可忽视的积极作用。

另外，中国在与国际环境法接触摩擦的过程中，在吸收他国丰富经验的基础上，逐渐形成了我国国内环境法，并以此作为指引我国环境治理的规则。此外，更是结合我国实际情况与时代特征，创设出新的环境治理法律规则，如按日连续处罚、公益诉讼、环保问责、约谈等，构建了内涵丰富的中国特色社会主义生态文明建设理论。

综上所述，近年来，无论是我国社会主义初级阶段所处的时代背景，还是社会对于美好环境的需求与向往，抑或是我国在国际环境治理中的地位，均发生了巨大改变。我国客观存在的时代条件、社会主要矛盾的转变，人们对美好环境的需求，社会对生态环境的普遍关注，人们环保意识的提高，人与自然关系的新解等均亟须环境法律体系的形成，以及环境法律体系的与时俱进。

2. 环境法律的内部完善促成环境法律体系的形成

对于环境法的发展历程，不同学者从不同角度进行了不同阶段的划分。蔡守秋教授将中华人民共和国成立之后的环境资源法即中国现代环境资源法，分为四个阶段：一是中华人民共和国成立初期的环境资源法（1949～1968 年）；二是“创业时期”的环境资源法（1969～1977 年）；三是工业化初期或改革开放初期的环境资源法（1978～1999 年末）；四是进入生态文明建设时期的环境资源法（2000 年至今）。前两个阶段为中国现代环境资源法缓慢发展的时期，后两个阶段为中国现代环境资源法蓬勃发展的时期。其中，最后一个阶段又可以分为生态文明建设酝酿阶段（2000～2011 年）的环境资源法与生态文明建设全面发展阶段（2012 年至今）的环境资源法。[1]

吕忠梅教授总结中国环境法治历史与发展时，将中国环境法治发展分为三个阶段：一是环境法治在艰难时期起步（1949～1979 年），在

---

[1] 蔡守秋：《中国环境资源法学的基本理论》，中国人民大学出版社 2019 年版，第 34～45 页。

此阶段,环境保护"入宪",环境保护法雏形初显,《环境保护法(试行)》颁布;二是环境法治在改革开放中健康发展(1979~2013年),在此阶段,生态环境"入宪",环境立法体系初步形成,环境管理体制和执法机制逐步清晰,专门环境司法开始地方探索,国际环境规则制定的参与度与话语权明显提升;三是环境法治迎来新时代(2013年至今),在此阶段,生态文明"入宪",环境立法体系更加健全,环境执法体制改革迅速推进,环境资源司法专门化和专业化创新发展,在全球环境治理体系中的引领作用明显增强。[1]

有学者总结改革开放以来我国环境法制40余年发展历程,将其分为三个阶段。1978~1989年为环境法制初创阶段。"1979年9月,第五届全国人大常委会通过了《环境保护法(试行)》,成为我国首部环境保护法律,标志着中国环境保护法律体系开始建立。之后,《海洋环境保护法》(1983年)、《水污染防治法》(1984年)、《森林法》(1984年)、《土地管理法》(1987年)、《大气污染防治法》(1987年)等环境领域单行法获得通过,为我国环境法制进一步发展打下了坚实基础。"1989~2012年为环境法制形成时期。"1989年12月,第七届全国人民代表大会常务委员会第十一次会议正式通过了《环境保护法》,此后我国环境法制建设迎来了一个快速发展的黄金期,环境保护立法无论在数量上还是质量上都有了较大提高,以《环境保护法》为基本法的中国特色社会主义环境保护法律体系初步形成。"2012年至今为环境法制新发展时期。2012年11月,党的十八大作出"大力推进生态文明建设"战略决策,并将生态文明建设纳入推进中国特色社会主义事业的"五位一体"总体布局中。[2]

有学者总结中国环境立法的发展历程,将其分为五个阶段。1949年中华人民共和国成立至1973年全国第一次环境保护会议的召开是我国环境法发展的混沌时期。自1973年8月中国召开第一次全国环

---

〔1〕 吕忠梅、吴一冉:《中国环境法治七十年:从历史走向未来》,载《中国法律评论》2019年第5期。

〔2〕 李爱年、周圣佑:《我国环境保护法的发展:改革开放40年回顾与展望》,载《环境保护》2018年第10期。

境保护会议起，至1978年12月党的十一届三中全会止，是中国环境保护工作和环境法律初步产生时期。从1979年《环境保护法（试行）》的颁布实施，到1989年《环境保护法》取而代之前的10年间，是中国环境保护立法的初步发展时期，中国的环境保护法律体系初步形成。从1989年开始至今是中国环境法的改革完善时期，这一时期，为了履行国际环境保护公约要求的义务，并适应新的形势的要求，中国进一步完善环境保护立法，并修改已不适应新的需要的原有环境法律。我国于1989年12月26日通过了新的《环境保护法》，为其他环境单行法律的制定、修改奠定了基础，拉开了完善环境法律的序幕。2014年4月24日，第十二届全国人民代表大会常务委员会第八次会议对《环境保护法》作出修订，标志着中国环境法发展到一个新的阶段。立法、修法工作的重点开始转向环境法律的体系优化。[1]

从环境管理角度看，王金南教授以环境保护战略政策历史演进为主线，将中华人民共和国成立70年以来的环境保护战略政策历史变迁与发展划分为五个阶段：非理性战略探索阶段（1949～1971年）；建立环境保护三大政策和八项管理制度的环境保护基本国策（1972～1991年）；强化重点流域、区域污染治理（1992～2000年）的可持续发展战略；控制污染物排放总量、推进生态环境示范创建的环境友好型战略（2001～2012年）；推进环境质量改善和“美丽中国”建设的生态文明战略（2013年至今）。[2]

另外，有研究通过对不同时期的环境政策、治理措施等进行梳理，将我国环境规制政策体系的历史沿革大致划分为五个阶段：起步构建（1949～1977年），工业污染防治的初步探索；正式确立（1978～1991年），预防为主、防治结合；完善加强（1992～2001年），污染防治和生态保护并重；战略转型（2002～2011年）在发展中保护、保护中发展；以及全面提升（2012年至今），坚持生态优先。[3]（见表0－1）

---

〔1〕 竺效主编：《环境法入门笔记》，法律出版社2018年版，第18～20页。

〔2〕 王金南、董战峰等：《中国环境保护战略政策70年历史变迁与改革方向》，载《环境科学研究》2019年第10期。

〔3〕 张小筠、刘戒骄：《新中国70年环境规制政策变迁与取向观察》，载《改革》2019年10期。

表 0-1　学术文献对我国环境法发展历程的划分

<table>
<tr><th rowspan="2">年份</th><th colspan="6">研究主题</th></tr>
<tr><th>中国环境资源法发展</th><th>环境法治发展</th><th>环境法制发展</th><th>环境立法发展</th><th>环境保护战略政策历史变迁与发展</th><th>环境规制政策体系发展</th></tr>
<tr><td>1949</td><td rowspan="3">新中国成立初期的环境资源法</td><td rowspan="12">环境法治在艰难时期起步</td><td rowspan="10"></td><td rowspan="8">混沌时期</td><td rowspan="6">非理性战略探索阶段</td><td rowspan="10">起步构建阶段：工业污染防治的初步探索</td></tr>
<tr><td></td></tr>
<tr><td>1968</td></tr>
<tr><td>1969</td><td rowspan="7">“创业时期”的环境资源法</td></tr>
<tr><td></td></tr>
<tr><td>1971</td></tr>
<tr><td>1972</td><td rowspan="10">建立环境保护三大政策和八项管理制度的环境保护基本国策</td></tr>
<tr><td>1973</td></tr>
<tr><td></td><td rowspan="3">初步产生时期</td></tr>
<tr><td>1977</td></tr>
<tr><td>1978</td><td rowspan="9">工业化初期或改革开放初期的环境资源法</td><td rowspan="4">环境法制初创阶段</td><td rowspan="6">正式确立阶段：预防为主、防治结合</td></tr>
<tr><td>1979</td><td rowspan="3">初步发展时期</td></tr>
<tr><td></td><td rowspan="14">环境法治在改革开放中健康发展</td></tr>
<tr><td>1989</td></tr>
<tr><td></td><td rowspan="11">环境法制形成时期</td><td rowspan="13">改革完善时期</td></tr>
<tr><td>1991</td></tr>
<tr><td>1992</td><td rowspan="4">强化重点流域、区域污染治理的可持续发展战略</td><td rowspan="5">完善加强阶段：污染防治和生态保护并重</td></tr>
<tr><td></td></tr>
<tr><td>1999</td></tr>
<tr><td>2000</td><td rowspan="9">进入生态文明建设时期的环境资源法</td></tr>
<tr><td>2001</td><td rowspan="5">控制污染物排放总量、推进生态环境示范创建的环境友好型战略</td></tr>
<tr><td>2002</td><td rowspan="4">战略转型阶段：在发展中保护、保护中发展</td></tr>
<tr><td></td></tr>
<tr><td>2011</td></tr>
<tr><td>2012</td></tr>
<tr><td>2013</td><td rowspan="3">环境法制新发展时期</td><td rowspan="3">推进环境质量改善和“美丽中国”建设的生态文明战略</td><td rowspan="3">全面提升阶段：坚持生态优先</td></tr>
<tr><td>2014</td><td rowspan="2">环境法治迎来新时代</td></tr>
<tr><td>至今</td><td>体系优化时期</td></tr>
</table>

如表 0－1 所示，虽然不同学者从不同视角针对环境法发展历程予以划分，但不可否认的是，从中华人民共和国成立初期环境法的艰难探索，到改革开放环境法律体系核环境基本法的通过，再到 21 世纪初叶，无论是"进入生态文明建设时期的环境资源法"，还是"环境法治迎来新时代"，抑或是"改革完善时期"，都寓意着环境法的基本面已经具备，后续工作非"创立"阶段，而是"优化"完善。可见，随着环境法的艰难发展，时至今日，环境单行法不断出台，环境法律法规涵盖环境领域方方面面，环境法律体系初成。正如有学者指出的，1989～2012 年，"环境保护立法无论在数量上还是质量上都有了较大提高，以《环境保护法》为基本法的中国特色社会主义环境保护法律体系初步形成"。[1] 此后，环境法律体系进入逐步完善与发展阶段。

（二）中国环境法律体系的学理支撑

以"环境法"为关键词进行检索，运用学术辅助分析系统可知：环境法的研究启动于 20 世纪 70 年代，于 2000 年后有突破式发展，近年来保持了相当的研究规模，形成了一大批研究成果。

梳理现有关于环境法的研究可见，不同时期，学者对于环境法研究的重点并不相同。具体而言，研究可以粗略划分为以下三个阶段。

1. 对域外环境立法以及单一环境要素污染控制的研究

1989 年前，环境法学者多关注对国外环境法、国际环境法等域外环境法经验的借鉴，环境法的概念、环境法的发展、环境法律关系等环境法基础理论以及大气污染防治、噪声污染防治、土壤污染防治、水污染防治等污染防治领域法制。例如，蔡守秋教授 1981 年发表的《环境法的发展过程及特点》即对环境法产生、发展的过程以及与此相联系的几个基本特点作了一些初步探讨。[2] 蔡守秋教授的《论国际环境法》、金瑞林教授的《国外环境法中的几项基本制度》等均对国外的环境立法经验进行了研究。本阶段相关文献，主要围绕单个环境要素的

---

〔1〕 李爱年、周圣佑：《我国环境保护法的发展：改革开放 40 年回顾与展望》，载《环境保护》2018 年第 10 期。

〔2〕 蔡守秋：《环境法的发展过程及特点》，载《法学评论》1981 年第 3 期。

污染防控进行研究，如噪声控制、土壤污染防治、水污染防治、大气污染防治等展开。

2. 对环境法内容与体系、制度与理论的全面研究

1990 年以后至 2012 年左右，环境法学者对环境法从内容到体系，从制度到理论，从立法到司法等方面展开全面的研究，从其基本制度、基本理论出发，不断扩展研究内容，为环境法发展奠定理论基础。具体而言，这一阶段，环境法研究内容从污染防治逐步向自然资源、能源、生态保护方向扩展，如生态环境损害赔偿、自然资源法、核法律制度、清洁生产等，最后辐射至可再生能源、生态安全立法、气候变化立法、能源法等方面。

并行发展的是对环境法基础理论的研究，如环境法律关系、环境法的概念、环境法律责任等。而后，环境法的理论研究也开始聚焦到环境权、环境伦理、环境法本位、我国环境法基本制度、可持续发展原则、环境法本质特征等独特理论之上。随着环境法律体系的形成，环境法理论研究也开始关注环境法的进一步发展方向，以及环境法对整个法律体系的影响。部分学者开始关注域外先进立法经验，如域外环境保护优先原则、域外环境法治化、风险防范原则等；部分学者开始关注环境法与民法之间的互动，如民法绿色化、民法典与环境法；部分学者对环境法体系的完善予以探讨，环境基本法、环境法法典化、环境法体系、环境法治等主题的研究不断丰富。

随着环境立法的不断发展，实践中不断兴起新的环境治理手段，伴随环境法研究发展的是对新型环境制度的研究以及对已有环境法律制度的完善，如排污权交易制度、环境使用权交易制度、环境影响评价制度、环境影响评价中的公众参与制度、环境合同、环境侵权责任保险制度、生态损害救济制度、生态补偿制度、区域限批制度等。这些研究为环境立法的发展以及环境法理论的完善提供了支撑。同时，对于环境司法的关注也开始深入，如环境侵权诉讼中的原告举证责任、环境法的公民诉讼制度、行政公益诉讼、环境民事侵权归责原则和举证责任、环境公益诉讼、环保法庭等。

3. 环境法研究的进一步发展

2012 年以后，环境法学者对生态文明等理念进行研究，并将环境法的研究扩展到一些环境法的新型制度，如按日连续处罚制度、第三方治理、自然地保护、国家公园等。由我国环境法、环境政策的发展历程可见，无论何种划分方式，2012 年以前，环境法以及环境政策均处于一个不断形成和发展的过程，即环境法自身制度体系的发展之中，尚未形成完善的环境法律体系。由环境法理论研究的发展脉络可见，2010 年前后，环境法理论研究进入繁荣时期，在此阶段，环境法的理论研究涵盖环境法的各个方面，且不断开拓出新的研究主题，为环境法的发展奠定了理论基础。直至 2015 年前后，环境法理论才逐步发展完善。

时间给予了环境法充分的发展空间，直至目前，环境法律制度已逐渐完整，形成了较为完善的体系，环境立法不断完善，环境法理论研究不断精化、细化、深化，环境法治环境改善，环境法律体系不断发展完善。立法上，2012 年以来，全国人大常委会制定或修订了《环境保护法》《大气污染防治法》《水污染防治法》《海洋环境保护法》《环境影响评价法》《野生动物保护法》《环境保护税法》《核安全法》等有关生态文明建设的法律案近 20 部，党的十九大报告更是全面阐述了加快生态文明体制改革、推进绿色发展、建设美丽中国的战略部署。在此背景下，2018 年又有 4 部环境相关法律列入全国人大的立法计划，“包括继续审议土壤污染防治法、制定原子能法、修改土地管理法和修改固体废物污染环境防治法及相关法律”。除环境法律外，环境相关的行政法规、部门规章、地方立法等不断出台，环境法律体系内容不断完善。司法上，从地方环保法庭试点，到 2014 年 7 月最高人民法院成立了专门环境资源审判庭，环境司法转向专门化。从对北大师生提起松花江水污染案件的公益诉讼不予立案，到如今多地环保组织提起公益诉讼胜诉，多个检察机关提起公益诉讼，环境公益诉讼得到了实践与发展。执法上，新《环境保护法》赋予了环境行政执法机关更为强力的执法权限，环境执法力度不断强化。学术研究上，近年来环境法学界开启了绿色法典系列相关研究，统筹多方面的研究力量进行系统研究，为环境法的更新与发展提供坚实的理论基础。由此可见，环境法律体系已经形成，环境法理论的发展也为环境法体系的进一步完善提供了充足动力，这些均为环境法的法典化提供了基础性条件。

三、中国环境法律体系的调整范围

由前述中国特色社会主义法律体系的特点可知，法律体系的形成需具备内部完整性，需要涵盖环境领域的方方面面。但是，具体而言，环境法律体系涵盖的范围到底有多广泛，环境法律调整的范围为何，仍需要进一步探讨和厘清。环境法律体系调整范围的界定，可为环境法典的编纂划定边界。

探讨环境法典的调整范围，首先需要明确环境法调整范围的上位概念，即法律调整范围，而法律调整范围的界定，则需要明晰"法律调整"的内涵。对于法律调整，不同学者给出不同的定义。苏联学者阿列克谢耶夫在《法的一般理论》中提出，"法律调整，是按经济基础的要求、按照某一社会制度的社会需要，为了调整、保护、发展社会关系，运用一系列法律手段（法律规范、法律关系、个别性规定等）对社会关系所施加的有成效的、规范性、组织性作用"。[1] 在此基础上，不同学者提出了不同的定义。黄建武教授在比较不同学者提出的法律调整概念后，总结其含义为："国家为了维护某一社会制度，或为了保障和发展某些利益，自觉运用一系列法律手段，对社会关系施加的规范性和组织性的影响。"[2] 由此可见，法律调整包括四个要素：主体、目的、手段以及对象。而我们一般所述的法律调整范围，就是法律调整对象的范围。因此，对于环境法调整范围的探讨，主要聚焦于环境法调整对象的范围。

（一）关于环境法调整范围的现有研究

环境法的应然调整范围，可以从环境法学者所总结的环境法应该涵盖的调整范围一探究竟，但是，法律调整对象、环境法调整对象等均存在不同理论，环境法的应然调整范围较为模糊，尚未形成定论。

---

〔1〕［苏联］C. C. 阿列克谢耶夫：《法的一般理论》（上册），黄良平等译，法律出版社 1988 年版，第 299 页。

〔2〕黄建武：《法律调整——法社会学的一个专题讨论》，中国人民大学出版社 2015 年版，第 11～12 页。

1. 法律调整对象是人的行为还是社会关系

对于法律调整的对象，从其概念出发，多认为社会关系即为法律调整的对象，代表性学者有苏联学者阿列克谢耶夫、王天木教授、谢晖教授等。阿列克谢耶夫认为，“法律调整，是按经济基础的要求、按照某一社会制度的社会需要，为了调整、保护、发展社会关系，运用一系列法律手段”。同时，他也认为“（法律规范、法律关系、个别性规定等）对社会关系所施加的有成效的、规范性、组织性作用”。[1] 王天木教授认为，“所谓法律调整，是统治阶级通过国家所规定的社会关系参加者的一般行为模式以及实现该模式的各种法律手段，通过赋予社会关系参加者以一定权利并使其承担相应法律义务的方式，来调节社会关系参加者的行为，进而调整社会关系的活动”。[2] 谢晖教授也认为，“所谓法律调整，是指法律规则作为全人类或特定社群的最高的和至上的准则，自发地或强制地作用于社会关系及与社会主体密不可分的人与自然间的关系的活动过程”。[3] 但也有学者指出，人的行为才是法律调整的对象。马克思云：“对于法律来说，除了我的行为以外，我是根本不存在的，我根本不是法律的调整对象。”[4]张文显教授明确指出，“法律的调整对象是行为，而所谓社会关系不过是人与人之间的行为互动或交互行为，没有人们之间的交互行为，就没有社会关系。法律是通过影响人们的行为而实现对社会关系的调整”。[5] 公丕祥教授在其著作中表明，“法律作用的最直接对象是人的意志行为，法律是通过影响意志行为来实现对社会关系调整的”。[6] 孙国华教授和朱景文教授在主编的《法理学》一书中也认为，“法律是调整一定社会关系中、即人与人的关系中的意志行为，调整这种意志行为，实际上也就是调整了这种社

---

〔1〕［苏联］C. C. 阿列克谢耶夫：《法的一般理论》（上册），黄良平等译，法律出版社 1988 年版，第 299 页。

〔2〕王天木主编：《法理学》，中国政法大学出版社 1992 年版，第 175 页。

〔3〕谢晖：《论法律调整》，载《山东大学学报（哲学社会科学版）》2003 年第 5 期。

〔4〕《马克思恩格斯全集》（第 1 卷），人民出版社 1956 年版，第 16 ~ 17 页。

〔5〕张文显：《法哲学范畴研究》（修订版），中国政法大学出版社 2001 年版，第 60 ~ 61 页。

〔6〕公丕祥主编：《法理学》，复旦大学出版社 2002 年版，第 184 页。

会关系”。[1] 也有其他学者与上述观点一致，即认为法律调整的对象是人的行为，法律通过影响人的行为实现对社会关系的调整。法律调整对象虽然存在人的行为与社会关系的争论，但其核心是一致的——无论法律调整对象是社会关系还是人的行为，其最终影响并调整的仍然是社会关系。

2. 环境法调整的是人与人关于环境的社会关系还是人与自然的关系

蔡守秋教授首先提出了法律调整人与自然关系的论断，他认为环境法“既调整人与人的关系，也调整人与自然的关系”。[2] 法理学者谢晖教授也提出，法律调整是指法律规则“自发地或强制地作用于社会关系及与社会主体密不可分的人与自然间的关系的活动过程”。[3] 随后，陈泉生教授等学者进一步论证和发展了该观点，指出“可持续发展法律不仅调整人与人之间的关系，也调整人与生态自然之间的关系”。[4]。此外，李挚萍教授在《试论法对人与自然关系的调整》中写道，“甚至有些学者到历史上去寻找法律调整人与自然关系的根据，从法对人与自然关系调整的演化、人与自然关系成为法律调整对象的原因以及人与自然关系法律调整的伦理基础进行演绎”。[5] 常纪文教授表明，“关于环境法的调整对象问题，法学界一直有不同的看法。但是对于环境法调整人与人关于环境的权利(力)义务关系的观点则是一致的。人与人关于环境的权利(力)义务关系包括以下两个方面的内容：一是国家与其公民及其他主体形成的环境管理行政权力与义务关系，其中国家对其公民及其他主体行使环境管理公权，该环境公权的行使是以维护公共环境安全、保护环境公益为直接的目的的”。[6]。但同

---

〔1〕 孙国华、朱景文主编：《法理学》，中国人民大学出版社 1999 年版，第 229 页。

〔2〕 蔡守秋：《环境法教程》，法律出版社 1995 年版，第 17 页。

〔3〕 谢晖：《法学范畴的矛盾辨思》，山东人民出版社 1999 年版，第 323 页。

〔4〕 陈泉生：《可持续发展与法律变革》，法律出版社 2000 年版，第 127 页。

〔5〕 李挚萍：《试论法对人与自然关系的调整》，载《中山大学学报(社会科学版)》2001 年第 2 期。

〔6〕 常纪文：《论环境法的调整对象》，载《湖南公安高等专科学校学报》2002 年第 4 期。

时,环境法学者也不乏质疑之声。受到法律调整对象是人的行为的观点的影响,大部分环境法学者认为,环境法调整的仅为人与人之间的社会关系,环境仅为媒介,环境法通过调整人的行为影响人与自然的关系。如李艳芳教授认为,“法律关系属于社会关系,其含义首先在于它是人与人之间的关系,而不是人与物之间的关系,但又要受到人与物之间关系的制约”。[1] 钱水苗教授也认为,“人与自然关系属于自然法调整的范畴,而制定法(实在法或人定法)尚无法对此加以调整”。[2] 吕忠梅教授指出,“环境法所调整的是人们在开发利用、保护改善环境过程中所产生的各种社会关系。这类社会关系以人类——环境关系为其产生基础”。[3] 王灿发教授表明,“只能调整人与人之间的关系,即环境社会关系,是人们在开发、利用、保护和改善环境中所产生的社会关系”。[4] 王树义教授和桑东莉教授认为,“人与人之间的社会关系和人与自然的关系是同一劳动过程的两个,具有社会性的人与自然的关系并不等同于社会关系,从人的发展角度看,人与自然的关系实质上是人与人的关系”。[5]

可见,环境法学内部无法就环境法调整对象达成一致,而正如王社坤总结所言,对于环境法调整对象的争论“都没有对环境社会关系的内容作出具有说服力的阐述,还仅限于简单罗列的阶段,对于环境社会关系的内容缺乏应有的概括和抽象”。[6] 对于环境法调整对象的争论并没有明确环境法的调整范围。吕忠梅教授也指出,环境法是“对社会关系的‘二次调整性’,即在某类社会关系已有法律进行调整的基础上,通过另一性质的法律对该社会关系再次进行调整的法律”。[7] 可

---

〔1〕 李艳芳:《关于环境法调整对象的新思考——对“人与自然关系法律调整论”的质疑》,载《法学家》2002 年第 3 期。

〔2〕 钱水苗:《环境法调整对象的应然与实然》,载《中国法学》2003 年第 3 期。

〔3〕 吕忠梅:《环境法学》,法律出版社 2004 年版,第 34 ~ 36 页。

〔4〕 王灿发:《环境法学教程》,中国政法大学出版社 1997 年版,第 19 页。

〔5〕 王树义、桑东莉:《客观地认识环境法的调整对象》,载《法学评论》2003 年第 4 期。

〔6〕 王社坤:《论环境法的调整对象》,载《昆明理工大学学报(社会科学版)》2009 年第 9 期。

〔7〕 吕忠梅:《环境法回归路在何方?——关于环境法与传统部门法关系的再思考》,载《清华法学》2018 年第 5 期。

见，环境法调整对象可能存在与其他法律部门调整对象的交叉与重叠，从法律调整对象出发分析环境法的调整范围，无法确切厘清环境法的确切调整范围。

因此，本书认为，环境法的调整范围难以通过自上而下的理论演绎推演得出确切的结论。“人们在社会经济活动中因从事与环境有关的活动而形成的环境社会关系广泛而复杂，并不是所有的环境社会关系均需要也可以纳入环境法的调整范围。”[1]部分与其他法律关系交叉的环境社会关系是否应当被纳入环境法调整范围也有待进一步明晰。因此，对于环境法的具体调整范围还需要进一步厘定。

（二）法律调整机制作为划分法律调整范围的依据

法律调整机制是部门法划分的第二位标准。随着社会分工的不断细化与不断发展，法理学界在“社会关系”这一单一标准之外还提出了新的划分标准。例如，沈宗灵教授提出，在社会关系的性质和种类作为划分部门法第一位标准外，不同的法律机制应为部门法划分的第二位标准。[2] 张文显教授也提出，应将法律规范的调整方法与社会关系并列作为部门法划分的标准。[3] 法律规范的调整方法则是法律调整机制的重要内容，因此，在无法从环境法调整的社会关系入手厘清环境法具体调整范围之时，还可以从环境法的调整机制角度予以分析，厘清其调整范围。

对于法律调整机制的内容，不同学者有不同的表述。有学者认为法律调整机制即为法律调整方法。例如，杨宗科教授认为，法律调整机制与目标、律令共同组成法律的三个基本要素。法律机制是符合“利益规律、正义规律”的法律调整方式。[4] 有学者认为法律调整机制是法律调整的原理，如公丕祥教授指出，“研究法律调整的机制，也就是

---

〔1〕 吕忠梅：《环境法回归路在何方？——关于环境法与传统部门法关系的再思考》，载《清华法学》2018 年第 5 期。

〔2〕 沈宗灵：《法理学》，北京大学出版社 1999 年版，第 348 页。

〔3〕 张文显主编：《法理学》（第 5 版），高等教育出版社 2018 年版，第 103 页。

〔4〕 杨宗科：《法律机制论——法哲学与法社会学研究》，西北大学出版社 2000 年版，第 201、204 页。

研究法律调整的原理”。[1] 还有学者认为法律调整机制应当是一套系统性工程,包含法律调整的原理、过程、方式等内容。例如,沈宗灵教授认为,“法律调整机制是指包括整个法律调整系统的结构、功能、各个组成部分之间的关系以及发生作用的过程和方式”。[2] 罗豪才教授认为,“法律调整机制是指由法律调整主体、调整对象、调整行为结合起来的整个系统的内部结构、内在联系和运作方式的统一,主要指法律对其调整对象实施影响、实现其调整功能的运作原理和运作方式”。[3] 蔡守秋教授认为,“法律调整机制指由法律调整主体、调整对象、调整行为(包括调整方法和调整过程)结合起来的整个系统的内部结构、内在联系和运作方式的统一,是法律对其调整对象实施影响、实现其调整功能的运作原理和运作方式”。[4]。谢晖教授指出,“法律调整机制是指法律规范作用于事实世界的根据、原理、程序和方式等”。[5] 无论从何种角度解读法律调整机制,法律规范都是研究法律调整机制的基础。因此,如若从法律调整机制入手分析环境法的调整范围,则需要通过对环境法律规范的总结归纳,识别环境法律规范中的环境法调整机制,进而厘清环境法特有的法律关系及其内容。

(三)环境法律体系的调整机制及调整内容

1. 环境法的调整机制

对于环境法调整机制,钭晓东教授提出“第三调整机制(非政府非营利组织调整机制)即社会调整”,[6] 后又总结环境法政府调整机制与市场调整机制的双重失灵,[7] 组建了环境法的三个调整机制。蔡守秋教授也总结了环境法的三种调整机制为政府命令调整机制、市场调整

---

[1] 公丕祥主编:《法理学》,复旦大学出版社2002年版,第185页。

[2] 沈宗灵:《法理学》,北京大学出版社1999年版,第348页。

[3] 罗豪才:《现代行政法制的发展趋势》,法律出版社2004年版,第332页。

[4] 蔡守秋:《环境法调整对象研究》,载周珂主编:《环境法学研究》,中国人民大学出版社2008年版,第36页。

[5] 谢晖:《论法律调整》,载《山东大学学报(哲学社会科学版)》2003年第5期。

[6] 钭晓东:《从单一“政府定位”到多元“社会选择”——环境法第三调整机制变革》,载《浙江学刊》2005年第4期。

[7] 钭晓东:《环境法调整机制运行双重失灵的主要症结》,载《河北学刊》2010年第6期。

机制、社会调整机制。[1] 我们通过梳理我国现有的环境法律文本也同样认为，环境法律规范因其规范的行为主体不同可以分为三类：国家（政府）调整机制、市场（企业）调整机制、社会（综合）调整机制，并可根据环境法律规范调整方式对三类调整机制进行进一步细分与阐释。

（1）环境法的国家（政府）调整机制

环境法的国家（政府）调整机制可以根据法律规范中规定的国家（政府）行为在环境法律关系中地位的不同分为国家干预环境法调整机制与国家服务环境法调整机制。国家干预环境法调整机制是国家，主要是政府，作为环境法律关系的主体方，通过权力的行使或义务的履行实现对环境的调整。环境法律规范中，以国家干预环境法调整机制为主。

具体而言，国家干预环境法的调整机制可以根据国家行为对生态环境影响路径的不同分为直接干预环境法调整机制与间接干预环境法调整机制。国家直接干预环境法调整机制，是环境法律规范通过调整国家行为，直接对生态环境产生影响，如环境标准制度、生态红线制度，通过政府行为划定一定标准或界限以实现生态环境的保护或污染的预防。国家间接干预环境法调整机制是环境法律规范通过国家行为作用于另一主体的行为来影响环境，这一机制又可根据对环境产生影响的传导主体的不同分为间接内部干预机制与间接外部干预机制。间接内部干预机制是环境法律规范通过调整国家（政府）自身的行为，实现内部机构之间的相互监督，通过影响国家机构的环境行为，从而间接实现对环境的影响，如国家不同机构之间环境权力与义务的分配、各项政府环境责任制度、环保问责追责制度等。间接外部干预机制是环境法律规范通过规范政府行为，通过间接调整企业或公众的行为，进而影响环境，如环境影响评价制度、排污许可证制度等，通过环境法律规范赋予

---

[1] 蔡守秋、任世丹：《论环境法学研究范式变革的深层探索——〈民本视阈下环境法调整机制变革：温州模式内在动力的新解读〉一书评介》，载《太平洋学报》2011 年第 5 期；蔡守秋：《从综合生态系统到综合调整机制——构建生态文明法治基础理论的一条路径》，载《甘肃政法学院学报》2017 年第 1 期。

国家环境管理机构行政许可权限，通过影响对企业的建设、排污行为，进而实现环境保护的目的。

国家服务环境法调整机制，则是国家，主要是政府，作为环境法律关系的关系人，为法律环境主体的环境行为提供制度、资金、平台、信息等服务，从而影响环境法律关系，如政府环境信息公开制度、加大环保财政投入，以及“国家鼓励”的相关规范。

（2）环境法的市场（企业）调整机制

环境法的市场（企业）调整机制，是企业作为环境法律关系主体，通过规范企业行为实现对环境的调整。依据规范企业行为的方式不同，市场（企业）调整机制又可以分为市场主导环境法调整机制与市场调节环境法调整机制。市场主导环境法调整机制，是激发市场主体自发保护环境，通过市场这一“看不见的手”，使企业调整自身行为，主动保护环境、防治污染。例如，环境污染责任保险、重点大气污染物排污权交易等即是通过制度设计，以市场为主导，激发市场活力，从而调整企业的环境行为。市场调节环境法调整机制，是通过对市场主体施加环境义务，使企业被动调整其行为，通过市场主体义务的履行促成环境保护与污染防治，如企业事业单位的污染防治义务、损害担责义务等。市场调节环境法机制一般与国家间接外部干预机制相结合，通过国家行为对企业施加压力，从而调整企业的环境行为，如环境影响评价制度、严重污染环境的工艺、设备和产品实行淘汰制度等。在现行的环境法律规范之中，市场（企业）调整机制多以调节机制为主。

（3）环境法的社会（综合）调整机制

环境法的社会（综合）调整机制，是环境法律规范吸纳社会公众作为环境法律关系主体，调整社会公众的行为，赋予其相关环境权利或环境义务从而实现环境保护与污染防治。环境法的社会调整机制根据社会公众参与的路径不同，可分为社会直接参与机制与社会间接参与机制。社会直接参与机制是通过社会（公众）的行为直接对环境产生影响，如个人环境保护义务、垃圾分类回收义务等；社会间接参与机制则是社会（公众）通过进入国家调整机制或市场调整机制之中，以参与、监督的方式影响国家或市场行为，从而间接实现环境保护，如环境公益诉讼、环境行政许可中的公众参与等。在社会调整机制中,大部分是社会公众间接参与机制,其在环境法律规范赋予社会公众权利或义务的同时也规范了国家或市场的行为,是一种综合性的调整机制。

2. 环境法律体系的调整内容

由上文分析可知,现行环境法律规范可以根据直接调整对象的不同分为三类调整机制。国家直接干预、市场主导、市场调节与社会直接参与环境法调整机制均是通过直接调整某一主体的行为从而直接实现对环境的影响,而国家间接干预、国家服务与社会间接参与环境法调整机制均是通过直接调整某一主体的行为,从而规范或影响其他主体的行为,进而间接实现对环境的影响。由此可见,就现有环境法律规范的调整对象分析,环境法直接调整的是人的行为,环境法的调整对象是人与人之间关于环境的社会关系。

由于不同环境法调整机制的运行过程与环境影响机制不同,各项环境法调整机制所调整的环境法律关系也不尽相同。正如凯尔森所言:"法律关系乃对现有社会关系之法律表述。"〔1〕又如萨维尼所言:"所有的具体法律关系都是通过法规则而界定的人与人之间的联系。"〔2〕由此可知,由环境法律规则抽象出的环境法调整机制中所蕴含的法律关系,就是环境法所调整的人与人关于环境的社会关系的直接具体内容。法律关系的主体是"在法律关系中享有权利和履行义务的人",而法律关系的客体"是主体的意志和行为所指向、影响、作用的客观对象"。〔3〕 可见,法律关系中,主体决定客体进而决定其内容。因此,笔者依据法律关系主体的不同特点,将环境法调整机制中的环境法律关系分为单一主体的环境法律关系与复合主体的环境法律关系。

(1)单一主体的环境法律关系,是指在环境法律关系之中仅存在一类主体,环境法通过赋予该类主体权利(力)或义务,直接影响环境

---

〔1〕 [奥地利]凯尔森:《纯粹法理论》,张书友译,中国法制出版社 2008 年版,第 70 页。

〔2〕 [德]萨维尼:《当代罗马法体系Ⅰ:法律渊源·制定法解释·法律关系》,朱虎译,中国法制出版社 2010 年版,第 258~259 页。

〔3〕 张文显主编:《法理学》(第 5 版),高等教育出版社 2018 年版,第 154、157 页。

或通过作用于该类主体的行为间接影响环境。国家直接干预、国家间接内部干预环境法调整机制,市场主导、市场调节环境法调整机制,以及社会直接参与环境法调整机制中所涉及的环境法律关系均属于此类。

在国家(政府)调整机制中,国家直接干预与国家间接内部干预环境法调整机制属于此类。国家直接干预环境法调整机制中,环境法律关系主体是国家或国家机关,以国家或国家机关行为或环境这一公共物品作为客体,行使国家环境管理权或履行环境义务。例如,生态红线制度,国家直接设置生态保护红线,通过行使环境管理权力并履行环境保护义务,作用于环境这一物品,直接保障生态功能、环境质量以及自然资源。

国家间接内部干预环境法调整机制,环境法律关系主体是国家或国家机关,以国家或国家行为为客体,行使国家环境权力或履行环境义务。在此法律关系之中,一方面,通过法律赋予不同政府部门、不同层级政府部门不同的环境管理权限与环境治理义务,间接调整国家的环境行为,进而作用于环境。例如,对于环境监管的职能划分、生态补偿制度的设置,均仅限于国家内部,国家机关之间的权限划分,通过政府内部履职与环境义务履行实现对环境的间接影响。另一方面,法律通过赋予地方政府环境保护义务,并在此基础上赋予政府机构内部监督与监察、问责与追责的权力,实现对国家环境行为的调整,进而影响环境。例如,地方政府环境负责制、目标责任制与考核评价制度、向人大报告等,均是通过国家内部的监督与约束,实现国家环境保护义务的履行。

市场主导或调节环境法调整机制,环境法律关系主体是法人,主要是企业,均是单一主体的环境法律关系,法律关系较为简洁。在市场主导环境法律关系中,客体为企业行为与环境,内容为企业的环境权利。正如史玉成教授所认为,"从权利路径上分析,环境法的应然法益包括生态利益和资源利益,上升为环境法积极保护法益的实体环境权利应当类型化为生态性环境权利和资源性环境权利两大类别。资源性环境权利是环境法律关系主体对环境资源开发利用的经济性权利,权利主体可以是公民,也可以是作为资源开发利用者的企业、单位等其他主体”。[1] 因此,一方面,企业通过直接行使资源性环境权利,实现对环境的影响,在此法律关系中,客体为环境。例如,碳排放权交易是将大气中碳的环境权利作为资源予以交易;环境税是将污染的排放量予以量化与物化,通过市场机制直接调整企业行为,进而实现对环境的影响。另一方面,法律通过市场规则调整和引导市场主体行为,环境法律关系主体为企业,内容为企业的权利,而客体为企业行为。例如,环境污染责任保险是通过保险市场督促企业行为合规,预防环境风险,并分散被保险企业的赔偿风险、及时救济受害人。[2]

在市场调节环境法律关系中,主体为企业,客体为企业行为,内容为企业的环境义务。环境法律通过对企业行为的强制性约束,规范企业相关环境行为,从而实现对环境的正向影响。例如,企事业单位环境保护责任制度即通过企业强制性建立环境保护责任的义务规定,促进企业行为更加注重环境保护;另如重点排污单位的自动监测义务、用能单位的节能义务等,也是通过环境法律施加市场主体环境义务,规范企业环境行为,进而实现环境资源保护与风险防范。

社会直接参与环境法调整机制,环境法律关系主体是自然人,包括自然人的集合、社会公众。[3] 此类环境法律关系的主体以社会公众行为与环境为对象,行使环境权利或履行环境义务。首先,社会公众通过

---

〔1〕 史玉成教授认为,从权利路径上分析,环境法的应然法益包括生态利益和资源利益,上升为环境法积极保护法益的实体环境权利应当类型化为生态性环境权利和资源性环境权利两大类。资源性环境权利是环境法律关系主体对环境资源开发利用的经济性权利,权利主体可以是公民,也可以是作为资源开发利用者的企业、单位等其他主体。参见史玉成:《环境利益、环境权利与环境权力的分层建构——基于法益分析方法的思考》,载《法商研究》2013 年第 5 期。

〔2〕 竺效:《论我国环境污染责任保险单行法的构建》,载《现代法学》2015 年第 3 期。

〔3〕 2014 年,《环境保护法》修订确定了“公众参与”原则,正式将社会公众纳入法律调整范围。对于社会公众的内涵,根据吕忠梅教授对“公众参与”的定义“在环境保护中,任何公民都享有保护环境的权利,同时也负有保护环境的义务,全民族都应积极自觉参与环境保护事业”可知,公众是指任何公民。参见吕忠梅:《环境法》,法律出版社 1997 年版,第 63 页。

生态性环境权利,对良好环境享有权利。[1] 其次,社会公众通过实体性环境保护义务,作用于自然人自身的行为,进而实现对环境的调整。陈慈阳指出,"'实体的环境保护义务',是指'直接使环境受到美化、不受污染之行为'"。[2] 例如,自然人采取措施防止或减少固体废物污染,并通过施加强制性垃圾分类义务,[3] 规范自然人行为,从而实现污染的减少。

(2)复合主体的环境法律关系,是指在环境法律关系中存在多类主体,环境法通过调整其中一类主体的权利(力)或义务,进而对其他主体权利(力)或义务进行调整,最终实现对环境的影响。国家间接外部干预、国家服务以及社会间接参与的环境法调整机制均为复合主体的环境法律关系。

在国家间接外部干预环境法调整机制中,环境法律关系主体包括国家或国家机关、法人(企业),以及自然人(公众)。环境法律通过赋予国家或国家机关环境权力,向企业或公众施加环境义务,以国家行为、企业行为、公众行为为客体予以调整。国家间接外部干预环境的法律关系中,企业与自然人作为当事人直接参与到对环境容量与生态资源的市场分配之中,而国家或国家机关也作为当事人,参与到企业与自然人的环境利用行为之中,通过规范企业与自然人的行为间接实现对环境的调整。在此法律关系中,国家一般以环境管理权督促或监督企

---

[1] 生态性环境权利"是指公民享有不被污染和破坏的环境的权利(进一步推导为享有良好环境的权利),其权利主体应当限定为公民个体"。参见史玉成:《环境利益、环境权利与环境权力的分层建构——基于法益分析方法的思考》,载《法商研究》2013 年第 5 期。

[2] 陈慈阳认为,"人民之一般环境保护义务"分为"实体上之义务"与"程序相关联之义务"。所谓"实体的环境保护义务",是指"直接使环境受到美化、不受污染之行为"。参见陈慈阳:《环境法总论》,中国政法大学出版社 2003 年版,第 297 页。

[3] 如 2019 年 1 月通过的《上海市生活垃圾管理条例》第 7 条第 1 款规定:"单位和个人应当积极参与绿色生活行动,减少生活垃圾产生,履行生活垃圾分类投放义务,并承担生活垃圾产生者责任。"

业环境义务以及自然人、社会公众程序性环境义务的履行。[1] 例如，对于环境质量标准、环境影响评价许可、排污许可等制度，国家即是通过强制力，施加企业或自然人的排污行为或资源利用行为预防、避免和减少对环境影响，且按照许可证要求排污等环境义务；通过现场检查等执法权的行使，督促企业、自然人履行环境义务；通过环境行政处罚权力的行使，追究企业或自然人不履行环境义务的法律责任。另外，国家在重污染天气中采取的限制机动车出行、政府设置禁渔期、划定饮用水水源保护区等措施，即是社会公众对环境保护作为的容忍义务；排污许可、碳排放交易、环境税等制度的实施，也需要社会公众对容忍第三人为法律所允许环境污染行为义务的履行。

在国家服务环境法调整机制中，环境法律关系的主体与国家间接外部干预环境法调整机制一致，均为三类主体；但与间接外部干预机制不同的是，国家作为关系人，为环境法律关系当事人企业与自然人（或公众）提供环境资源利用、保护、预防的服务。在此法律关系中，国家或国家机关通过环境义务，主要是给付义务的履行，[2] 为企业与公民环境实体性权利与程序性权利的实现提供基础性服务，包括但不限于为企业或公民环境义务的履行提供奖励、激励，建立健全环境保护、污染防治相关制度，为企业或公民环境权利的行使与义务的履行提供资金、信息、平台、行为引导等服务。另外，环境法律关系的客体除三类主体的行为外，还有环境信息这一特殊客体。张文显教授指出，“作为法律关系的信息，是指有价值的情报或资讯，如矿产情报、行业情报、国家

---

[1] “程序相关联的义务”，是指“登记、告知、参与及容忍之义务皆在国家之监控所产生”，此义务可视为实体义务之附随义务，“此系由对环境之直接保护义务所衍生而来”。其中，容忍义务包括“人民有容忍第三人为环境保护的作为义务”以及“人民须容忍第三人为法律所允许环境污染之义务”。参见陈慈阳：《环境法总论》，中国政法大学出版社 2003 年版，第 383 页。

[2] 从基本权利视角出发分析国家义务，一般包括“消极、保护、给付”，给付义务是“国家以积极作为的方式为公民提供某种利益的义务”。参见张翔：《基本权利的受益权功能与国家的给付义务》，载《中国法学》2006 年第 1 期。

机密、商业秘密、个人隐私等”。[1] 环境信息是企业与社会公众行使环境权利与履行环境义务的重要基础，而国家是持有环境信息的“一级市场”，需要为企业、社会公众提供环境信息，如收集全国范围内的各项环境信息，建立环境信息公开机制、环境信息共享机制等。

在社会间接参与环境法调整机制中，环境法律关系主体同样包括国家或国家机关、法人（企业），以及自然人（公众）。社会公众通过环境权利的行使，督促国家（国家机关）与企业两方主体环境义务的履行与权利（力）的行使，从而实现对环境的调整。在社会间接参与机制中，社会公众行使的环境权利，主要是程序性权利，[2] 即包括环境知情权、参与权、救济权等，通过程序权利的行使对企业环境行为与国家（国家机关）环境权力与义务进行监督，保障权力良性运行，保护权利不受侵害，如环境公益诉讼制度、环境影响评价制度中的公众参与等信息公开与公众参与制度。

由上述三大类、八小类环境法调整机制综合分析可见，我国现行环境法律规范中，环境法律体系的调整范围是社会主体之间以环境为媒介的社会关系，是通过社会主体各自独立的行为直接影响环境或通过社会主体行为之间的相互影响而作用于环境的。（见表 0 - 2）具体而言，环境法律体系所调整的范围是以国家、企事业单位、社会公众为主体，以各主体的行为、环境与自然资源为客体，以各主体环境权力（利）与环境义务为内容的环境法律关系。

---

[1] “作为法律关系的信息，是指有价值的情报或资讯，如矿产情报、行业情报、国家机密、商业秘密、个人隐私等。”参见张文显主编：《法理学》（第 5 版），高等教育出版社 2018 年版，第 159 页。

[2] “当环境权利受到侵害或有遭受侵害之虞时，法律得设定公民或其他资源开发利用主体一定的程序性权利。由此，在环境权利结构中，又派生出程序性环境权利。程序性环境权利可以类型化为环境知情权、参与权、救济权等，程序性环境权利配置的目的在于监督、保障环境权力的良性运行，保护环境权利不受侵害。”参见史玉成：《环境利益、环境权利与环境权力的分层建构——基于法益分析方法的思考》，载《法商研究》2013 年第 5 期。

表 0 - 2　环境法调整机制中的环境法律关系

环境法调整机制		法律关系主体	法律关系客体	法律关系内容
国家（政府）调整机制	国家直接干预	国家（国家机关）	国家行为 物（环境）	国家环境权力 国家环境义务
	国家间接内部干预	国家（国家机关）	国家行为	国家环境权力 国家环境义务
	国家间接外部干预	国家（国家机关） 法人 自然人（公众）	国家行为 法人行为 社会公众行为	国家环境权力 法人环境义务 自然人（公众）环境义务
	国家服务	国家（国家机关） 法人 自然人（公众）	国家行为 法人行为 自然人（公众）行为 环境信息	国家环境义务 法人环境权利 自然人（公众）环境权利
市场（企业）调整机制	市场主导	法人	法人行为 物（环境）	法人环境权利
	市场调节	法人	法人行为	法人环境义务
社会（综合）调整机制	社会直接参与	自然人（公众）	自然人（公众）行为 物（环境）	自然人（公众）环境权利与义务
	社会间接参与	自然人（公众） 国家（国家机关） 法人	自然人（公众）行为 法人行为 国家行为	自然人（公众）环境权利 法人环境义务 国家环境义务

（四）环境法律体系与其他法律体系的区别

各项环境法律规范构建了各类环境法律体系，各类环境法律体系具有其特定的法律调整机制，各类环境法律调整机制构成了环境法以及环境法律体系的核心范畴。环境法律体系并非单一调整机制的法律体系，其调整机制蕴含行政调整、经济调整、社会调整等多种内容。在2011年所公布的“中国特色社会主义法律体系”中，环境法并非独立法律部门，而是被拆分为行政法与经济法的内容，可见环境法与行政法、经济法有较为密切的关联。因此，为了更为明确地从法律体系之中标识出“环境法律体系”的范围，还需要进一步分析环境法与其他法律法律体系之间的联系。这其中，对环境法与民法的关系已有较为深刻的讨论，[1]环境法与刑法的边界也较为清晰，[2]环境法与诉讼与非诉讼程序法是实体法与程序法的区别。因此，笔者将从环境法与宪法、行政法、经济法、社会法等法律体系之间的关系角度出发，进一步确定环境法律体系的边界。

1. 环境法与宪法的关系

宪法乃一国之根本大法，“在中国特色社会主义法律体系中具有最高的法律效力”。[3] 据张翔教授分析，宪法与部门法具有三重关系，即“法律对宪法的具体化”“法律的合宪性解释”“法律的合宪性审查”。[4] 环境法作为部门法，应以宪法为基础，对宪法规范内涵予以具体化，不能与宪法相违背。因此，环境法的调整范围应以宪法规范赋予的环境法调整范围为限。

2018 年 3 月 11 日，宪法修正案通过，“生态文明”入宪。“生态文明”相关内容与《宪法》既有的第 26 条等内容[5]共同构成了“环境宪法”。[6] 我国《宪法》中对环境的规范性描述，为环境法画上了调整范围的“上限”。就环境法调整的范围而言，宪法总纲第 26 条第 1 款明确

---

〔1〕 吕忠梅：《环境权力与权利的重构——论民法与环境法的沟通和协调》，载《法律科学》2000 年第 5 期；吕忠梅课题组：《“绿色原则”在民法典中的贯彻论纲》，载《中国法学》2018 年第 1 期；吕忠梅、窦海阳：《民法典“绿色化”与环境法典的调适》，载《中外法学》2018 年第 4 期。

〔2〕 焦艳鹏：《刑法生态法益论》，中国政法大学出版社 2012 年版，第 3 页；徐祥民、巩固：《关于环境法体系问题的几点思考》，载《法学论坛》2009 年第 2 期；董邦俊：《环境法与环境刑法衔接问题思考》，载《法学论坛》2014 年第 2 期。

〔3〕 中华人民共和国国务院新闻办公室：《中国特色社会主义法律体系》，载《人民日报》2011 年 10 月 28 日，第 14 版。

〔4〕 张翔：《宪法与部门法的三重关系》，载《中国法律评论》2019 年第 1 期。

〔5〕 我国《宪法》中与环境相关的内容包括：序言第 7 自然段的部分根本任务，第一章总纲中第 9 条第 2 款、第 10 条第 5 款、第 26 条以及第三章国家机构第 89 条第 6 项。

〔6〕 张翔：《环境宪法的新发展及其规范阐释》，载《法学家》2018 年第 3 期。

规定的国家的环保治污义务就涵盖了"保护自然资源、保护珍贵动植物、建立合理的土地利用机制、植树造林",以及"建设发展过程的其他诸多方面"的内容。[1] 因此,城乡规划、野生动植物保护、能源等相关的法律法规亦应属于环境法的范畴,环境法所调整的客体包括自然资源、生活环境与生态环境。同时,宪法中"生态文明"的价值理念以及"环境保护"的国家任务也均构成对环境法调整范围的约束,即构成环境法主体内容的环境法调整机制必须以"生态文明"为价值理念,以"环境保护"为立法目的,并在具体环境法条文中予以体现。

2. 环境法与行政法的关系

我国环境治理体系以政府为主导,环境治理手段均具有行政色彩,环境法律制度也多由国家公权力保障实施,如环境影响评价制度、三同时制度、排污许可制度等即具有行政法的色彩,环境行政许可、环境行政处罚、环境行政执行等也需要遵循行政法上的实体与程序规定。两者在主体、行为以及承担责任和救济方式上均存在关联。[2] 因此,有学者认为"环境法就是环境行政法的简称"。[3] 行政法的调整范围广泛,有学者认为行政法律关系就是"总是有国家行政机关参与并处于矛盾的主要方面的关系","行政法是调整国家行政机关在行使国家行政管理职能过程中发生各种行政关系的法律规范的总和"。[4] 因此,在环境治理事务之中,有关环境保护行政机关的组织、环境行政行为以及行政法制监督等,如政府各部门关于生态环境职权的分配、环境行政中行政许可、行政处罚、行政强制等实体规定与程序、行政相对人救济等,均属行政法的调整范围。

两者就调整机制而言,具有明显的区别。在行政法"规范和控制

---

〔1〕 张翔:《环境宪法的新发展及其规范阐释》,载《法学家》2018 年第 3 期。

〔2〕 李艳芳:《论生态文明建设与环境法的独立部门法地位》,载《清华法学》2018 年第 5 期。

〔3〕 赵娟:《论环境法的行政法性质》,载《南京社会科学》2001 年第 7 期。

〔4〕 董成美、赵秉志、王利明:《法律调整新论》,中国人民大学出版社 1990 年版,第 227 ~ 228 页。

行政权”的功能引导下,[1]行政法调整机制较为单一,主要为行政公共管理的调整机制与行政监督的调整机制,而环境法具有综合调整机制。相较于行政法调整的法律关系主体较为稳定的“二元”结构(行政机关——行政相对人)而言,环境法调整的法律关系主体是较为多变的“三元”结构,具有特殊的“国家”与“社会公众”主体。在行政法“二元”主体结构中,行政机关处于国家强制力保障的优势地位,即便是在行政复议、行政诉讼等行政相对人行使救济权时,也不变更行政机关的强力地位。[2] 而在环境法的“三元”主体结构中,国家机关在不同调整机制中的地位略不相同,如在国家直接干预与国家间接内部干预环境法调整机制中,国家机关处于当事人的主体地位,并不高于其他类主体;在国家间接外部干预环境法调整机制中,国家机关具有强制力保障的主体地位;在国家服务以及市场主导、市场调节环境法调整机制之中,国家机关多为当事人之中“关系人”的主体地位,为其他类当事人提供服务;而在社会间接参与环境法调整机制之中,国家机关甚至处于被动的“弱势”地位,如在环境公益诉讼之中成为被告。另外,社会公众,除了是特定案件的“利害关系人”,也是环境法律关系的主体,作为当事人承担环境义务,享有环境权利,这也是环境法与行政法的重大区别之一。由此可见,环境法与行政法所调整的法律关系主体并不一致,由此决定其调整的法律关系内容也并不相同,环境法所运用的调整机制更为多样,环境法所调整的社会关系更加宽泛。[3]

3. 环境法与经济法的关系

环境法与经济法联系密切,环境法与经济法均是“公私兼容的法”,环境法也会使用税收、价格、财政、金融等经济法的宏观调控制度激励环境保护行为;作为环境法客体之一的自然资源,既是环境要素也

---

〔1〕 马怀德主编:《行政法与行政诉讼法》(第 2 版),中国政法大学出版社 2012 年版,第 4 页。

〔2〕 例如,1996 年制定的《行政处罚法》第 45 条就明确规定:“当事人对行政处罚决定不服申请行政复议或者提起行政诉讼的,行政处罚不停止执行,法律另有规定的除外。”

〔3〕 李艳芳:《论生态文明建设与环境法的独立部门法地位》,载《清华法学》2018 年第 5 期。

是经济要素,这些都使环境法律制度与经济法律制度相互包容、相互影响。[1] 杨华国教授曾指出,“由于环境法与经济法之间的关系密切,有些经济法学者认为环境法属于经济法”[2]。但环境法与经济法相互关联却并不等同。

从法律调整机制分析,经济法的调整机制以国家在法律关系主体中的地位不同,可以分为国家干预经济法的调整机制(包括市场规制的调整机制、经济调节的调整机制)与国家参与经济法的调整机制(包括国家作为私权主体参与经济法的调整机制、国家作为公权主体参与经济法的调整机制)。[3] 就法律关系主体而言,环境法与经济法具有共通之处,均有“社会”与“国家”两类特殊主体,和共通的法律关系客体,即法人的经济行为以及具有财产属性的环境容量与自然资源。两者虽然在主体与客体上存在交叉项,但其主要区别在于法律关系的内容:经济法调整的法律关系内容主要包括“公民的市场经济秩序权和社会财产的所有权”以及管理主体的相关权力;[4] 而环境法调整的法律关系内容,由上文分析可知,包括公民、法人的环境权利与环境义务,以及国家的环境权力与环境义务。因此,环境法对于法人经济行为以及具有财产属性的环境容量与自然资源的调整,并非对公民市场经济秩序权或财产所有权的分配,而是对公民、法人环境保护、污染排放、资源保护行为的调整,是对其环境义务的设置与环境权利的分配。环境法与经济法不仅在解决问题与价值追求上不同,在调整范围上环境法更是广于经济法,[5] 内容上也更为复杂。

4. 环境法与社会法的关系

在学理上,社会法的界定并不清晰,有学者统计,国内学者对于社会法大约有 40 种不同定位,[6] 如有将社会法分为广义、中义、狭义等

---

〔1〕 李艳芳:《论生态文明建设与环境法的独立部门法地位》,载《清华法学》2018 年第 5 期。
〔2〕 杨华国:《论环境法在法学体系中的地位》,载《社会科学家》2007 年第 6 期。
〔3〕 韩志红:《经济法调整机制研究》,中国检察出版社 2005 年版,第 53 ~ 215 页。
〔4〕 韩志红:《经济法调整机制研究》,中国检察出版社 2005 年版,第 253、256 页。
〔5〕 李艳芳:《论生态文明建设与环境法的独立部门法地位》,载《清华法学》2018 年第 5 期。
〔6〕 李昌麒、甘强:《经济法与社会法关系的再认识》,载《法学家》2005 年第 6 期。

不同层次,[1]有学者认为"社会法等同于第三法域",还有学者认为"社会法是一个新的法律部门"。[2] 而在社会法不同的界定中,环境法与社会法的关系也不同。例如,当社会法是"作为法律群体的社会法,即包括第三法域中除经济法之外的其他法律部门"时,[3]环境法属于社会法的一部分。

但是,在笔者所要探讨的环境法与社会法的关系中,社会法是中国特色社会主义法律体系中作为法律部门的"社会法",是"调整劳动关系、社会保障、社会福利和特殊群体权益保障等方面的法律规范"。[4]在此意义上,环境法与社会法具有相似的调整机制,均通过"国家适度干预"和"国家和社会积极履行责任"来进行,但二者在立法目的、调整内容上有根本区别。社会法更多地依靠国家与社会,强调对"劳动者、失业者、丧失劳动能力的人以及其他需要扶助的特殊人群"等"弱者"的保护,"维护社会公平,促进社会和谐";[5]而环境法则是依靠国家、企业、社会等多方主体,强调各个主体各司其职,各负其责,依法规范其环境行为,以"保障公众健康,推进生态文明建设,促进经济社会可持续发展"。

就两者的法律关系主体而言,包含国家、企业、自然人三类主体,但两者调整的"自然人"这类主体的具体内涵并不相同。作为环境法法律关系主体的自然人,是社会公众,是不加区分的所有公民的集合,包括自然人与社会组织,包括当代人与后代人;而作为社会法法律关系主体的自然人,则是"具体的人如劳动者、中小企业、消费者等"。[6] 社会法"以弱者为保护对象,维护社会整体利益",[7]而环境法是以生态环

---

〔1〕 竺效:《法学体系中存在中义的社会法吗》,载《法律科学》2005 年第 2 期。

〔2〕 余少祥:《社会法的界定与法律性质论析》,载《法学论坛》2018 年第 5 期。

〔3〕 王全兴:《社会法学研究应当吸取经济法学研究的教训》,载《浙江学刊》2004 年第 1 期。

〔4〕 中华人民共和国国务院新闻办公室:《中国特色社会主义法律体系》,载《人民日报》2011 年 10 月 28 日,第 14 版。

〔5〕 中华人民共和国国务院新闻办公室:《中国特色社会主义法律体系》,载《人民日报》2011 年 10 月 28 日,第 14 版。

〔6〕 [日]丹宗昭信:《现代经济法入门》,谢次昌译,群众出版社 1985 年版,第 48 页。

〔7〕 余少祥:《社会法的界定与法律性质论析》,载《法学论坛》2018 年第 5 期。

境、自然资源为保护对象，旨在推动社会经济的可持续发展，维护社会整体生态利益。两者的根本区别在于，社会法以维护“私益”为核心，环境法以维护“公益”为核心。

综上所述，环境法律体系的调整范围应以“环境宪法”的规范性范围为限，即自然资源、生活环境与生态环境，并对宪法规范中的“生态文明”、“环境保护”等内容予以具体化。环境法律体系的调整机制可以合并民事机制、行政机制、刑事机制，但需明晰其与其他法律体系之间的界限。由环境法与行政法、经济法以及社会法三个法律体系关系可知环境法律体系的三条边界：第一，与行政法的界限为，环境法律体系应当调整三元主体；第二，与经济法的界限为，环境法律体系不仅是对各个主体环境权利（力）的分配，还应当包括对各个主体环境义务的设置；第三，与社会法的界限为，环境法律体系是以环境公共利益保护为核心。因此，由其他法律体系为环境法律体系所构筑的边界为：环境法律体系是以调整三元主体为基础，以三元主体环境权利（力）与环境义务为内容，以环境公益保护为核心的法律体系。

第一篇　基　础　篇

第一章　中国环境法典编纂的实质理性与形式理性

从20世纪70年代我国开始环境立法以来，经过环境法学界以及立法机关的长期努力，中国的环境保护立法逐渐完善，形成了由《环境保护法》以及各类污染防治、生态保护单行法构成的环境法律体系。但是环境立法蓬勃发展造成一个负面结果，即庞杂的环境法律体系内部出现了价值冲突、规范冲突等问题，环境法法典化是解决这类问题的一剂良方。在开展环境法法典化工作之前，我们首先要回答中国环境法法典的制定需要秉持哪些基本价值、在法典形式上应当有何种追求。因此，我们有必要在学理上解答中国环境法典制定过程中应当遵循何种实质理性（实质性价值判断），以及形式理性对环境法法典化的指引作用。

第一节　中国环境法典的实质性价值判断

一、价值判断在中国环境法典中的作用

在法律上论及价值判断，可以从法律本身所应当具有的价值和法律执行以及司法过程中所依赖的价值依据出发进行讨论。“价值判断是判断主体根据价值主体的需要，衡量价值客体是否满足价值主体的需要，以及在多大程度上满足价值主体需要的一种判断。”[1]因此，价

〔1〕 卓泽渊：《法的价值论》，法律出版社1999年版，第616页。

值判断是一个与主体相互关联的概念,包含了主观能动性的意蕴。价值判断通常包括两个类型,即制定中的价值判断和法律适用中的价值判断:法律制定中的价值判断主要是指在法律制定中立法者依据一定的价值导向进行的利益衡量和取舍;法律适用中的价值判断则是指法律适用者针对某个法律问题或者针对某项法律适用主张而做出的一种导向于法律原则或法律价值的判断或评价。[1] 两种价值判断在环境法典的制定中应当相互结合。

第一,立法过程中的价值判断。价值判断是立法活动中的核心环节,法律规范反映立法者持有的价值导向。吕特斯教授认为,"法是去实施政治性意志决定的一种特殊工具。每项法规范都是一项规范上所确立的('凝成的')政策"。[2] 立法者在制定法律时,必须对相互冲突的利益进行衡量和取舍,这需要立法者根据特定的价值导向对相应的利益关系进行妥当的安排,这在任何部门法或领域法中都十分普遍。例如,在农村土地承包经营权继承问题上,立法者需要对其中的不同的利益进行衡量:一方面,如果法规范否定土地承包经营权的可继承性,则原定的承包期限会因承包人的死亡而突然终止,使原承包人的生产和投资无法获得预期成效甚至难以收回,从而对土地的经济绩效造成影响;另一方面,允许土地承包经营权的继承,则可能导致农民事实上享有对承包地的"永佃"权利,使基层政权丧失对集体土地的控制和这种控制带来的实际收益。[3] 又如,姜战军教授在讨论损害赔偿范围问题时指出,"除了极个别纯粹技术性规则外,法律制度均体现着一定法律秩序对当事人利益衡量后的不同取舍……利益衡量并不是在当事人之间确定一个绝对公平的规则,而是衡量受害方的利益和加害方的利益,如果受害人的利益更值得保护,则赋予其损害赔偿请求权,如果加害人的行为具有更大的正当性,则不产生损害赔偿。在此利益衡量过

---

[1] 孙海波:《法条主义如何穿越错综复杂》,载《法律科学》2018 年第 1 期。

[2] [德]伯恩德·吕斯特:《法官法影响下的法教义学和法政策学》,季红明译,载《北航法律评论》2015 年第 1 期。

[3] 汪洋:《土地承包经营权继承问题研究——对现行规范的法构造阐释与法政策考量》,载《清华法学》2014 年第 4 期。

程中,决定是受害人利益更值得保护还是加害人行为具有更大正当性的实质是一定法律政策选择下的价值优先性”。[1] 正因如此,王轶教授在讨论民法价值判断问题时指出,民法需要对不同类型的冲突的利益关系设置相应的协调规则,民法依据特定的价值导向对上述冲突利益关系作出取舍或安排利益实现的先后序位的过程,就是一个作出价值判断的过程。[2]

我国环境法典的制定,同样需要对不同的利益进行衡量并且作出判断,这一过程依赖于价值判断对立法活动的指导。在当前的环境法规范中,一般条款往往直接体现立法者直接的价值导向。例如,1989年《环境保护法》第4条规定:“国家……使环境保护工作同经济建设和社会发展相协调”。而2014年新修订的《环境保护法》则将这一规定修改为“……国家……使经济社会发展与环境保护相协调。”这一修改表明立法者对于环境保护和经济社会发展关系的价值判断发生了明显的变化。在具体的制度设计中,立法者也需要进行价值判断。例如,从内容和基本功能来看,探矿权与采矿权应属于财产性权利,属于民事权利范畴,因此,依据纯粹教义学路径,应该允许自由转让,但是《矿产资源法》并没有采用这一更合逻辑的安排,而是对矿业权转让设置了严格的转让审批条件和程序,并规定“禁止将探矿权、采矿权倒卖牟利”,[3] 这体现了立法者对采矿权财产属性的价值判断。

第二,法律使用过程中的价值判断。在特定价值判断已经通过立法程序固定的情况下,在法律适用过程中是否仍然可以进行价值判断?对于这一问题,学者们普遍持肯定态度。黄京平教授在讨论刑法适用中的价值判断时认为,需要价值判断主要是基于以下两点理由:一是法律规范的不完美性。立法者对于现在的社会生活和未来的社会生活都不可能有充分认识,其表达途径也有缺陷,因此需要依赖于价值判断进

[1] 姜战军:《损害赔偿范围确定中的法律政策》,载《法学研究》2009年第6期。

[2] 王轶:《民法价值判断问题的实体性论证规则——以中国民法学的学术实践为背景》,载《中国社会科学》2004年第6期。

[3] 张璐:《〈矿产资源法〉修改中的“权证分开”问题研究》,载《甘肃政法学院学报》2010年第6期。

行解释;二是法律规范的抽象性,由于规范的抽象性,法官在适用法律时必须依赖于法官的理解,这种理解也不可避免地带有价值判断的因素。[1] 许德风教授也认为,在法律适用过程中仍然需要进行价值判断,理由包括:一般条款中往往包含直接的价值判断因素,在适用这些规则时,虽然法典颁布以来的类型化努力有助于为裁判者提供依据,但是类型之间的选择本身仍然需要价值判断,而且类型有限,实践中难免还会有裁判者必须直接进行价值判断的情形;并非所有的法律规则都明确而具有可操作性,需要适时运用价值判断加以补充;法律制度的设计与体例安排本身,通常会采取价值判断"优于"通行的法教义原理的路径;一般的法律适用过程也离不开价值判断,在三段论推理中,找法过程本身常常需要借助价值判断,选择事实和认定事实的法律意义也需要借助价值判断。[2] 总而言之,尽管法学依赖于实证法,但为防止实证主义扼杀法学自身的科学性,必须允许超越实证法范围的价值判断,不能将实证法规范所体现的价值判断固定化或者甚至作僵化的处理,以为规范背后的价值判断是永恒不变的。[3]

在立法与法律适用过程之外,环境法典的重要任务之一是实现环境法律的体系化,在这一过程中,需要在特定情况下依赖价值判断。一方面,在对规范的客观有效意义的认识和阐明时,必然会引入价值判断。尽管传统法学已经发展出了系统的解释方法,如文意解释、目的解释等,并且界定了不同解释方法的标准和操作流程,法律解释仍然不能完全脱离对价值判断的依赖。"法律解释是对客观存在的法律文本的主观认识,而主观认识都是以解释主体的价值观作为导向的。不存在没有任何价值观指引的法律解释。"[4] 法律解释不仅仅需要对立法者主观认识和价值导向进行考察,更重要的是探究规范在客观上的合理意义,这需要解释主体的价值判断。对此,拉德布鲁赫形象地描述,

---

[1] 黄京平:《刑事裁判过程中的价值判断问题研究》,载《法学家》2005 年第 6 期。

[2] 许德风:《论法教义学与价值判断》,载《中外法学》2008 年第 2 期。

[3] 劳东燕:《罪刑规范的刑事政策分析——一个规范刑法学意义上的解读》,载《中国法学》2011 年第 1 期。

[4] 邹海林:《私法规范文本解释之价值判断》,载《环球法律评论》2013 年第 5 期。

“所以，法律学解释不是对先前考虑过的东西作事后思考，而是对其作穷根究底的思考。它也可能从法的语文学解释出发，但很快就超越了它——就像一条即将出港的轮船，在启航时被引导走预先划定的航道以通过港口水域，然后就在船长的指挥下进入辽阔的大海探索自己独特的航路”。

一方面，在对规范中的一般性条款或者不确定法律概念进行解释时，通常需要依赖价值判断。例如，在“中国政法大学污染受害者援助中心诉国家电网宁夏电力公司案”中，原告诉称宁夏电力公司没有按照《可再生能源法》规定对其省内的风电和光伏发电进行全额收购，而改为收购煤炭发电替代可再生能源发电，导致环境损害。本案中，电网公司是否适格，涉及对环境民事公益诉讼司法解释中“损害社会公共利益或者具有损害社会公共利益重大风险的污染环境、破坏生态的行为”的解释。电网公司收购煤炭发电属于其业务范围，并无直接污染环境、破坏生态的行为，故未能全额收购与发电厂排放污染物之间是否存在必然的因果关系，从而成为“损害社会公共利益或者具有损害社会公共利益重大风险的污染环境、破坏生态的行为”，需要在解释时进行价值判断。

另一方面，在规范背后存在多种价值判断的可能性时，也需要进行价值判断。例如，2014 年修订后的《环境保护法》第 58 条规定，有权提起环境民事公益诉讼的组织必须满足“专门从事环境保护公益活动连续五年以上”的条件。对于这一条件的起算点，既可以解释为实际从事活动之日，也可以解释为登记设立之日。在“自然之友、福建绿家园诉谢某锦等环境民事公益诉讼案”中，原告自然之友环境研究所自登记之日起到提起诉讼时存续未满五年，被告据此认为其并不具有起诉资格。法院最终判决认为，原告自然之友虽然自登记之日起至本案起诉之日止成立不满五年，但其在登记前已经依法从事环境保护公益活动，至提起本案诉讼前从事环境保护公益活动已满五年，符合主体资格要求。[1] 在这一判决中，法院采用了更为宽松的“活动”标准，对于法

---

〔1〕 福建省南平市中级人民法院民事判决书(2015)南民初字第 38 号。

院对规范的解释是否合理，环境法学者也需要进行价值判断。除了解释之外，在体系化过程中同样也需要依赖价值判断的作用。前已述及，体系化的目的是发现规范与规范之间的深层次的脉络关联，并且以体系的形式表现出来，以整合各种价值、消除规范之间的矛盾，体系化过程必须依赖于价值判断。在对不同规范的效力和优先性进行论证时，必然要涉及对不同价值之间的比较，并且要确保不同的规范符合体系所认可的基础性的价值。

我国环境法典的制定并非简单将现有的环境法律规范进行汇编组合，而应具有一定的逻辑性，将环境法体系中存在相关关系的规范进行规范整合。要实现对规范内涵及其相互关系的清晰阐明，仍然需要依赖价值判断的作用。价值判断的作用在于避免体系与实质性价值之间的脱节，从而确保体系的实质性合理性，这是法典化回应社会需求的基本前提，也是获得新的规范性内涵的基础。要完成这一任务，需要在进行体系化过程中，在适当的情况下进行必要的价值判断，对既有规范背后的价值导向进行批判，从而获得新的规范性内涵。对此，阿列克西也指出，“法律论辩理论的一个重要的、但也是最困难的任务，就是要揭示出概念—体系论述的局限及合理根据”。[1] 既然价值判断在环境法规范体系化过程中不可避免，那么，是否需要对价值判断施加必要的限制，以避免价值判断可能对环境法规范体系的负面影响？答案是肯定的，以下我们将就环境法典中价值识别和价值选择的规范化展开详述。

二、中国环境法典中价值识别的规范化

环境法学界针对环境法所应当具备价值的既有研究，大多建立在不同的部门法学视角和论证规则之上，缺少整体上的对于环境法价值的类型化研究。正因如此，在环境法学研究中，可以观察到各种各样的从不同价值立场出发的研究，其中，既包含从法律面向的宪法、传统部门法、环境法本身或者环境政策中识别出的价值，也包含从环境保护面向的环境哲学、环境伦理中识别出的价值，这使环境法成为各种价值的

---

〔1〕［德］罗伯特·阿列克西：《法律论证理论——作为法律证立理论的理性论辩理论》，舒国滢译，中国法制出版社 2002 年版，第 315 页。

“竞技场”。那么，进一步的问题是，在这些价值之中，哪些价值应当成为体系化过程中应当被识别出的价值？笔者认为，以规则之治为目标的环境法应当以法律面向的价值为主导价值，在这一前提下，环境法也必须在一定程度上体现国家对环境问题的整体反应。在这一法典化目标框架的基础上，可以鉴别出一系列能够为环境法律的规则之治服务的法律价值。

一方面，环境法基于其所特有的规制对象和法律体系，在发展过程中已经识别出了一些独特的价值导向，这些价值导向构成了环境法的基本原则，即“法律在调整各种社会关系时所体现的最基本的精神价值，反映了它所涵盖的各部门法或子部门的共同要求”。[1] 与具体的规则不同，“法的基本原则体现着法的本质和根本价值，是整个法律活动的指导思想和出发点，构成法律体系中的灵魂，决定着法的统一性和稳定性”。[2] 每一个部门法或者领域法在发展过程中，都会基于该部门或领域法律关系的特殊性逐渐形成基本价值观念。例如，《民法总则》第 3 ~ 9 条列举了权益保护、平等、私人自治等八项基本原则，民事立法者借此以十分直观的方式表达了其意欲追求的基本价值观念或理想的社会生活蓝图。[3] 环境法在发展过程中，也逐步发展出了其独特的基本原则。《环境保护法》第 5 条规定：“环境保护坚持保护优先、预防为主、综合治理、公众参与、损害担责的原则。”这一规定明确规定了环境法的基本原则，是对环境法基本原则的立法表达。上述原则之中蕴含了环境法需要实现的若干基本价值导向。例如，保护优先原则反映了环境价值优于经济价值的价值导向，预防为主原则反映了事先预防优于事后救济和填补的价值导向，公众参与原则反映了民主和多元共治价值在环境法中的基础性地位。对于损害担责原则背后的价值导向，王江副教授认为，损害担责原则因矫正环境污染治理中的“不正

---

〔1〕 公丕祥主编：《法理学》（第 2 版），复旦大学出版社 2008 年版，第 249 页。

〔2〕 ［美］M. D. 贝勒斯：《法律的原则——一个规范的分析》，张文显等译，中国大百科全书出版社 1996 年版，第 469 页。

〔3〕 易军：《民法基本原则的意义脉络》，载《法学研究》2018 年第 6 期。

义”而起，以实现正义为目标，故其向上寻绎的价值是正义，具体表现为环境正义。[1] 由于基本原则蕴含了环境法的基本价值导向，环境法学者在进行规范的解释和体系化工作时，应当将这些基本价值导向作为环境法法典化需要遵循的价值判断标准。

另一方面，环境法规范体系虽然是一个独立的规范体系，但同时也是构成整体法的规范体系的特定部门。因此，环境法规范的体系化也必须允许宪法和其他部门法保护和实现的价值的进入，这是整个法规范体系价值秩序一致性的基本要求。就环境法与宪法的关系而言，环境法与宪法具有价值的共通性。具体的部门法和领域法具有将宪法具体化的功能，反过来在“依宪治国”的宪法秩序的要求下，环境法所不能自足的价值以及规范诉求也可以由宪法进行供给，通过宪法来实现法秩序的协调与重构。[2] 因此，对于环境法规范体系化过程中应当纳入的价值，也可以从宪法价值之中去寻找。例如，对于环境法中国家和政府功能及角色定位的价值判断，仅仅以环境法基本原则作为依据尚不充分，需要上溯到宪法规范中去识别法规范体系的整体价值导向。对此，陈海嵩教授进行了深入研究并指出，我国宪法所确立的基本价值诉求是“保障和改善民生”，因此，现行宪法所塑造的“通过国家积极作为实现公民权利”的路径，是我国国家和公民关系的主要方面，要求国家积极主动地采取必要和可能的措施以维护社会公共利益，这使得积极性国家义务的履行成为当前中国环境法治的核心和关键。[3] 又如，对于公民是否应当承担环境义务的价值判断，仅仅依靠公众参与原则难以识别其中的基本价值，而必须上溯到宪法层面。对此，张震教授指出，仅在部门法层面谈公民的环境义务是不够的，宪法作为法律体系的核心和基础是近代意义上的宪法产生以来各国所遵循的基本规律，无论是大陆法系还是英美法系，均对以此形成的具有内在逻辑性的被称

[1] 王江：《环境法“损害担责原则”的解读与反思——以法律原则的结构性功能为主线》，载《法学评论》2018 年第 3 期。

[2] 张翔：《环境宪法的新发展及其规范阐释》，载《法学家》2018 年第 3 期。

[3] 陈海嵩：《中国环境法治中的政党、国家与社会》，载《法学研究》2018 年第 3 期。

为法秩序的体系表示认可，因此，就公民环境义务而言，仍需要在宪法层面进行探析。[1] 总而言之，环境法规范体系中的价值识别，不能超越宪法所确立的基本价值秩序。“各部门法学在价值、伦理层面的根本性思考经常会超越法律体系本身，而诉诸哲学、宗教等层面。但是，在宪法被最终确立了根本法、最高法的地位之后，特别是借由现代违宪审查制度而被赋予了辐射整个法律体系的程序机制后，许多原本属于法体系外的讨论，就转而表现为宪法秩序下的讨论……在宪法规范的约束下，各部门法固有的规范和学理体系向着宪法的方向进行调整，这是现代法治的基本要求。”[2]除了与宪法之间的价值融贯之外，环境法与其他部门法之间也会出现价值的融贯。例如，2017 年《民法总则》（已废止）第 9 条规定了“绿色原则”，即“民事主体从事民事活动，应当有利于节约资源、保护生态环境”。吕忠梅教授认为，“作为限制性基本原则的绿色原则，既具有民法基本原则的一般功能——指导立法和为司法提供解释空间，也有更为重要的协调环境保护利益与民事权利之关系、平衡个人利益与公共利益的功能。这一功能具体表现为在民法中确立环境保护的价值观，并与民法固有价值进行制度化衔接，建立司法判断的基本价值标准”。[3] 由于环境法与宪法、环境法与民法之间能够实现价值互通，因此在环境法典的制定过程中，可以通过借鉴其他部门法的方式来完善环境法的基本价值导向。

环境法作为一个新兴的法律部门，其兴起具有浓厚的经济社会发展和政策背景，因此在继承和吸收传统法律规范体系的价值之外，还存在一种比较特殊的价值来源，即环境法律政策中的价值导向。社会发展变动不居、新情况层出不穷，为了实现有效治理的任务，国家必须对特定的社会事务和活动作出系统的反应，从而形成相应的法律政策。例如，国家为了打击和控制犯罪活动，必须合理有效地组织对犯罪的反

---

〔1〕 张震：《公民环境义务的宪法表达》，载《求是学刊》2018 年第 6 期。

〔2〕 张翔：《刑法体系的合宪性调控——以“李斯特鸿沟”为视角》，载《法学研究》2016 年第 4 期。

〔3〕 吕忠梅课题组：《“绿色原则”在民法典中的贯彻论纲》，载《中国法学》2018 年第 1 期。

应,因此必须形成特定的刑事政策。[1] 又如,国家为了对民事活动进行引导、规制,以维持正常社会秩序,必须对民事活动作出反应,因此必须形成特定的民事政策。[2] 按照宪法中的"环境国原则",在环境国中环境保护是整体政治的一部分,环境保护是现代国家必须完成的国家任务。[3] 因此,国家也必须对环境事务和活动作出整体的反应,从而形成特定的环境政策。法律政策关注的是法的调控和塑造功能,探讨的是国家如何通过制定和实施规范对社会和政治生活进行塑造。[4] 因此,在法律政策之中,同样蕴含了特定的价值导向,反映了国家对不同价值的衡量和判断。例如,国家采取严打政策,反映了国家优先追求治安改善的价值导向,而非犯罪人权利保护;又如,国家制定严格的用工政策,表明了国家优先保障劳动者权益的价值导向,而非加强劳动力市场灵活化。环境政策中也蕴含了国家的特定价值导向,如对于转基因食品进行标签管理,即表明国家在自由价值和风险防范之间更加倾向于前者。这一系列由政策——法律塑造的价值是环境法律规范体系中的重要内容,在环境法典制定的过程中应当被有效吸收和采纳。

三、中国环境法典中价值选择的规范化

前面我们分析了如何在中国环境法典制定的过程中确定环境法典应当纳入的价值,以及应当采取哪些方法、从哪些来源识别这些价值的问题。在此基础上,环境法典的进一步任务是在不同的价值导向之间进行选择,作为解释规范和推动规范体系化的内在依据。为了避免选择的武断和任意,价值选择也必须依据一定的规则进行,也就是说,学者们进行价值选择必须具有方法论上的自觉,即必须明白为何作出此种选择并对选择进行论证,任何未经论证的价值选择都必然带武断、任

---

〔1〕 劳东燕:《刑事政策与刑法体系关系之考察》,载《比较法研究》2012 年第 2 期。

〔2〕 齐恩平:《"民事政策"的困境与反思》,载《中国法学》2009 年第 2 期。

〔3〕 陈慈阳:《二十一世纪宪法国家之新挑战——宪法解释与环境国家》,台北,新学林出版股份有限公司 2015 年版,第 138 页。

〔4〕 [德]伯恩德·吕斯特:《法官法影响下的法教义学和法政策学》,季红明译,载李昊、明辉主编:《北航法律评论》2015 年第 1 辑,法律出版社 2015 年版,第 75 页。

意甚至臆想的色彩。本部分我们将分析环境法典中的价值选择应当坚持何种基本规则。

第一,价值选择应该符合部门法规范体系或者法规范体系的基本价值导向。因此,价值选择的合理性与正当性可以通过与部门法规范体系或者法规范体系的基本原则的内在价值一致性得以证成。在传统法中,坚持这种论证规则是学界的共识。例如,王轶教授在分析民法学者讨论价值判断问题的实体性论证规则时就提出了两项基于民法基本原则的论证规则,即在没有足够充分且正当理由的情况下,应当坚持强势意义上的平等对待以及在没有足够充分且正当理由的情况下,不得主张限制民事主体的自由。[1] 劳东燕教授则在讨论刑法价值判断问题时指出,在刑法体系中,基于罪刑法定的制约,并非任何法外的价值判断都被允许引入:一类法外的价值判断能够为刑法文本的开放性所容纳,在通过法解释完成由外在价值向内在价值的转化之后,最终成为刑法体系本身的价值判断;另一类法外的价值判断则由于无法为既有的刑法文本所吸纳(不然便违背罪刑法定原则),在立法作出相应修正之前只能始终保持法外的状态。[2] 当部门法规范体系中基本价值已经不能证成某种价值导向时,论证就必须求助于更高层次的整体法秩序中的价值。例如,在著名的埃尔默遗嘱案中,当意思自治与公序良俗发生冲突时,仅仅依靠民法基本价值进行论证已经无法证明价值判断的正当性,因此,厄尔法官提出,既然一条法规是一种更大的智力体系,即整个法律的组成部分,那么法规的构思就应使它与那种更大的体系在原则上相符,在任何地方,法律都尊重下述原则,即任何人都不得从其错误的行为中获得利益。[3] 因此,在环境法规范的体系化过程中,一方面,环境法学者对于规范的解释以及规范间关系的阐述,主要需要依赖环境法规范体系的基本原则,除非有足够充分且正当的理由,不能

---

〔1〕 王轶:《民法价值判断问题的实体性论证规则——以中国民法学的学术实践为背景》,载《中国社会科学》2004 年第 6 期。

〔2〕 劳东燕:《刑事政策与刑法解释中的价值判断——兼论解释论上的"以刑制罪"现象》,载《政法论坛》2012 年第 4 期。

〔3〕 陈洪杰:《论法律续造的方法》,载《法律科学》2010 年第 6 期。

够作出与基本价值不一致、不相容或者矛盾的价值判断。另一方面,当价值选择的正当性无法在环境法基本原则之内得到证成时,应当向基础的、上位的法律规范中具备的价值进行求助,避免出现由法律规范之外的价值判断支撑价值选择的状况。

第二,在特殊情况下,环境法体系可以作出与部门法规范体系乃至整体法秩序不一致的价值选择,但是必须负担论证责任,避免价值选择陷入僵化。部门法规范体系乃至于整体法秩序也并非一成不变,而是始终处于变动之中。现代法的基本特征已经从压制型法、自治型法转向回应型法,回应型法关注法律发展的形式理性危机,试图通过从形式理性和实质理性到反思理性的过渡,将形式正义和实质正义统合在具有社会回应性特征的法律制度之内。[1] 因此,学者完全可以为了实现实质正义,通过实践理性作出不同于部门法规范体系乃至于整体法秩序的价值选择。例如,为了保护动物的情感乃至于生命,要求将保护动物福利纳入环境法的规范体系之内。尽管如此,由于这种价值选择违反了一般的价值选择规则,学者必须负担较重的论证规则,对价值选择的正当性和合理性进行充分的论证。在环境法中,环境法学者经常会依据法律政策甚至依据环境哲学、环境伦理进行价值选择,当此类来源于法律体系之外的价值导向被学者引入环境法典和环境法体系时,应当依据这一规则施加相应的论证义务。

环境法领域的学术共同体应当就环境法典中价值选择的规则形成最低限度的共识,尽量避免武断、任意地引入过于超前、非常规的价值判断。这一要求也符合拉德布鲁赫公式的基本原理,即"除非实在法与正义之矛盾达到如此不能容忍的程度,以至于作为'非正当法'的法律必须向正义屈服"。[2]

---

〔1〕[美]诺内特、塞尔茨尼克:《转变中的法律与社会》,季卫东、张志铭译,中国政法大学出版社2002年版,第3页。

〔2〕[德]古斯塔夫·拉德布鲁赫:《法律的不法与超越法律的法》,舒国滢译,载《法哲学与法社会学论丛》,中国政法大学出版社2001年版,第23页。

第二节　中国环境法典的形式理性关照

毋庸置疑,我国环境法的法典化并不是对现有立法的简单梳理与汇总,而是意在实现环境法律体系的系统化和逻辑化。面对我国环境法法典化研究中存在的不同观点和我国环境法治的现实问题与需求,实现法典结构设计的体系化和逻辑化,需要形式理性从整体性和逻辑性层面提供理论支撑和指导。

一、法典化的理性来源

纵观法律思想史可以发现,理性主义一直对社会经济发展与法学的发展具有重要的影响,在近代西方法学发展过程中则更为明显。理性,是法律之所以为法律的内在逻辑品质和法律的外在技术品质,不仅是法之应然"固有的",同时更是经由法律信仰等因素而被"赋予的",也就是"拟制的"。从神学法学到古典自然法学,再到理性主义哲学的发展,都是理性主义不断融入法学的表现。在法国大革命的背景下,理性主义哲学更是对欧洲法学发展产生了决定性影响,更是《法国民法典》出台的直接推动因素之一,而古典自然法学最为重要的成果之一,就是在它的影响下出台的一系列法典。以理性主义为核心的新的自然法思想产生于人文主义法学派对古典罗马法体系的重构的过程之中,深受文艺复兴和理性主义哲学的影响,盛行于16~18世纪的法国等西欧大陆国家,并由此产生了古典自然法派。17~19世纪,更是被称为"理性法"时代。[1] 在这一时期,深受理性及理性主义哲学影响的古典自然法学,将理性看作法律的生命和追求。例如,自然法学者霍布斯认为,法的理性既是本体理性也是实践理性。[2] 古典自然法学者洛克更是认为,自然法就是理性的法,自然法的特点即理性与正义,并主张理性应当成为人们行动指导和准则,符合理性的行为才是符合自然法的

---

〔1〕 颜厥安:《法与实践理性》,中国政法大学出版社2003年版,第238页。

〔2〕 [英]霍布斯:《利维坦》,黎思复、黎廷弼译,商务印书馆1985年版,第109~122页。

行为。[1] 这一时期的自然法学家倡导运用理性所具有的逻辑性、自明性和确定性等特点来制定法律规则和制度，他们认为，“自然法与自然、神以及理性一样，是普遍合理的、为任何时代的任何民族所共通的东西。它是可以通过理性而明确认识的”。[2] 理性自然法学者试图通过发挥理性的力量来建构一套“清晰而透明的体系”，而这套体系的本质则是准数学体系或准几何学体系在法学领域的具体实践。[3] 这一思想的实际结果的最直观显现在于其所引发的近代法典编纂运动及为近代西欧大陆法典化所提供的强有力的理论支撑。近代自然法学者认为，法典是基于人类理性而构建的法律体系，其中包含了诸如自由、平等和安全等权利的基本的自然法规则。[4] 正如勒内·达维德所言："西方的法典原是为信奉理性主义的社会制定的，法典的抽象性结构是西方笛卡尔主义思想的产物。"[5]

深受理性主义影响的古典自然法学认为，自然法高于实在法，法律需要体现人类基本的权利和正义观，而符合社会公众共同理性的基本规范即自然法所关注的重点，自然法亦是对理性的反映。只有规定了符合人类理性的自然法规则，接受理性的指引、指导的法律，才是符合理性要求的法律，才是法律的价值所在。与此同时，理性主义指引下的法律是公民个人通过法律规范个人行为的实践，是不断完善法律的过程。“实践（praxis）就是行动（action，不是 behavior），而法律规范的应然性格，使得我们认为法律必然与行动相关，所以法律的理性当然是实践理性。”[6] 此外，理性主义自然法也同时对立法者提出了规范要求，即立法者需要遵循理性要求，提炼符合自然规律和理性主义需求的法

---

〔1〕［英］洛克：《政府论》（下篇），叶启芳、瞿菊农译，商务印书馆 1982 年版，第 6～84 页。

〔2〕［日］大木雅夫：《比较法》，范愉译，法律出版社 2006 年版，第 29 页。

〔3〕李中原：《欧陆民法传统的历史解释——以罗马法与自然法的演进为主线》，法律出版社 2009 年版，第 278 页。

〔4〕［美］E. 博登海默：《法理学、法律哲学与法律方法》，邓正来译，中国政法大学出版社 2017 年版，第 79 页。

〔5〕［法］勒内·达维德：《当代主要法律体系》，棋竹生译，上海译文出版社 1984 年版，第 505 页。

〔6〕颜厥安：《法与实践理性》，中国政法大学出版社 2003 年版，“代序”第 2 页。

律原则和制度，从而保证法律的公正性。但是，由于“知识的不完备性，对困难的预见，可能行为的范围等都决定了理性只能呈现为有限的理性”。[1] 这也使这种实践中的理性往往具有一定的局限性。

可见，法律的理性化是法律现代化的普遍趋势，这一趋势不仅体现于大陆法系国家的成文法中，同时体现在英美法系国家的判例法之中。正如马克斯·韦伯所说，“我国近代的西方法律理性化是两种相辅相成的力量的产物，一方面，资本主义热衷于严格的形式的，因而——在功能上——尽量像一部机器一样可计量的法，并且特别关心法律程序；另一方面，绝对主义的国家权力的官僚理性主义势衷于法典化的系统性和由受过理性训练的、致力于地区之间平等进取机会的官僚来运用的法的同样性。两种力量只要缺一，就出现不了近代法体系”。[2] 可见，法律理性化的一个主要表现即法律的形式化，并且形式理性的法律与西方资本主义发展具有重要联系，而这也正是韦伯对现代法律制度所持有的观点，即现代法律制度应该是形式理性的法律。因为，只有形式的法律体系，借由一般的抽象规则以及意义的逻辑分析，不参酌外在实质的价值（如伦理的、功利的规范），个人的能力与机会始受保障，自我决定与个人自由方可促进。

二、形式理性的要旨

形式理性集大成于马克斯·韦伯的法社会学理论。韦伯认为，法的形式性质的发展阶段大致经历了从形式非理性到实质理性再到形式理性的过程，也就是“从原始的诉讼里源于巫术的形式主义和源于启示的非理性的结合形态，时而途经源于神权政治或家产制的实质而非形式的目的理性的转折阶段，发展到愈来愈专门化的法学的、也就是逻辑的合理性与体系性，并且因而达到法之逻辑的纯化与演绎的严格化，以及诉讼技术之越来越合理化的阶段”。[3] 在法律的理性化方面，韦

---

〔1〕［美］赫伯特·西蒙：《管理行为》，杨砾、韩春立等译，北京经济学院出版社1988年版，第81页。

〔2〕［德］马克斯·韦伯：《儒教与道教》，王容芬译，商务印书馆1995年版，第200页。

〔3〕［德］马克斯·韦伯：《法律社会学》，康乐等译，广西师范大学出版社2005年版，第320页。

伯认为,法律在不断磨合与渐进的过程中逐渐实现理性化,而法典化则与理性化直接相关,并且法典是法律理性化的第一要素。[1] 他认为,“法律的一般理性化和系统化以及在法律程序中具体的可预见性是经济活动存在,尤其是资本主义活动的最重要的条件。没有法律保障,这一切是不可想象的”。[2] 由此不难得出,基于韦伯的形式理性观念,法律理性化的一个主要表现即法律的形式化,而法律的法典化则是法律形式理性的主要载体。综观韦伯关于形式理性的学说和论著,可以发现,符合形式的法是一种合乎理性目的、内部体系逻辑自洽的法律形式,也就是,“以形式合理(formal rationality)为特征的法律的理想类型是这样一种类型:其中法律表现为一种逻辑一致的抽象规则的结构,根据这种结构,能够认定特定案件和问题中的有效事实并解决这些案件和问题”。[3] 在形式理性的指引下,法律可以为人们的行为提供可预测性、相对确定性,并且可以排除贵族的特权与传统封建社会的专断霸权。在司法实践中,这种体系化的法律更可以为司法机关和行政机关提供一套完整的司法程序,包括诉讼程序、审判原则和证据规则等,从而保证法律运行的稳定性。

形式理性历经了从宗教、神学到自然法,从自然法到理性,从理性主义自然法到法律的合理性的过程,是一个理性与法律不断融合的过程。而形式理性与实质理性的关系,也由紧张对立发展为你中有我,我中有你的统一状态。法律的形式理性作为法律最直接的外在表现,是法律对正义、自由、公平、平等等人类基本权利的表达,是实现法律的实质合理性的前提与基础。

三、形式理性与环境法法典化

根据韦伯的形式理性观念,整体性、逻辑性和稳定性是法典形式理性的基本特质。根据这些特质,形式理性对法典主要有三方面要求:一

---

[1] 石佳友:《民法法典化的方法论问题研究》,法律出版社 2007 年版,第 59 ~ 60 页。

[2] [德]马克斯·韦伯:《论经济与社会中的法律》,张乃根译,中国大百科全书出版社 1998 年版,第 307 页。

[3] [美]哈罗德·J. 伯尔曼:《法律与革命》,贺卫方等译,中国大百科全书出版社 1993 年版,第 653 页。

是要求法典自身形成一个体系严谨、内容完整和谐的整体。法典不是法律的简单汇编,法典本身作为一个整体,其内部还包含相互协调的次级整体。因此,法典内部各个要素之间应相互协调。二是要求法典具有逻辑性,形成逻辑自足的内部体系,即可通过逻辑推理将法典中抽象的法律概念和规则转变为可以适用于具体案件判决的概念和方法,从而最大限度地保障法律的确定性和可预见性。[1] 三是要求法典具有可预见性。形式理性所具备的稳定性和可预见性特点,是法律体系获得独立性和自治性的基础,而可预见性则是构成这一基础的前提性条件。

环境法典的编纂应当体现科学立法的精神条件,并通过对已有环境法律概念和规则的系统化整理来实现环境法典的形式理性诉求。这就要求立法者将法律规范逻辑地、呈体系地置入环境法典,形成内在关联的结构体系,从而实现环境法典所应具备的结构上的科学性。体系化的环境法典结构设计,不仅要实现内部结构之间的有机衔接,彼此关联与内洽,而且需要法典本身作为一个整体与外部法律环境实现良好的融合。而形式理性的理论和方法,可为我国环境法典框架结构的设计提供重要的理论支撑和引导,使可以在科学的框架结构之下,通过对环境法典外部框架和内部体系的科学建构,实现环境法典从整体结构到内部次级体系之间的协调与内洽。

第三节 中国环境法典形式理性的规范表达

如前所述,科学合理的环境法典体系结构,是体现环境法典形式理性、实现逻辑自洽的关键所在。我国环境法典编纂应在明确结构划分规则的基础上,选择适当的编纂模式和立法技术。

---

〔1〕 李永军:《论商法的传统与理性基础——历史传统与形式理性对民商分立的影响》,载《法制与社会发展》2002 年第 6 期。

一、环境法典形式理性的基本内涵

(一)环境法典形式理性由基本结构决定

结构字面意思表示对构成整体的各个部分进行架构,即构成人体的整个骨骼架构。具体到法律结构,其代表"法律的内部结构,规范性法律文件的构成要素及其组合方式。包括形式结构和实质结构"。[1]例如,我国历史上北朝制定的北齐律,确定了十二篇的体例结构,首创总则,确定总分结构。"法的内容的变化和发展,最直接的体现应该是结构上的变化,法典体例结构的变化又可以渗透出法的内容是否科学合理的信息。"[2]因而结构对于一部法典来说至关重要。环境法典的内在结构体现了法典编纂的逻辑思路,体现了本土性和习惯性。纵观各国的环境法典章节体例设置,有共通处也有异处,其不同的体例结构很好地体现了该国在制定法典时的目标定位、编纂技术、法律体系的发展水平,因此环境法典的内在结构与外部衔接问题十分重要。

环境法典结构是在法典定位与环境法律清楚认知的基础上,对环境法有关内容作新的归纳整合,按照一定的排布逻辑和指导思想,从而建构出环境法典的基本框架。"构成法典的各个部分以什么样的先后顺序和分类标准来编排和展开,就是我国所说的法典的布局或体例问题。"[3]环境法典结构主要需要解决以下问题:环境法典整体是否为总—分结构;法典结构体例的大小,如是大而全还是有取舍的包容,采取什么类型的组织形式,具体要分为几级;法典的各部分的定位是什么,需要包括的基本范围和内容,如罚则的内容是采取单独成为一部分还是分散在各相应部分中,各部分在结构中的先后顺序,如对自然保护和污染防治部分的编排前后等。这些结构问题的解决最终形成的就是环境法典的基本框架,即法典文本呈现的外在体例。不重视这些问题,法典注定是不完整的,好比一盘散沙,无法实现实际效用。结构在环境法典编纂中的重要作用也是不言而喻的,建构好环境法典的框架是造

---

〔1〕 孙国华主编:《中华法学大辞典(法理学卷)》,中国检察出版社 1997 年版,第 93 页。

〔2〕 何文燕:《再论民事诉讼法典体例结构的调整》,载《政法论丛》2005 年第 1 期。

〔3〕 封丽霞:《法典编纂论——一个比较法的视角》,清华大学出版社 2002 年版,第 312 页。

就优秀环境法典的基本。一方面,环境法典的框架结构发挥着黏合剂的作用,能将分散的环境法律凝练起来,也是最先直观展现在大众眼前的,一部法典的重要作用是提高法律实用性,扩大适用性,因此法典框架结构的设计不仅要尊重法律自身的实际,也要贴合社会的现实需要,以保证法典的实施效果。另一方面,环境法典结构是体现体系性、稳定性、创设性等法典特点的重要方面。编纂环境法典的很大原因是希望借助法典这种模式改善法律体系存在的混乱与矛盾等缺陷,法典编纂的原因之一也在于人们希望确定法律并且使国家法律维系统一。[1]法典具有难以替代的优势,而实现这种优势与法典结构是不可分割的。结构编排越科学、合理、严谨,环境法典的完成效果越能明晰地表现出来。总而言之,环境法典结构是编纂好法典的前提要求,也是无法忽视的必然工作。

(二)环境法典结构对法典的影响

1.合理布局体例,平衡法典的全局性和灵活性

结构如同人的骨架、大厦的地基,是架构一部法典的基础,支撑法典全局的基本走向,代表法典的根本逻辑思想。“法典目标旨在提供一个明晰的结构。”[2]一部法典要分成几个模块,每个部分要囊括哪些内容,既是对该领域内已有的法律法规的整体把握,也是体现法典未来规范行为的一定的前瞻性。“如果一个类的设置是不恰当的,那么,它的后果就是使一般性规则失去普遍意义并且不得不被迫在该类中另行制定许多特例加以弥补。”[3]法典既是稳定的,也是灵活的。对其的应用应是能够体现效率和安全的。“法典的规定越具有普遍性,只对社会关系实行类的调整或规范调整,司法机关就不必因人司法,因事司法,法律的适用就越具有效率……追求法律的灵活性,使法律能追随不断发展的社会生活条件并与其保持协调……使法典不致因时势变易而

---

〔1〕［法］勒内·达维:《英国法与法国法:一种实质性比较》,潘华仿等译,清华大学出版社2002年版,第25页。

〔2〕夏凌:《欧洲环境法的法典化运动及其启示》,载《欧洲研究》2008年第6期。

〔3〕［意大利］桑德罗·史奇巴尼:《法学研究方法以及对古罗马法学著作和近现代法典结构体系中若干问题的思考》,丁玫译,载《比较法研究》1994年第2期。

与具体的生活事实不相宜。"[1]因此,法典的合理结构就显得尤为重要,其能使每一部分之间统率于法典的根本思想下,又保有该类规定的价值,从而最大限度地实现法典的协调,充分发挥系统功能。

2. 精简法律条文,增强法典的适用性和稳定性

一部法典应是对这个领域内现有法律法规的规律性和条理性的整合,绝不是简单的汇总,而是对法律条文有逻辑的加减,有次序的排列组合,有先后的进行组织架构,这样才能构造一部具有实际价值的法典。"法典化的核心目的是法律确定性和可接近性。"[2]"德国学说汇纂派的法学家们在法典中设立了一个'总则'部分并希望以此更好地实现所有近、现代法典学家们都向往达到的目标——'最大程度地简短',为此,就必须在一部法典中尽可能地减少法条的数量。"[3]法典拒绝冗杂,其内在结构一定是经过深思熟虑的编排,是对庞大繁复的法律条文的精简和对中心思想的提炼。若存在一个规则的普遍适用,则会将其抽调出来作为整个法典的基本规范,安置于总则中,赋予其最高效力,其他蕴含同样内涵的法律条文皆可相应删去,这样就达到了精简条文、增强法典稳定性和适用性的目的。

3. 化解法律冲突,提高法典的逻辑性和体系性

法典的一个重要作用便是对法律进行新的调和,协调法律之间的适用,推动该法律部门的体系性。"法典是法的形式中的最高形式,是法的形式发展的最高阶段。"[4]伴随部门法的发展、法律体系的不断成熟,现有的法律条文之间难免会出现矛盾与冲突。很多法律条文的产生具有滞后性和紧迫性,因而欠缺对该法律部门的综合性考虑,从而造成法条的重叠和内容上的冲突。"系统的各元件通过结构才组织为一个整体系统。结构越合理,系统的各个部分之间的相互作用就越协调,

---

〔1〕 徐国栋:《论现代民法典的结构——功能模式》,载《法学研究》1992 年第 1 期。

〔2〕 G. J. Postema, *Bentham and the Common Law Tradition*, Clarendon Press Oxford,1986:425.

〔3〕 [意大利]桑德罗·史奇巴尼:《法学研究方法以及对古罗马法学著作和近现代法典结构体系中若干问题的思考》,丁玫译,载《比较法研究》1994 年第 2 期。

〔4〕 封丽霞:《法典编纂论——一个比较法的视角》,清华大学出版社 2002 年版,第 27 页。

系统在整体上才能达到最优。"[1]法典在规划之初，在结构上所下的功夫是极大的，结构使法典所包含的各元件得以重新规划重组，重视彼此之间在内容上的逻辑性、逻辑上的条理性。法典往往被用以推动法律和政治的统一，[2]这使法典必须更加严谨和系统。

（三）环境法典不同编纂思路对法典结构的影响

"法典化的合理定位是环境法典编纂的前提性问题。"[3]各国环境法典都脱不开对其基本路径的选择和定位，环境法典的科学定位需要综合考虑已有的法律体系和本国实际。此外，法典的结构也与其目标定位息息相关，过低的目标定位可能带来结构的松散，仅仅是法律的形式汇编，不利于法典的系统性和体系性；而过高的目标又会使法典的结构过于复杂，对编纂水平的要求高，完成难度较大。环境法典的编纂定位也即选择什么样的路径、采取何种编纂方式。有学者提出，当前环境法典编纂模式主要分为三种：德国式法典化、法国式法典化和瑞典式法典化。[4] 有学者"从法典化路径提出了个别事项单行法、松散式完整法典、体系化完整法典等具体模式"。[5] 有学者"将法典编纂的方法分为汇集型法典编纂、巩固型法典编纂、革新型法典编纂及汇编型法典编纂四种"。[6] 还有的学者表示环境法法典化主要分为形式编纂和实质编纂。[7] 实际上，这几种说法的本质是一致的，皆可称为实质性法典化与形式性法典化。形式性与实质性法典化两种编纂思路的选择，

---

〔1〕 王雨田：《控制论、信息论、系统科学与哲学》，中国人民大学出版社 1980 年版，第 502 页。

〔2〕 G. A. Weiss, *The Enchantment of Codification in the Common – Law World*, Yale Journal of International Law, Vol. 25 (2000).

〔3〕 李艳芳、田时雨：《比较法视野中的我国环境法法典化》，载《中国人民大学学报》2019 年第 2 期。

〔4〕 王灿发、陈世寅：《中国环境法法典化的证成与构想》，载《中国人民大学学报》2019 年第 2 期。

〔5〕 谢哲胜：《论民法法典化模式的选择》，载《法商研究》2006 年第 3 期。

〔6〕 彭峰：《法国环境法法典化研究》，载《环境保护》2008 年第 4 期。

〔7〕 李艳芳、田时雨：《比较法视野中的我国环境法法典化》，载《中国人民大学学报》2019 年第 2 期。

"决定了法典化的指导思想以及实施路径"。[1]

1. 形式性法典化与环境法典结构

形式性法典化的表现形式多为对部门法的汇编,因而很多学者表示这种模式在法典体例结构编排上并不太被看重,更多追求的是同类型法律的整理合并。"形式性法典化不是要建构一个全新的整体文本,而是通过将各种不同的、来源分散的、数量众多的规则加以汇集。"[2]这种编纂模式主要通过法律汇编来实现,对现行的部门法进行了类别化的复述组合与汇集。[3] 汇编大多是通过将某一法律部门相关的法律规定进行一定逻辑与体系上的编排,形成一定结构秩序,改变以往该部门法下法律的混乱,提高法律的普适性。因此,采取形式编纂思路的环境法典在结构上往往会体现出一定的体系性,总则部分是对相通原则、一般规定、权利义务、法律制度等进行提炼的普适性规定,而分则部分主要针对的是该部门法律体系下的各种类别的内容,同一类别不同时间的法律规定以及不同法律文本中的冲突或重复的内容等,通过增加与删减、归纳与整合、一般与特别等手段,建构分则各部分的框架,从而形成法典的基本结构。不可否认的是,这种汇编带来了环境法律体系的集合,打破了分散的法律法规,在一定程度上融合了法律条文之间的界限,缓和了冲突;但是法律汇编形成的形式性法典欠缺法典所要求的内在稳定性、系统性和逻辑性,它的结构更加松散,并且单纯的形式汇编,缺少全局性和前瞻性,难以真正适应社会法律要求,尤其是在这种复杂综合多变的特殊背景下,更是易产生矛盾之处,可能会出现修改频繁的情况,在实际应用中的效果会大打折扣。形式编纂的代表就是《法国环境法典》和《意大利环境法典》。

2. 实质性法典化与环境法典结构

"实质性法典化是对涉及某一个或者若干个特定法律部门的成文

---

〔1〕 竺效、田时雨:《瑞典环境法典化的特点及启示》,载《中国人大》2017 年第 15 期。

〔2〕 夏凌:《法国环境法的法典化及其对我国的启示》,载《江西社会科学》2008 年第 4 期。

〔3〕 See J. L. Bergel, *Principal Features and Methods of Codification*, Louisiana Law Review, Vol. 48(1987).

规则的创造性的建构，这种建构是建立在严密的逻辑性上的。"[1]因此，实质性法典编纂对法典的结构要求很严谨，注重各部分之间的逻辑严密，目的在于实现法律条文的统一性和整体性。实质性法典的体例结构编排可以说是对现有法律的一次翻新重组。采取实质编纂的方式，不但要求对部门法律条文有序性的重新规整，同时需要在结构与内容上具有革新。例如，总则中的一般性规定具有较高的凝练度和领导地位，法典结构不是简单的重新组合，而是重新洗牌，形成体系性与逻辑性较高的结构编排。此外，实质性法典化还应具备对未来形势变动进行及时反馈适应的动态能力。也即实质性法典的稳定性特征是要求包涵动态技能，并非僵化的、一成不变的、不可修改的。环境法律的复杂性、滞后性、丰富性、易变性等特点是环境法典走实质性法典化模式的重要阻碍，这也增加了环境实质性法典体例结构编排的难度，因此，如何在结构上既能形成体系性，避免冲突，又能为日后的变动留有一定余地，既是重点也是难点。同时，实质性法典化对法律基础和法学研究水平的要求很高，编纂过程一般耗时耗力，因此环境法典若选择实质性法典化，要充分考虑实际情况能否支撑全局，避免半途而废或结果的差强人意。《瑞典环境法典》和《德国环境法典（草案）》即是实质编纂的代表。

环境法典要选择哪种编纂思路，要结合本国环境法律现状、立法水平和国内外法典编纂经验综合考虑。总而言之，形式性编纂和实质性编纂作为环境法典的必要前提，是进行法典结构设计必不可少的选择，对环境法典结构的最终形成效果具有重要影响。

二、环境法典形式理性的实证研究

当前已出台环境法典的国家是我们考察环境法典形式理性的研究对象，目前主要集中在欧洲地区、部分非洲国家以及其他国家，还有一些国家正处在编纂环境法典或处于准备环境法典编纂的前期工作状态下。总体来说，环境法典化在全世界范围内正不断兴起或处于深入研

[1] J. L. Bergel, *Principal Features and Methods of Codification*, Louisiana Law Review, Vol. 48 (1987).

究状态。以欧洲国家为代表的环境法典的结构安排、内容设置、环境理念等方面的科学性、合理性、先进性，是其他一些环境法典所无法超越的。选取欧洲国家的环境法典作为研究对象有其现实意义和研究价值。此外，基于目前现有文献的获取可能性，本部分对国外环境法典结构的实证研究，力求通过对环境法典原文文本的研究分析，对环境法典结构形成综合全面的认识，进而将目前分割的环境法典结构进行研究整合。

择取法国、意大利、瑞典、德国（以下简称法意瑞德）四国的环境法典主要是基于两方面的原因：一方面，基于欧洲的环境法法典化运动，一国环境立法越完善，其发展就越向体系化和法典化靠近。[1] 欧洲国家中的法意瑞德具有代表性，它们分别采取了形式性法典化与实质性法典化的方式，对本国环境法律进行了整合和改造。其中，《瑞典环境法典》与《德国环境法典（草案）》属于实质性法典化，《法国环境法典》和《意大利环境法典》则属于形式性法典化的范畴。这四部环境法典具有一定的代表性。另外，法意瑞德的环境法典无论是在编纂技术，还是在编纂水平上，都较为领先于其他国家。但因文献文本获取的有限性，当前瑞典与法国的环境法典已有中文翻译本，德国环境法典目前只有草案文本。基于此，选取了法意瑞德四个国家的环境法典作为研究对象。

（一）环境法典的“编卷”形式

环境法典的“编卷”结构主要是指分类法典条文内容的最高级别的标题，即相当于文章的一级标题。欧洲主要国家的环境法典整体都属于总分结构，因此采取总则与分则的结构已属于法典的基本模式。其中，《法国环境法典》采用的是“卷”的编排模式，《意大利环境法典》与《瑞典环境法典》采用的是“编”的编排模式，《德国环境法典（草案）》采用的是“章”的编排模式。具体来看，法国的法典具体分为卷、编、章、节，意大利法典共包含六个部分内容，分设编、章、节进行规定，

---

〔1〕 金瑞林、汪劲：《中国环境与自然资源立法若干问题研究》，北京大学出版社 1999 年版，第 16 页。

瑞典法典是由编、章组成的，德国法典较简单，主要是以章来编排，下设具体条文。

1. 环境法典的“编卷”形式

法国作为大陆法系代表，法典一直以来都是其法律编纂的重要模式。《法国环境法典》出台也较早，法国从1989年开始确立编纂环境法典，至2000年正式通过出台，共耗时12年。但随后《法国环境法典》一直处于增改中，直到2007年，最后的法规卷部分得到通过，法国环境法法典化这一漫长工作终于画上句号。《法国环境法典》作为形式性法典的代表，不仅影响了许多非洲法语国家的环境法发展，其编纂过程的经验教训、法典的编排结构等也很有研究价值和借鉴意义。

《法国环境法典》整体按照总分结构，具体以“卷、编、章、节、分节、段”来划分内容，总共有七卷内容，第一卷为共同规定，即总则部分；第二至七卷为具体分则部分，分别是：自然环境，自然空间，自然遗产，污染、风险和损害的预防，适用于新喀里多尼亚、法属波利尼西亚、瓦里斯和富图纳、法属南方和南极洲领地和马约特岛的规定，南极环境保护。

2. 环境法典的“编”形式

《意大利环境法典》采取总则—分则—附则的结构进行编纂，具体以“编、章、节、条、项”划分，一共包括六编。首编是一般规定和基本原则，也即总则内容；其他五编分别是：战略环境评价、环境影响评价和环境综合许可的程序，土壤保护和抗沙漠化、水污染防治和水资源管理的规定，废弃物管理和污染场所改造的规定，空气保护和大气减排的规定，环境损害赔偿的规定。

瑞典环境立法在20世纪70年代快速发展。大量单行环境法律出台带来的矛盾与混乱，促使瑞典于1992年正式开始制定环境法典，仅用了六年时间，就在1998年正式通过了《瑞典环境法典》。这部法典也被称为“世界上第一部具有实质编纂意义的环境法典”。[1]《瑞典环境法典》由15部环境方面的法律构成。法典凝练了这些法律中的类似条文，通过合并、增减、吸收等方式，最终整合为当前的《瑞典环境法

〔1〕 竺效、田时雨：《瑞典环境法典化的特点及启示》，载《中国人大》2017年第15期。

典》。法典生效之时,这 15 部法律也随之废止,分别是:《自然资源法》《自然保护法》《动植物法》《环境保护法》《健康保护法》《水法》《农业用地管理法》《转基因组织法》《化学品法》《生物杀虫剂法》《林地杀虫剂法》《含硫燃料法》《公共清洁法》《禁止向水体倾倒废弃物法》《环境损害法》。[1] 从这 15 部法律的名称中可以看出,颁布法典前,瑞典环境立法缺乏系统性。法典融入这些法律后,共包括七编三十三章,近五百个条文。《瑞典环境法典》按照编、章、条的形式来划分结构,形成总则—分则的结构模式。《瑞典环境法典》的七编分别是:第一编为总则,第二编是自然保护,第三编是关于特定活动所作的特殊规定,第四编是案件与事项的审查规定,第五编为监管等,第六编是处罚,第七编是赔偿等。

《德国环境法典(草案)》共历经两次环境法典编纂,但都未能通过。德国在决定制定环境法典前都曾详细对本国环境现状和法律情况进行了调查,制作了环境法典的可行性报告,这表明德国对环境法典路径采取了严谨科学的调研,为制定环境法典做了充分的前期准备。德国环境法典的制定包括四个阶段:一是学者阶段,即教授草案;二是专家阶段,即专家草案;三是环境部阶段;四是议会阶段。[2] 这种严谨的立法程序也体现出德国环境法典的立法目标之高。虽然德国环境法典还是以失败而告终,但不可否认《德国环境法典(草案)》的确是一部实质法典,具有极高的价值。故笔者以专家草案作为研究对象,对德国环境法典进行分析。德国环境法典专家草案总共耗时五年。该草案采取了总—分模式,一共有 755 条。其中,总则包括八章内容,分则部分为九章,以章、节的形式来规定。首先前八章的总则部分分别规定了:第一章一般条款,第二章规划,第三章项目,第四章产品,第五章干预措施和监督,第六章公司内部的环境保护、环境责任、其他经济措施,第七章环境信息,第八章跨界环境保护。后九章分则主要内容为:第九至十一章是关于自然保护的规定,第九章是自然保护、风貌管理和森林保护,

[1] 夏凌、金晶:《瑞典环境法的法典化》,载《环境保护》2009 年第 2 期。

[2] 夏凌:《德国环境法的法典化项目及其新发展》,载《甘肃政法学院学报》2010 年第 2 期。

第十章为土壤保护，第十一章是水保护。除第十四章外，第十二至十七章是关于污染防治的规定，第十二章是排放控制和能源供应，第十三章是原子能和放射性保护，第十四章为交通基础设施项目和专用管线，第十五章规定了基因工程和其他生物技术，第十六章是危险物质，第十七章是有关废弃物的规定。

3. 环境法典形式理性的异同

从上文对四部环境法典"编卷"结构的阐述来看，其相似点主要体现在以下两方面：

第一，环境法典安排的编卷数量适中。法国、意大利和瑞典的法典皆为七卷或七编，虽然德国法典有十七章内容，但是将其归类划分后，可以看作，第一部分为囊括八章的总则，第二部分为第九至十一章的自然保护部分，第三部分是第十二至十六章的特殊环境领域部分，第四部分是第十七章的污染防治部分。因此，德国法典的篇章数量适中。这种结构安排体现了法典的概括性，使原有的大量单行法通过类型化整合，将其尽可能凝练归类，从而形成类型化结构。编卷作为一级标题，是环境法典内容重塑后最直观的体现，过多的数量可能是对环境法调整内容处理的不当，环境法典结构的逻辑性、体系性会受到影响，并且环境法典适量的编卷可以最大限度地避免过多的数量带来的使用不便，提高法典的适用性。

第二，环境法典编卷中都囊括了自然保护和污染防治领域的内容。自然保护与污染防治作为环境法不可替代的调整范围，在结构编排上势必要综合本国环境的实际，在法典中有所体现。首先，法典都独立了自然保护的内容。法国法典的第二至四卷都属于自然保护的范畴，涉及环境、空间与遗产；意大利法典的第三编有关土壤和水环境的规定，归属为自然保护领域，第五编对能源法中的气体排放与保护大气环境融合，也属于自然保护的范畴，虽然直观看上去，意大利法典涉及的自然保护领域很有限，这与其法典不完全性有很大关系；瑞典法典则十分明显地直接将第二编命名为自然保护，独立了该领域的内容；德国法典在分则中更是连续三章都是关于自然保护的规定。其次，法典都涉及污染防治领域，并且在顺序上都是先规定了自然保护，然后是污染防治领域。法国法典在第五卷体现了对污染防治的重视,这与法国环境法的发展背景不无关系,“法国是世界上较早提出污染预防和清洁生产概念的国家”,[1]因此,对污染预防的管理是法国环境保护的显著特点。意大利法典中的污染防治对象是废弃物和污染场所,第四编单独进行了规定,第三卷和第五卷中土壤、水和大气污染的部分内容也有所涉及。瑞典法典则是以环境危害行为和影响人体健康为基本,通过在各活动范围内的划分,将污染防治的内容纳入法典。德国法典是采取一系列连贯性的内容编排,对污染防治领域进行限制,在属于分则的第十二至十七章中连续针对放射物质、基因、危险物和废弃物等作出规定。

环境法典的“编卷”结构差异:法国法典“卷”的编排,体现出总则—自然保护—污染防治类型化特征明显的编排结构次序,这与其采用法律汇编的方式不无关系。汇编使法典依次对环境各范围重组,使原本散乱的各领域单行法得以一定逻辑性与体系性再现。并且法典特别对南极地区的环境保护作出规定,同时在其海外区域和高度自治区域也制定了一部分环境领域规范,扩大了环境法典的适用范围。而瑞典法典“编”的结构则体现出预防—监管—救济的动态化编排特点,主要在于瑞典进行的是一定程度的实质法典化,因此在组织结构上既整合了多部立法,又呈现了相对的革新性与灵活性,较之法国法典的汇编,体系性和逻辑性更高。

瑞典法典没有明显的单独污染防治编,污染防治的内容整体较为分散薄弱。相对而言,法典在篇章结构上更强调和重视自然保护。这与瑞典本国的环境特征和立法是分不开的。一方面,瑞典的环境污染问题并不是很严峻,自然环境情况较好,国家更侧重对自然环境的保护和管理;另一方面,瑞典环境立法在污染防治方面不完善,虽然瑞典的生态环境受酸雨的影响较严重,但却缺少指向污染防治的专门立法。此外,法典重视环境法律制度和法律责任,利用四个编的篇幅对瑞典的环境法庭制度、环境项目审查、环境损害责任和赔偿等制度进行规定,

---

〔1〕 汪劲、骆建华:《法、意环境之行》,载《世界环境》2002 年第 3 期。

在涉及环境的事前事中事后阶段都建立了法律制度，形成了较完善的监管体制。瑞典与意大利的法典与法国和德国相比，有单独的罚则篇。

总体而言，环境法典“编卷”结构的比较仅能从四部环境法典编卷的数目、名称和顺序排列来分析，并且编卷命名较广，不易看出其中的细节，可对比内容有限，因而还需要对编卷下设章节的调整内容等进行综合具体的对比。

（二）环境法典的“章节”形式

1.环境法典的“章节”内容

法意瑞德四国环境法典的“章节”，顾名思义，主要是指法典各编卷中所包含的具体范畴。由于《法国环境法典》的层级分类较为繁复详细，有五级标题，因此主要以法典“卷”下的“编”作为分析对象，并有侧重地涉及“章”的内容。而《瑞典环境法典》的层级划分较简单，仅有编与章两级，因此对章下设的具体内容进行了选取性的阐释。意大利和德国的法典受文本获取与翻译的限制，只能在有限的内容下进行分析，但总体而言，其核心内容基本都会涵射到，以保证章节结构分析的全面完整。

环境法典中的“编与章”内容。《法国环境法典》的体例宏大在层级上就能明显体现出来，共五级，这里主要阐述编与章两级的内容：

第一卷的总则部分，共包括八编内容。这八编中，第一编为单独命名的“总则”，其余部分涉及信息公开、公众参与、管理机构、社会组织、涉及环境的财务制度、环境损害的预防救助、环境行政和刑事处罚责任和程序规定等内容。

第二卷下有两编，主要涉及对水和海洋环境以及大气环境的规定。第一编是关于水和海洋环境保护的内容，第二编是对空气质量监测、温室效应、国家对大气环境的规划与措施、监管与处罚等规定。

第三卷分别涉及海岸带、公园和保护区、遗迹、景观的规定，以及人类、交通工具处于自然空间时所需要遵守的规范与行为活动的限制等编内容。

第四卷下设三编是对自然资源相关事项的规定，第一编是对自然遗产的保护和适用，包括动植物资源、土地、矿产、土壤、古生物等生态资源，第二编和第三编是以对渔业和狩猎活动的规范，侧重于对其的适用、保护和处罚。

第五卷的内容和体系庞大，包含事项丰富，共有九编，主要是环保分类设施制度以及对各类污染的预防、监管、处罚，对化学、除生物剂、纳米颗粒态物质、转基因生物、废弃物、危险物品、放射性物质和废物、地空水下工程安全、天然气等气体和化学品运输管道、自然风险预防、广告和标识管理、噪声及视觉和光污染、核安全等的安全使用及监管措施。

第六卷的五编主要是关于适用法国海外部分区域的规定，内容涉及环保社会组织、海洋和水、废水、噪声和大气污染等。

第七卷为在南极的环境事项规定。

环境法典中的"章"内容，具体可参见《意大利环境法典》章的结构体系：[1]

第一部分是关于环境法律的普适性规定，主要涉及立法目的、各种环境保护制度、原则和权利的一般性规定。

第二部分是针对环境评价与环境许可等方面的制度的原则、程序、管理机构、监管责任等作出明确规定，同时明确了环境监管的对象、职权与机构。

第三部分的内容最丰富，体例在所有部分中最为庞大，囊括的条文数量占到了全部法典的1/3。这一部分下设四编，是关于水资源与土地资源的法律规定，即自然资源保护部分：一是土壤保护和抗沙漠化；二是水污染的防治，意在改善水环境；三是以水资源的管理为主要对象，旨在建立和完善水资源管理规范，提供综合水利服务；四是关于部分临时性规定和最终规定。

第四部分属于法典的污染防治部分，规定了对废弃物、包装和特种废弃物的监管，废弃物焚烧、管理费征收以及修复污染地方的原则和措施。

第五部分是对大气环境的规定，其核心内容是对大气排放的整改，

---

〔1〕 李钧：《一步之遥：意大利环境"法规"与"法典"的距离》，载《中国人大》2018年第1期。

旨在推动节能减排,改善空气质量。

第六部分围绕环境损害赔偿的规定,内容涉及赔偿的范围,预防与补救措施,规定了损害赔偿的对象、诉讼主体、权利义务,以及之后增设的关于刑事和行政违法的罚则,加重了对环境损害活动的监管和处罚责任。

附则部分是关于第二至六部分的规定,内容主要是明确一些具体的技术标准、报告内容和资格规范。

在《瑞典环境法典》之中,包含"章"的主要内容是:

第一编的总则部分,下设六章,包括第一章法典的目的和适用范围,第二章审查的一般规则,第三章和第四章土地和水环境管理的基本规定与特别规定,第五章环境质量标准制度,第六章关于环境影响报告的规定。其中,第五章和第六章对两项环境制度的规定尤为详细,主要涉及质量标准和影响报告的适用、标准与内容、审查等事项。

第二编是关于自然保护的内容,虽然只有区域保护和动植物保护两章:第七章的区域保护和第八章的保护动植物物种的特殊规定。但其中,第七章的类型划分较详细,涵盖了瑞典大部分自然保护范畴,涉及国家公园、自然和文化保护区、自然遗迹、动植物栖息地以及各类保护区、遗迹等内容。

第三编包含第九至十五章的内容,这七章主要涉及的是两类内容:一是关于一些对环境影响较大的行为活动,如第九章的环境危害活动和健康保护,第十一章的水务作业,第十二章的采石业、农业的活动;二是对一部分特殊环境规范的规定,主要包括第十章有关污染区域的责任和管理、第十三章的基因工程、第十四章的化学品和生物技术有机体,以及第十五章的废弃物和生产者责任。

第四编是关于环境案件与事项的审查规定,下设的章最多,共十章,首先规定的是对案件与事项拥有审查权力的机关、审查对象、审查范围、审查程序、权利义务的规定(第十六至十九章),即前四章主要是关于各级行政机构对环境事项审查与审批的规定;接下来的五章涉及的是瑞典环境法庭制度的一般规定和诉讼程序等内容,包括第二十章环境法庭的设置和管辖范围等,第二十一章和第二十二章法庭管辖案件的范畴和环境案件申请的程序，第二十三章受理上诉的法庭和最高法院的诉讼程序，即第二十二章和第二十三章详细规定了环境诉讼程序的规定，第二十四章是对环境许可的规定，涉及变更、撤销许可和许可审查的内容，第二十五章是关于诉讼费用的规定。

第五编监督下设三章，分别是监督、收费和准入。第二十六章监督涉及的是对法典的执行和遵守情况进行监督，规范监管机制，控制有关环境活动主体；第二十七章是有关环境事项的收费准则以及为第二十八章有关履行环境监督责任而建立的准入制度的规定。

第六编涉及的是环境处罚的规定和环境处罚费，主要是对应当处监禁或罚金的情形予以规定，涉及部分环境刑罚的内容，以及对行政处罚手段、环境处罚费的规定。

第七编涉及的是环境赔偿的内容，包括三章：一是对水务活动因公共干预而导致的损失，拥有可申请赔偿的权利，以及具体的赔偿范畴、索赔手段和程序等内容；二是关于环境损害赔偿与其他私人索赔的一般规定；三是环境损害保险和环境清理保险，即行为过错方需要承担其危害环境的行为产生的损失和补救费用。

2. 环境法典中的“节”内容

以德国为例，在其环境法典草案的十七章中，前八章的总则主要包含以下内容：

第一章下设八节，主要涉及立法动机和目标、一般原则、制度监管、公众参与、司法审查、行政责任、机构职责和行政违法八节内容；第二章的三节内容分别是一般规范、环境规划和环境影响评价制度；第三章的六节是对涉及环境的项目活动的授权和评价的规定。第四章共四节内容，即一般条款、生产商家与消费者的义务、环境印章和行政违法；第五章的三节是关于干预和监管措施的规定；第六章有六节，是对公司的环境责任、收费、补贴、补偿等保护和责任的规定；第七章的四节主要是对环境信息公开的要求；第八章包括一般规范、跨界和领土外的环境事件的规定、产品贸易和行政违法等节。

后九章分则下的“节”涉及以下事项：

第九章的七节规定了对除一般条款外的群落环境、野生动植物、森林、特殊地区的保护，以及与征收和赔、补偿有关的内容。第十章包含一般条款，农地、林地和矿产资源的使用，关于土壤的监测、避免侵损和补救，行政违法等节。第十一章的十一节涉及对地表、海洋、地下和特殊地区的水的管理，对废水和对水及土壤的有害物质的处置，监管人员和公共条款。第十二章有六节，规定了设施、交通和相关地区的排放控制，能源的利用与行政违法。第十三章的五节是对原子能和放射性物质的保护。第十四章的两节特别规定了有关交通基础设施和专用管线的管理。第十五章的六节主要是对基因工程、转基因和一些生物技术的规定。第十六章包含了十三节内容，是所有章节中最丰富的，涉及的事项也较多，包括危险物质流通中的义务和保护，以及实验室操作、植物化学剂、杀虫剂、洗涤和清洁剂、化肥等危险物质的使用。第十七章的八节是关于废弃物在管理组织、义务、运输和收费等方面的规定。

3. 环境法典的“章节”形式异同

(1)环境法典“章节”形式的共同点

第一，环境法典结构上基本都是先规定自然保护，再是污染防治。四国环境法典体例结构中，《法国环境法典》对自然保护的规定，从第二卷到第四卷，分别是关于水环境、大气环境、自然保护区以及动植物、土地、矿产等自然资源的规范和保护。污染防治虽然在法典中仅有一卷的内容，但在第五卷中规定丰富，内容涉及环保分类设施、化学制品、转基因生物、废弃物、视觉、光及噪声污染防治等，规定详细，范围广泛。但是自然保护与污染防治的内容也并非完全独立的，自然保护中的部分内容也包含了污染防治事项。例如，第二卷第八章中的海洋环境污染防治部分，即在第二卷自然环境中设置了污染防治的规定。《意大利环境法典》的分则以自然保护内容为先，在第三部分对土壤和水资源领域进行规定，并且该体例部分最为庞大。后规定了废弃物和污染地的管理和改善，即污染防治部分，对废弃物和污染场所的管理原则和措施进行了详细的规定。并且对于有关污染防治的规范，法典还在不断地更新扩充，如在2014年新增补的内容：废弃物的焚烧章节。从《瑞典环境法典》的结构安排上可以看出，相比于污染防治法律，其将更多篇幅放在自然资源保护上。首先，法典未单独设置污染防治作为一编，仅在第三编第十章和第十五章规定了污染防治的内容;而单独将自然保护的规定安排在第二编,并且细化了自然资源的种类,涵盖了大部分瑞典的自然保护法律内容,在总则部分,更是对土地和水资源的管理单独进行了两章内容的规定。从法典融入的15部环境法律来看,针对自然资源保护的法律多是重要自然环境领域的法律,而法典吸收的污染防治方面的法律虽然不少,但是多为一些基因、化学品、废弃物等领域。德国法典的分则部分先针对自然资源保护领域进行了规定,主要涉及野生动植物、森林、土壤、矿产、水,其后对污染排放、特殊能源、交通设施、转基因、生物技术、危险物质、废弃物隶属于污染防治范畴进行了规定。同时,涉及污染防治的事项要多于自然保护,纳入的范畴更详细。其中,大气环境作为重要的自然保护范畴并未在法典的独立章节中体现,仅是在第十二章有关排放控制的规定中表明法典节能减排和可持续发展的原则,有所体现改善和保护大气环境的意志。自然资源保护整体更偏重于土壤和水环境的规定。

第二,环境法典纳入的自然保护、污染防治、特殊环境领域和环境法律制度范畴上的相似之处在于:其一,在自然保护领域,四国法典中都包括了对土壤和水资源的保护和管理,特别是瑞典尤其注重自然资源保护。其二,在污染防治领域,四国法典都规定了废弃物的防治和监管措施。在环境法律制度方面,四国法典在总则或分则中均或多或少涉及环境影响评价制度、环境许可制度、环境审查制度,明确了环境监管机构及职权,以及有关环境损害赔偿的部分内容,尤其是意大利和瑞典法典更是在环境诉讼和损害赔偿方面独立成编地进行了规定。意大利法典的体例较小,较不完善,因此在特殊环境领域以及下面的划分中将有选择性地考虑。法意瑞德在特殊环境领域,对基因工程、化学品、生物技术都有所涉猎。对于自然资源保护,法国、瑞典、德国的环境法典还包括对动植物、部分环境保护区和遗迹的保护。

(2)环境法典的"章节"形式的差异

第一,环境法典是否有独立的罚则部分。通过四部法典各篇章的名称,可以明显看出意大利和瑞典有独立的罚则部分,意大利法典在最后涉及了环境损害赔偿制度,法典专门在第六部分规定了责任与处罚的内容,独立了环境处罚部分。法典的罚则是依托于环境损害赔偿之上的。法典对环境损害赔偿制度的内容在适用对象、规范范围、权利义务和违法责任上进行了明确规定。而环境保护的行政和刑事违法的处罚规定增加于2015年,置于第六部分中,加大了环境违法的监管和处罚力度。法典其他分则部分也包含有各自的罚则内容。而瑞典则用了大幅篇章强调了环境诉讼、处罚及赔偿内容,十分看重罚则编排,注重环境法律制度的发展和法律责任内容。法典在总则和分则部分都包含对环境制度的规定。针对环境质量标准、环境影响报告在总则中分设两章进行详细规定。第四编用了很大篇幅来阐明环境法庭的设立、管辖范围、诉讼程序、案件审查规则等内容,建立了环境法庭体系,使环境案件审判专门化。在法律责任方面,在监督编明确了监管机构的具体责任和权利义务,对处罚和赔偿分为两编进行了规定,对环境损害赔偿和环境侵权责任等方面规定详细,关于环境赔偿的内容较丰富。同时法典在刑事、民事、行政责任的规定上都有涉及。

相对而言,法国和德国法典中未见单独的罚则篇章。法国法典没有单独制定罚则卷,法律责任分散于各卷相关章节后面。例如,第二卷第二编第六章中,有关大气环境的处罚规定;第四卷第一编第五章,在自然遗产中的刑事处罚规定;第七卷关于南极环境保护的行政和刑事的处罚规定。法典将专属于每个部分的责任和处罚规范,分别规定于相应篇章下,对其行政和刑事程序、权利义务、检查和处罚规定较详细,未将法律责任整合为专门的一卷。同时,法典也不存在附则部分(德国法典中也无独立的罚则部分及附则),法典并没有设置独立的违法责任篇章,从前述分析可知,是将法律责任、处罚与补救分别规定于各章节相关内容下。并且,法典中的违法责任规定的多是行政违法,未涉及刑事和民事责任的内容。此外,属于自然保护的章节多是关于补救与赔偿的规定。

第二,环境法典对事先预防和损害救济的侧重不同。这一点主要体现在瑞典和德国。基于第一点的分析可知,瑞典法典注重环境法律制度的发展和法律责任内容,但相对而言,法典篇幅更侧重于环境诉讼和救济赔偿。而德国法典的结构在一定程度体现出重事先预防、轻损害救济的特点,法典在总则部分对环境的规划与管制、行为人涉及环境的行为等进行了大篇章的规定。在第二章明确了环境规划的事项和原则,第三章又对有关环境的项目授权进行了限制,第四章和第六章分别针对产品和公司环境保护与责任等内容规定,第七章的环境信息公开内容,都体现了法典结构上更注重加强环境的事先预防,加强社会责任和行政监管责任,在源头上防止环境破坏事件的发生;而涉及损害救济、环境司法的内容在总则中体现寥寥,无单独章的体例安排,仅在部分节中有所体现,这么简单的结构设置,法典并未特别关注损害救济和司法审查活动。

第三,环境法典结构规模的差异。关于这一点,四国法典体现了明显的不同,尤其是法国法典结构宏大,涉及内容广泛。综合来看,法国法典的结构体例涉及的环境领域十分广泛,包含的内容规定也很丰富,可以说是篇章宏大,结构全面精细,大气、土地、水、保护区、动植物、各类污染防治等都被纳入法典中;另外,法典的结构也体现出逻辑体系,将单行法中的内容进行了重新组合,按照一定的思维逻辑和内在秩序将之整合为一个整体。但是法典也并未囊括其全部的环境法律相关内容,部分环境法律未被吸收。例如,"与森林相关的法律主要被规定在森林法典中,与机场噪音相关的法律被规定在城市规划法典和民用航空法典中"。[1] 法典是汇编于已有的环境法律,其体例再庞大也未曾包罗全部的环境法律规定,这也体现出法典的结构较松散,部分单行法的内容与法典相重叠,因此留有可增改的空间。而对比明显的就是意大利法典,该法典在环境保护的原则和制度方面的内容丰富,但涉及的环境领域十分有限。

意大利法典在结构上体现出十分注重环境保护的原则和制度的规定。法典在第一部分明确了大部分普适性的原则规定,同时引入先进的新的环境保护理念;在分则中对各种环境保护制度进一步加以细化,分则中首先就对三种制度进行了规定,在保留吸收原有法律中的环境制度外,还增加了许多新的制度,优化各种制度规划,明确制度的范围

[1] 莫菲:《法国环境法典化的历程及启示》,载《中国人大》2018 年第 3 期。

主体、权利义务、法律责任等内容，在附则中还专门对部分制度可能涉及的文本规范、技术标准都进行了补充说明。因此，意大利法典的结构表现出典型的环境保护原则和制度特点。另外，法典的结构呈现一种较为分散的状态。总则和分则彼此联系较松散，都有各自的一般性条款，总则仅包含一些立法原则。并且，法典的结构较为简单，涉及生态环境领域的内容较少，仅囊括土地、水、大气、废弃物和污染场所这几个部分，对于光、噪声污染、基因工程、生物技术等重点领域又是欠缺的。[1] 而瑞典法典虽然本身的条文并不多，容纳了 15 部环境法律，并未将本国全部的环境法律内容皆予以收纳，但法典将 15 部法律重新进行了编排，是一种重新架构的方式，体现了一定的逻辑性和体系性。并且，法典扩大了调整范围，使法典能够适用任何对环境产生影响的人类行为活动。[2] 此外，法典采取总分结构，归纳一般性原则和规范作为总则，同时设置六编内容将自然保护、污染防治、审查监管、处罚救济按照统一的内涵轴线进行规定，使法典能够凝聚于其立法目的及原则上。"该法典是一个带有一定松散性和框架性的法典法，它并不过于追求法典的结构紧凑、逻辑严密，更着重于对整个环境法领域内各相关内容的统一和协调。"[3]

（三）环境法典结构编排的整体归纳

上文将法意德瑞环境法典的结构按照组织层级拆分为"编卷"和"章节"进行对比，明确了各部分的异同点。因而，更需要综合把握四部环境法典的整体结构的联系与区别，重点体现在法典的调整范围和体例编排上，即法典对自然保护和污染防治调整内容的择取，以及总则和分则的结构编排特点。

1. 环境法典的调整范围

"环境法体系是由环境法的调整对象决定的，调整对象的独特性

---

〔1〕 F. Fracchia, *Codification and the Environment*, Italian Journal of Public Law, Vol. 1 (2009).

〔2〕 S. Rubenson, *The Swedish Environmental Code*, *European Environmental Law Review*, Vol. 20 (1999).

〔3〕 张梓太：《论我国环境法法典化的基本路径与模式》，载《现代法学》2008 年第 4 期。

决定了整个环境法体系的独特性。”[1]四部环境法典调整范围的差异主要集中在自然保护和污染防治领域囊括的项目上。（见表1－1）

表1－1　四部环境法典调整类型

类别	项目	法国	意大利	瑞典	德国
自然资源保护类	土地	√	√	√	√
	水（包括海洋）	√	√	√	√
	大气	√	√		√
	动植物	√		√	√
	各类能源	√			√
	矿产	√			√
	森林				√
	公园、保护区、遗迹	√		√	
污染防治类	基因技术	√		√	√
	生物技术	√		√	√
	化学品	√		√	√
	废弃物	√	√	√	√
	危险品	√			√
	噪声、光等污染	√			
	核安全	√			√
	放射性物质	√			√
	交通建设				√
	生产性活动			√	√
	自然灾害	√			

注：“√”表示法典中有该类别。

〔1〕吕忠梅：《环境法教程》，中国政法大学出版社1996年版，第29页。

表1-1是对四部环境法典在自然保护与污染防治调整类别上的简单统计,但并不绝对,因为各法典对于某些部分只是放在一些小章节中进行了规定,整体的结构并未显示出来。因此,表格中只是对环境法典在其目录中显示出来的名目进行的统计。由表1-1可以看出:一是法典对于自然资源保护类的名目规定大都详于污染防治类,尤其表现在意大利和瑞典的环境法典,侧重于自然保护类,相对来说,法国和德国的环境法典对这两类的调整范围大体相当;二是自然资源保护类集中于土地资源、水资源(包括海洋环境)、大气环境与空气质量、动植物资源;三是污染防治类集中于基因技术、生物技术、化学品、废弃物。总体来说,表格能够很清晰地反映,意大利和瑞典的环境法典对这两类的调整范畴远小于法国和德国,而法国和德国的调整对象大体相类似。

实际上,具体区别法国和德国的调整内容,法国对自然保护和污染防治的划分远不如德国法典精确,有很多地方将自然保护与污染防治的内容糅杂在一起了。法国法典部分调整范围不完全,应归于法典的法律规定保留在其他小法典中,相对割裂了环境领域调整规范的联系,使法典内容分散化。此外,德国法典的调整范围很广,不仅将直接与环境相关的法律归进法典,还包括许多人类活动、交通设施建设、能源供应与使用,扩大了环境概念的范围,有学者称其为"泛化环境利益"。[1] 这种法典范围的扩张也是德国对环境问题根源的思考,具有创设性。

针对污染防治,法典大都对基因工程、生物技术、废弃物、化学品规定了独立的章节,重点是在针对大气污染和能源法的问题上,法典没有单独对能源独立成编的,主要采取了融合在各个部分中的方式。其中,法国法典在空气与大气层一编中,规定了能源纲要、合理利用能源、温室效应等内容;意大利法典也是在大气保护下规定了有关能源的内容;德国法典涉及能源的内容主要是排放交易部分,实际上法典最终删除

[1] 李艳芳、田时雨:《比较法视野中的我国环境法法典化》,载《中国人民大学学报》2019年第2期。

了初稿中单独成编的可再生能源部分;[1] 而瑞典是在其总则部分涉及了部分关于能源的一般规定。综合来说,能源法在四国法典中是交织糅合出现的,即四部法典呈现两种处理方式:一是将大气环境、空气质量单独成章,将能源法、空气排放融入其中,即法国、德国和意大利的方式;二是分散规定于法典中,重点针对一般性规定,使法典和该单行法之间平衡适用,即瑞典法典的方式。此外,针对四部法典中各自的特有类别,法国法典特别规定了有关自然灾害的内容,德国法典规定了交通设施的内容。对一些与环境法交织的部门法来说,是否纳入环境法典中就需要依据本国实际了。

2. 环境法典的体例编排

(1)环境法典总则结构。具体来看,四部法典总则结构的相似点主要有:一是总则的开始部分,首先规定的是法典的适用范围、立法目的和基本原则。德国法典总则的第一章开端就规定了法典目的和环境保护原则;瑞典法典总则第一章是法典目的和适用范围;法国法典总则开篇就明确了立法目的、九项原则;意大利法典同样在其第一编中规定了这基本的三项内容。二是总则部分对基本制度的规定。瑞典法典总则基于本国国情强调了土地和水域管理的规定,以及环境质量标准和环境影响报告两种制度;法国和德国法典都阐明了环境信息公开制度、环境救济、环境损害预防与补救等内容;法国也规定了环境影响评价制度,德国则涉及了项目许可制度。因此,法典在这两点上的表现基本一致。

相比于其他三国环境法典的总则内容,意大利法典的总则过于简单,除了基本原则、立法目的和适用范围外,再未包含其他内容。这使总则的内容抽象性和纲领性不足,对分则起到的总领作用不足,因而各分则还有各自的一套原则和一般规定,总则与分则之间的联系性差,结构分散。与之相对,法国和德国法典的总则规定则要详细得多,两者也存在一定的相似性,在基本权利义务、信息公开、公众参与、机构职责、

---

〔1〕 Christiane TruÈe, *The Drafting of an Environmental Law Code* (*UGB*), European Energy and Environmental Law Review Vol. 4 (2009).

行政违法事项方面都作了规定。但德国法典总则相较于法国这种汇编形式的法典总则结构抽象性更高，严密性更强。而瑞典法典总则主要是体现了本国特色，特别在土地和水资源作了规定，提及了两种环境制度的基本事项。

（2）环境法典分则编排。分则部分的体例编排主要体现在两点：首先，四部环境法典的分则在自然保护与污染防治方面的安排顺序上，都是先规定了自然保护，然后是污染防治。《法国环境法典》先是对水、海洋、大气、动植物和保护区等自然资源和自然环境进行保护，再针对化学品、转基因、废弃物等环境风险和污染对象作出规定；《德国环境法典（草案）》的分则部分同样先规定了森林、土壤、水等内容，然后再限制了污染物和危险物；《瑞典环境法典》也是基本遵循了这一方式；而《意大利环境法典》第三部分是将土壤和水资源的保护与污染防治相结合的一章，第四部分是废弃物和污染场所的规定，因此大体上也是属于先自然保护再污染防治的编排顺序。其次，分则的编排逻辑差异的另一点体现是：是否有单独的罚则篇以及分则各部分是否有一般性规定。其中，意大利、法国、德国法典的各部分都有一般条款，瑞典法典的分则极个别存在一般规定。而针对是否有单独罚则，瑞典和意大利法典在最后一篇章中，对损害责任予以规定，法国和德国法典都未安排单独罚则篇，违法责任分别设置于各章节之下，但法国法典的总则中对共通性罚则规定进行了汇总。

三、环境法典不同程度理性化的效用评价

“法典之间在体系上的重大区别与其所达成的逻辑性程度差异不无关系。”[1]本小节将欧洲国家的环境法典抽象为两种类型，包括形式统一的形式环境法典，以及追求理性内核上高度一致的实质环境法典。法国和意大利的环境法典虽然都属于形式性法典，但两者制定背景、整体的体例结构等完全不同。《法国环境法典》开始于 20 世纪 90 年代，用时 12 年，其体例的庞大可以说是环境法典中少有，而《意大利环境法典》开始于 2004 年，仅仅耗费 15 个月，就制定出了包括几百个规范的

〔1〕 尹田：《民法典总则与民法典立法体系模式》，载《法学研究》2006 年第 6 期。

法典。这种巨大的反差使两国环境法典呈现不同的效果和评价，结构上也存在各自的优缺点。瑞典和德国的环境法典作为实质性法典的代表，在结构上各自体现其内在特性，环境法典的制定不仅缓和了其环境法律部门之间的矛盾，改善了环境法律体系单行法混乱现象，也促进了环境法的适用，有利于加强本国的环境保护。但两者在立法之初的目标定位就存在高低之分。瑞典制定环境法典时并不追求大而全，也不拘泥于完全系统体系化的法典，而德国是期待一部完全的实质性环境法典，定位很高，因此两国环境法典呈现出不同的发展态势。针对法意瑞德四国环境法典结构的得失分析是进一步认清两者结构差距和真正优劣之处的必要前提，也是对比两国法典结构的充分要件。

（一）形式环境法典的松散特征及其不足

法国立法具有很深的法典化历史，本国的法律大部分也是法典的形式。《法国环境法典》确是一部集大成的法典，不能否认它对环境法法典化的影响，但它依然是不完美的，存在的问题仍然突出而尖锐，需要辩证地看待这部法典。

1. 完善了环境法律原则，提高了环境法适用性

首先，《法国环境法典》采取汇编的形式法典立法模式，将之前几十年的绝大部分的环境法律内容都糅合进去了，造成法典体例结构的宏大，内容的雄厚，同时，法典的结构也为法国的环境法律部门的混乱带来了改变。总分结构和卷编章体例使法典具备基本的逻辑性和体系性，同时这种法典结构也促使对法律法规进行了一般性规定的凝练和部分重叠或冲突的条文的删减。虽然《法国环境法典》是法律汇编，但也并非简单的合并编纂，而是将法律置于一定的秩序、逻辑和相同内涵之下，进行了有限性的创新，使法典结构更具科学性和系统性。这部法典的结构在一定程度上增强了法国环境法部门的简约化和适用性。

其次，法国法典也打破了像其民法典那样稳定不变的情况。“法国从未停止过法典编纂，新的文本会立即‘插入’到现存的法典中，因而在一定程度上弱化了法典的静止性与滞后性。”[1]这种可变动的环

〔1〕 彭峰：《法国环境法法典化的成因及对我国的启示》，载《法治论丛》2010 年第 1 期。

境法典确保了法国适应环境系统的复杂性，使其环境法典的结构得以不断完善，内容得到及时增减。总的来说，法国这部法典虽然本质上属于法律汇编，缺少实质性法典结构的创新和高度的体系性，但依然具有现实意义和法典价值。

《意大利环境法典》总则部分明确了一般性规定和基本原则，引入了新的环境保护原则和制度，这对意大利的环境保护而言，不仅具有一定的开拓性，而且深化了环保的内涵。此外，法典对罚则的专门设置，注重环境损害赔偿的法律价值，也被看作是法典最具创设的部分，厘清了生态损害的本质和界限，建立了环境损害的事前预防和事后修复，明确了损害赔偿的相关内容。[1] 对行为人的权利义务、环境损害情形等内容的规定，有利于加强对环境违法行为的监管和处罚力度，从而增强公众的环境保护意识，达到环境保护的效果。而附则对环境制度中的标准、指标、报告内容等进行明确，使制度更具可读性和执行性。法典虽然没有针对环境的内涵作出准确的规定和解释，但其总则明确的立法目的表明了对环境保护的态度，一定程度上拓宽了环境保护的深度。

2. 法典结构的松散与内容缺失

辩证地看，一方面，《法国环境法典》的体例再充足，有些本该纳入法典范畴的环境法律，仍然存在于其他的法律规定中，从而使法典的某些部分呈现不完整的形态，没有突破部门壁垒，影响了法典的整体效果。例如，法典中关于能源的部分，只针对一些放射性废物的规定，而重要的水能源、核能源等则缺少规定。以及前文所述的，森林、机场噪音规定在其他的小法典中，没能被吸纳进入环境法典的结构中。但法典无须包罗万象和完全明晰，可以只覆盖法律的紧要内容。另一方面，法国法典作为法律汇编的代表，其选择形式编纂模式，终归会使法典缺乏创新性，仅是保证了法典一定的体系性和逻辑性，而对法典结构和内容的创设不足，其法典结构条理性有余，严密性一般，总则内容的抽象

---

〔1〕 Mastrodonato, *G. The Implementation of EC Directives in Italy: The Environmental Code and the Transversal Tools*, European Energy and Environmental Law Review, 19(2), p. 80 – 86 (2010).

程度不高,有学者评价:法典虽然囊括近30年环境立法的绝大部分内容,却无太多实体性原则的创新。分则部分的编排紧密性不强,虽然分则在结构上先自然保护再污染防治,但两者又未能做到独立,如第二编空气与大气层部分,其中第七章是放射性物质造成的污染的特别规定,这一章本应安排于污染防治部分更合适,却被自然保护吸纳了。总而言之,法国环境法典未能达到相对实质创新的程度,对环境法律的凝练创新和内在的编排秩序仍需要加强。

进一步分析造成法国法典结构之失的原因。首先,是法国的“行政性法典化”的立法背景,这是说“即使有议会的立法授权,政府对法律的编纂只能是在必要时对现有的法律条文作形式变更,而不能对法律条文的内容进行修改”。[1] 因此,上述立法权力、立法程序等限制一是会导致在某些的时候,无法对法典进行创新,只能局限于原有的立法;二是减弱了立法工作者的革新意识,拘泥于对法典编纂的形式编排上。其次,“法国总是希望将文本的革新与自身法典编纂的经验相分离……并不是以改革法律为目标,而是以使用者的可获得性、可读性为目标”。[2] 《法国环境法典》的这一汇编缘由,也使法典欠缺革新性。最后,法典在编纂过程中往往会面临“被片段化”的情况。法国部门权力范围的划分,使法国在制定环境法典的同时,一些部门也在其各种小法典中规定或专设了相同或类似的部分,从而导致法典未能完全整合这些小法典中的环境法律内容,使本该被纳入环境法典的内容未能出现在法典的体例结构中。总体而言,造成《法国环境法典》结构缺憾的原因与其内在的行政管理模式存在必然的关系。

意大利环境法典结构从总体上看,较为松散,其内容的编纂方式主要是通过吸纳本国一些环境法律以及欧盟指令,达到形式性汇编的效果,体现不完全的体系性,并且通过法典的结构特征可以知道,总则和分则之间的体系性和联系性较弱,总则的规定本应该是作为统领整部法典的纲领性部分,但是法典在结构上却为分则安排了自己的一般性

---

[1] 夏凌:《法国环境法的法典化及其对我国的启示》,载《江西社会科学》2008年第4期。

[2] 彭峰:《法国环境法法典化的成因及对我国的启示》,载《法治论丛》2010年第1期。

规定，严重弱化了总则部分应起到的指导和规范分则的结构作用，造成了法典各部分形成各自为政的格局。也因此有学者评价，《意大利环境法典》“法典化不完全、体系特征不明显是统一文本最受诟病之处”。[1] 此外，对于一部法典来说，《意大利环境法典》的结构过于简单，具体囊括的自然资源保护和污染防治的领域较少，仅就几个环境范畴进行规定，这种内容不完全的结构使整部法典看起来比较单薄，难以真正作用于整个环境法律体系和环境保护活动，这也导致法典的频繁修订，几乎每年一次，从而相应导致了法典的不稳定，影响法典的适用效果。

《意大利环境法典》这种过于松散的结构与法典的立法初衷是分不开的，其初衷仅是为了加强当前的环境立法，主要是针对欧盟指令的吸纳，而非是出于创新环境立法。此外，制定法典的过程欠缺连续性，第一部分的部分一般性原则是在具体规范之后才规定在法典中，而并非在原始法典中就被纳入。[2] 这种现象造成了总则与分则之间的各行其是，总则无法起到应有的作用。此外，意大利在法典的立法过程和技术水平上存在不足。其法典的立法时间过短，对于法典这种体例较为庞大的立法活动来说，需要经过前期的大量准备工作，尤其是环境法部门这种跨部门的综合性较复杂的法律体系，本就是大量单行立法导致的法律体系的松散和矛盾的集中体现，环境法典的规划更需要详细的规划，而《意大利环境法典》仅仅经过 15 个月便被制定出来。总的来说，立法时间过短，时间过于仓促，缺乏对其环境法律的整体性把握，从而导致法典的体系性不强，结构较松散，修改频繁的问题，实际适用效果很一般。但究其根本原因，与意大利较低的环境法典立法目标是分不开的。

（二）实质环境法典的严密结构及其导致的困难

1. 体例结构严密的统一法典

综观德国法典十七章的结构安排，可以发现法典各章节的设置安

---

〔1〕 李钧：《一步之遥：意大利环境“法规”与“法典”的距离》，载《中国人大》2018 年第 1 期。

〔2〕 F. Fracchia, *Codification and the Environment*, Italian Journal of Public Law, Vol. 20, (2009).

排呈现出一定的规律性，法典中绝大部分章节的内容是按照“一般条款—规范事项—行政违法”的结构设置的，包括：第一章、第三章、第四章、第五章、第六章、第八章、第十章、第十二章、第十三章、第十六章；还有一部分章节采取了“一般条款—规范事项—公共条款”的结构模式，包括：第九章、第十一章、第十五章、第十七章。从中可以看出，总则部分主要采取了第一种结构模式，无第二种结构，而分则部分除了第十四章未呈现上述两种模式外，其余八章各半选择了两种结构模式之一，其中，属于自然保护的章节采用第二种结构模式的较多，而污染防治的章节更多采取的是第一种模式。总体来说，这两种模式具有一定的联系性和相似性，法典各章节按照固定的结构模式进行安排，彼此之间的联系更紧密和一致，法典整体被赋予了体系性、严谨性和统一性。

德国法典的体系性、系统性很强，整个法典的结构体现十分严谨的逻辑性，注重总则和分则部分的衔接和一致。从上述的基本结构可以看出，各章节的逻辑体系很强，主要按照两种编排模式进行编纂。总分结构运用得十分确定，总则高度抽象，突出一般性原则和规定，并且总则通过普遍原则、一般规定和综合性环境制度，进一步弱化分散性，加强对分则的总领地位，密切内在联系，而分则部分的体例编排也是有迹可循的。另外，法典重视创设综合环境制度，注重环境许可制度和事前监管。针对自然保护和污染防治的章节也体现了较高水平的归纳性和综合性。

首先，从《瑞典环境法典》的结构中可以看出，瑞典并不追求大而全的法典，选择将 15 部环境法律进行融合，法典结构上更侧重对自然资源的保护，总则和分则都明显强调这一点，这种编排结构不仅体现了实质法典要求的一定创设性，也加强了结构的系统性，同时也是对本国环境国情和环境法律的高度把控，促使法典能够更好作用于实际需要。影响《瑞典环境法典》结构成就的因素与其当初的立法目标是分不开的，为解决环境法律部门的矛盾，应尽快制定一部环境法典，故并不追求内容全面、体例宏大、绝对严谨的实质法典，而是选择了较低的目标定位，以适度的实质法典化作为开端。

其次，法典总则规定了原则和基本规定，分则部分基本未再安排一般性规定的内容，赋予了总则统领性地位，这种编排增强了法典整体有序的体系化。

最后，法典结构按照“从预防到管制再到救济”的体例编纂，使各部分整合为一体，体现了内在的秩序性。另外，法典在结构将对环境的事先预防和事后补救结合起来，既注重环境许可制度、环境审查制度、执法监督的运用，又在环境法庭、司法救济、违法处罚等责任承担上作了明确规定，并且法典规定的制度和原则大都具备相对的抽象性，使行为活动在事先、事中和事后都能得到较完善的监管和补救。因此，法典这种内容有重点、结构相协调、编排有创设的优点提高了法典的可操作性。

2. 体系化的法典结构与实施中的困难

《草案》未能通过与其过分地追求结构体系化与高程度的法典化相关。法典无单独罚则，仅在部分篇章中下设一节关于行政违法的规定。这种没有明确指出违法责任和处罚规定只是简单命名为行政违法的结构，并不能清晰便捷地查询到环境违法行为的法律责任，刑事、民事和行政处罚的规定以及关于环境损害补偿救济的措施。一定程度上，法典这一结构较不利于其体系的连贯性和适用性。其次，作为实质法典，《草案》在自然资源保护领域存在不足，只包括土壤、水少数自然环境，对于重要的大气环境却几无涉及。这种内容结构的安排是否真的适宜，还应待进一步考察。

德国深受传统法典理念的影响，对环境法典也追求类似于民法典那样的稳定、严谨、全面。这种态度使德国在着手制定环境法典前，就调研了法典化的可行性，制定了细致的编纂程序，将德国环境法典定位于全面统一、结构严谨、逻辑科学的真正的实质法典，具备法典的所有本质。不止要求法典囊括涉及环境法律规定的所有领域，同时对环境法典提出了高度的体系性、概括性和细致性的要求，使德国环境法典一开始就被期望过高。但是，这种目标定位轻视了环境法律自身的复杂性、跨部门等特点，以及它带来的编纂技术难度。当前拥有环境法典的国家，没有一个能制定如此高水平的环境法典，也正因此定位不太切实际的《德国环境法典（草案）》结构未能做到其追求的完美境界。虽然这种立足于实际的立法定位，使法典既有实质法典的优点，又存在结构上的松散和不完全，但为环境法律发展不完善、立法技术有限的国家提供了适度法典化的思路。

《瑞典环境法典》的法典化是不完全的，作为实质性法典的标准来说，它没有达到十分严谨稳定的体系要求，也未能将整个环境法律的内容凝合起来，除法典外，还配套许多单行法与其并行适用，“50 多部的内阁条例用以法典的补充”。法典的制定难度并不高。因此，若用严苛的标准来评价这部法典，它称不上实质法典，充其量可以将其看作是具有实质法典形态的环境法典。“从法典的基本结构和主要内容看，该法典是一个带有一定松散性和框架性的法典法……法典化程度不高。”[49] 这一评价体现了《瑞典环境法典》的不彻底、不完全。因此，这种立足于实际的立法定位并非十全十美，这也为环境法律发展不完善、立法技术有限的国家提供了适度法典化的思路。但总体来说，瑞典法典这种目标定位是符合其环境法典发展阶段要求的。因此，有学者对瑞典环境法典予以高度评价：“在可持续发展理念的推动下，法典编纂促进了瑞典环境保护的现代化。”[1]

四、环境法典的风格选择

基于形式理性的环境法典在结构设计过程中需综合考量法典所涉及的诸多因素，并运用基于内在的逻辑要求进行周延的划分，从而明确环境法典的内容边界和体系结构。划分不同于分解，不是简单地在对现行生态环境法规进行梳理后将其分解为不同部分，而是将环境法所涉及的诸多内容进行系统性的分类与整合。之所以采用划分而不是分解的形式处理环境法典的框架和边界，其根本原因在于，“一个具体事物和它的部分之间的关系，是不同于一个属和它的中之间的关系的。任何一个种必须具有属的特有属性，但是，一个部分却不必具有它组成的那个具体事物的特有属性”。[2] 唯有如此，方可保证法典的各组成部分都是对该法典内在价值的具体体现，并最终符合环境法典的形式

〔1〕 张梓太：《论我国环境法法典化的基本路径与模式》，载《现代法学》2008 年第 4 期。

〔2〕 金岳霖：《形式逻辑》，人民出版社 2006 年版，第 60 页。

理性要求。遵守划分规则,是建构科学的法典框架的基本前提。一般而言,符合形式逻辑的划分规则包括:划分的各个子项互不相容;各子项必须穷尽母项;每次划分按同一划分标准进行。[1]

据此,在环境法典的框架结构上,首先可基于二分法,确立环境法典分的"总—分"结构。其中,总则作为一个子项,规定基本原则和基本制度等具有指导性的抽象内容;分则作为另一个子项,可以根据某一标准划分为更为细化的子项,从而与总则共同形成环境法典的框架体系。具体而言,总则中的基本原则是调整因开发、利用、保护、改善环境而产生的社会关系的根本的或主要的准则,是环境治理及其法律规制的基点,也是环境法各原则中的根本原则。基本法律制度则是环境法中规定的关于某一方面环境保护的主要规则系统。[2] 在分则中,应根据环境法典的目标、模式选择、社会需求等因素划分为不同的编,并且每一编的内容都应尽量遵循互不相容、穷尽母项和同一划分标准的规则要求进行分类。根据这一逻辑规范,每一编的内容应属于全异关系,以避免出现子项相容的问题;每一编的内容应在现有立法技术的基础上实现穷尽母项,将环境法调整范围中这一类子项所涵盖的内容周延地纳入各编之中,以避免子项不穷尽的问题;分则各编的划分以及各编内部章节的划分都应采用同一划分标准,在连续划分中的每一次划分都要依据同一标准,但是各次划分可以采用不同的标准。

在环境法典形式理性的语境之下,环境法典的模式主要关注法典编纂形式和立法技术两个方面。其中,编纂形式直接体现环境法典的宗旨与目标,是实现法律体系化的路径;编纂技术则是贯穿于法典编纂全过程的经验和技巧,是实现环境法体系化与规范化的手段和方法。

编纂形式主要包括形式法典化和实质法典化两类。其中,实质性法典编纂是指具有系统性结构、逻辑体系严谨的法典编纂模式;形式性

---

〔1〕 各个子项互补相容,是指各个子项之间都会有全异关系;各个子项之和必须穷尽母项,是指各个子项之和等于母项,任何一个属于母项的事物都属于一个子项;每次划分必须按照同一划分标准进行,是指划分的标准是一个属性或一些属性。(参见金岳霖:《形式逻辑》,人民出版社 2006 年版,第 61 ~ 62 页。)

〔2〕 王灿发:《环境法学教程》,中国政法大学出版社 1997 年版,第 53 ~ 54 页。

法典是对所有环境法律规范进行简单排列和分类集中的法典编纂模式。[1] 在实践中,《德国环境法典(草案)》和《瑞典环境法典》属于实质性法典的代表,《法国环境法典》和《意大利环境法典》则属于形式性法典的代表。

编纂技术可大致分为三类,包括由抽象到具体的法典编纂技术,多采用“总—分”结构,采用抽象体系化的方式,由总则的抽象规范到分编的具体规范。目前制定了环境法典的国家均采用了“总—分”结构,将法典分为总则与分则,并在总则中规定诸如基本原则和基本制度等一般性规定,在分则中则按照不同的标准规定更为具体的制度和规范。另外,在“总—分”结构下,决疑式和弹性体系的法典编纂技术也被一些国家采用。其中,决疑式的法典编纂期望法典涵盖所有预设事项,具有严谨的内在逻辑和清晰的框架结构;弹性体系的法典编纂技术,对框架结构和逻辑体系的要求介于前两种法典模式之间,既不是对现行环境法的简单梳理与整合,也不追求过于严谨的逻辑体系,而是在法典中仅规定抽象性规范,通过法律解释的方法将抽象规定适用于司法实践或者作为法律后果的法典模式。[2] 《德国环境法典(草案)》采用决疑式环境法典的立法技术,期望通过对德国环境法的体系性梳理,实现环境法体系的简化与内洽,并形成逻辑结构严密、体系结构顺畅的新的环境法律秩序,从而解决德国环境法律法规相互重叠、监管职责交叉的问题。[3] 《瑞典环境法典》采用的是将决疑式与弹性体系两种立法技术相融合的法典模式。该法典基于“总—分”结构,在对其本国环境法进行体系化梳理的同时,采用了法典与单行法平等适用的模式,并根据环境法自身的特点进行了适当创新,以此形成法典体系结构的逻辑自洽,从而在不影响法典确定性的前提下保障了法典的开放性。[4]

---

[1] 王灿发、陈世寅:《中国环境法法典化的证成与构想》,载《中国人民大学学报》2019 年第 2 期。

[2] [日]山本敬三:《民法中的动态系统论——有关法律评价及方法的绪论性考察》,解亘译,载梁慧星主编:《民商法论丛》第 23 卷,金桥文化出版(香港)有限公司 2002 年版。

[3] 张璐璐:《德国环境法法典化失败原因探究》,载《学习交流》2016 年第 6 期。

[4] 夏凌、金晶:《瑞典环境法的法典化》,载《环境保护》2009 年第 2 期。

第二章 中国环境法典编纂的目的论

在法治轨道上推进国家治理体系和治理能力现代化，[1]是推进国家治理体系和治理能力现代化过程中的五大核心命题之一，[2]其关键内容在于善用法治思维和法治方式治国理政，将法治理念、法治精神、法治原则和法治方法贯穿于国家治理实践之中，[3]通过良法善治最终实现国家治理现代化。生态治理是国家治理的重要组成部分，善待自然是实现良法善治的内在要求，应在法制建设中健全人与自然和谐相处的法律机制。[4] 近年来，以回应环境法律体系"复杂化"问题为使命的环境法法典化议题，再次成为环境与资源保护法学理论研究的关注焦点。学界对于此议题的关注，始于21世纪之初。[5] 在环境法法典化的必要性已经成为共识的当下，如何实现这一目标便成为现阶段亟待解决的核心问题。首要之处，在于明确环境法典目的论问题，即编纂环境法典究竟目的何在？

---

〔1〕 习近平：《关于〈中共中央关于全面推进依法治国若干重大问题的决定〉的说明》，载《〈中共中央关于全面推进依法治国若干重大问题的决定〉辅导读本》编写组编：《〈中共中央关于全面推进依法治国若干重大问题的决定〉辅导读本》，人民出版社2014年版，第62页。

〔2〕 张文显：《国家制度建设和国家治理现代化的五个核心命题》，载《法制与社会发展》2020年第1期。

〔3〕 张文显：《法治与国家治理现代化》，载《中国法学》2014年第4期。

〔4〕 张文显：《和谐精神的导入与中国法治的转型——从以法而治到良法善治》，载《吉林大学社会科学学报》2010年第3期。

〔5〕 Jean Louis Bergel, *Principal Features and Methods of Codification*, Louisiana Law Review, Vol. 48, No. 5, p. 1073 – 1097(1988).

第一节　环境法典一元目的论的困境反思

一、法典化一元目的论困境的具体表征

基于环境法在完成控制环境风险、解决环境问题的历史使命过程中所蕴含的复杂的科技要素，[1]要求环境法律规范在调整人类行为，弥合人类行为逻辑与生态环境规律间冲突的过程中，需要将体现生态环境规律的科技性要素与反映行为逻辑的法律规范相结合。这一方面，使环境法律规范相对于传统法律规范，呈现出科技性的特征；另一方面，也使环境法律规范需要因环境科学技术的进步而发生变动，进而产生对环境法律规范体系开放性的需求。如前所述，环境法实质法典化论和形式法典化论两种主张的差异，根源于对环境法律规范体系开放性需求的回应路径不同。可见，如何回应因环境法科技性特征而导致的法律规范体系开放性的需求，已成为不同环境法法典化理论的核心争议所在。

现有法典化理论虽然均意识到了环境法法典化正面临科技性特征引发的体系开放性需求的挑战，但其所秉持法典化一元目的论无法直接回应此种挑战。这导致在法典化一元目的论的指引下，既无法分辨实质法典化论和形式法典化论在应对前述挑战时孰优孰劣，也难以回应同样以规范体系化为目的的"环境法非法典化"论者的质疑。"环境法非法典化"论者指出，现有环境法律规范体系庞杂，与传统法律部门之间多有交叉，环境法法典化必然伴随着"牵一发而动全身"的协调和整合成本。同时，环境法律规范体系化的目的，可以通过法律整理等立法技术来实现，继续维持"基本法 + 单行法"模式无疑是更理性、更经

〔1〕 James Salzman & Barton H. Thompson · J. R., *Environmental Law and Policy*(*Fourth Edition*), Foundation Press, 2014, p. 17.

济的选择。面对质疑，虽然环境法法典化论者从域外比较法实践、[1]中国环境法律体系现状[2]以及“环境法非法典化论”存在的自身缺陷[3]等方面予以了回应，但相关论证仍然无法解决现有法典化理论解释力的内在缺陷。

二、法典化一元目的论困境的成因分析

环境法实质法典化论和形式法典化论，均是相对于“传统法典化”理论而言的，“传统法典化”建立在以可知论为基础的理性主义哲学立场上，传统语境下的法典被视为绝对理性所构筑的圣物，其严密体系旨在回应几乎所有社会问题，[4]体现了学者根据理性主义的精神，通过运用归纳法和演绎法形成的各种观念和逻辑原则。然而，随着工业革命后科学技术的高速发展，现代社会呈现出快速变动的特性，传统法典无法依托纯粹的概念和逻辑演绎涵摄作为调整对象的所有社会关系，包括作为“传统法典”代表的民法典，其在现代社会背景下的编纂也呈现出了理性主义相对化的趋势。[5]“法典化”绝对理性主义哲学基础的祛魅推进法典化理念向着实用且灵活的方向发展。[6]

形成于理性主义相对化背景下的环境法实质法典化论和形式法典化论，既需要平衡因环境法复杂且庞大的规范体系产生的法律规范体系化的需求，又需要对环境法所固有的规范体系变动性特征与体系化需求之间的冲突予以回应。面对上述冲突，现有理论主张将中国的环

---

〔1〕［德］弗兰茨·约瑟夫·派纳：《公法法典化的思考——以环境法和营业法为例》，史仲阳、乔文豹译，载范健等主编：《中德法律继受与法典编纂：第四届费彝民法学论坛文集》，法律出版社2000年版，第253～260页。

〔2〕汪劲：《环境法学的中国现象：由来与前程——源自环境法和法学学科发展史的考察》，载《清华法学》2018年第5期。

〔3〕吕忠梅、窦海阳：《民法典“绿色化”与环境法典的调适》，载《中外法学》2018年第4期。

〔4〕李艳芳、田时雨：《比较法视野中的我国环境法法典化》，载《中国人民大学学报》2019年第2期。

〔5〕冯乐坤：《从绝对理性到相对理性——民法法典化的思路》，载《现代法学》2003年第6期。

〔6〕Van Reene & T. P., *Reflections on the codification of South Africa Environmental Law: General considerations*, Stellenbosch L. Rev. Vol. 2(1994).

境法法典化，强调在遵循形式理性对于框架结构的形式化和逻辑性要求的同时，应放弃对全面而精细化法典内容的过分追求，转而更加注重法典内容的完整周延以及体系结构的稳定和谐。[1] 虽然此种主张在理性主义相对化的背景下，一定程度上体现了对于环境法治实践需求的关怀，但此种关怀更多体现的是"在一定条件下，追求最大效率"的无奈，并非深入考察环境法治实践后得出的结论。

立足实践是在马克思主义原理指导下的中国特色社会主义法治建设的重要品格，中国特色社会主义法律制度是在长期实践探索中将马克思主义基本原理与中国具体实际结合起来形成的。[2] 环境法法典化理论作为一种认识成果，形成于现有历史条件下的环境法治实践，其目标是指导环境法治实践，解决现有环境法治实践中的困境。虽然现有观点已经认识到了环境法律规范变动性的实践需求对环境法法典化的挑战，但其在具体理论的阐释过程中，既未阐释如何应对前述挑战，也未深入考量法典化目的与科技性特征引发的规范体系变动性之间的内在关联。可见，未能全面深入考察现有环境法治实践，探寻科技性特征引发的规范体系变动性的实践需求生成的根本原因，系造成现有法典化一元目的论陷入困境的根本。

三、法典化一元目的论困境的破解路径

法根本上系通过调整社会生活以实现特定价值的规范体系，[3] 环境法作为应对环境问题的主要制度性手段，诞生于生态危机四起的现代社会。人类本质上是以生物人和社会人两种方式实现自身的生存和发展，人的这两种生存方式不可割裂，同时自然界所提供的物质、能量以及信息传递途径是有限的。当人的社会生存方式超过自然的限度，

[1] 朱炳成：《形式理性关照下我国环境法典的结构设计》，载《甘肃社会科学》2020 年第 1 期。

[2] 张文显：《国家制度建设和国家治理现代化的五个核心命题》，载《法制与社会发展》2020 年第 1 期。

[3] 张文显：《部门法哲学引论——属性和方法》，载《吉林大学社会科学学报》2006 年第 5 期。

必然威胁其生物生存方式,引发环境问题。[1] 工业文明时代的法律着重关注人的社会属性,而将自然单纯地看作人类劳动的客体与财富增长的物质基础,[2]进而通过相关法律制度维护并鼓励人类对于自然的利用,从而导致了人与自然关系的矛盾与冲突,最终威胁到了作为生物的人的生存。

在现代法治体系下,处于应对和解决环境问题中心地位的环境法,[3]必须平衡人的两种生存方式,要求人的社会性生存规则契合客观的生态环境规律的要求。[4] 沿袭"人—社会—环境"的逻辑进路,改造人类社会的结构,以消解人类社会与生态环境的紧张关系。[5] 因此,环境法需要将在工业时代法律体系中被忽略的生态环境规律纳入环境法律规范之中,使法律规范受到生态环境规律的约束。[6] 这就不难解释,为何在环境法律规范的构成中,除了传统的法律规范外,技术标准和技术导则等以科技要素为核心的技术性规范也成为环境法不可或缺的重要组成部分。[7] 由于环境法律规范中融入了反映生态环境规律的科技性要素,故其一方面使环境法律规范呈现出传统法律部门所不具备的科技性特征;另一方面也使环境法治实践在具有法治实践面向的同时,具有了科技实践的面向。

正是环境法治实践所具有的双重面向,决定了在把握环境法治实践的过程中,既需要清晰地认识其法治实践面向,也需要准确地把握其科技实践面向。现有环境法法典化理论在阐释法典化目的的过程中,

---

〔1〕 吕忠梅:《中国生态法治建设的路线图》,载《中国社会科学》2013年第5期。

〔2〕 吕忠梅:《论环境法的沟通与协调机制——以现代环境治理体系为视角》,载《法学论坛》2020年第1期。

〔3〕 柯坚:《事实、规范与价值之间:环境法的问题立场、学科导向与实践指向》,载《南京工业大学学报(社会科学版)》2014年第1期。

〔4〕 吕忠梅:《中国生态法治建设的路线图》,载《中国社会科学》2013年第5期。

〔5〕 陈德敏、杜辉:《环境法学研究范式变革的基础与导向》,载《南京师大学报(社会科学版)》2009年第3期。

〔6〕 吕忠梅:《中国生态法治建设的路线图》,载《中国社会科学》2013年第5期。

〔7〕 徐以祥:《我国环境法律规范的类型化分析》,载《吉林大学社会科学学报》2020年第2期。

主要立足于法治实践的面向，着眼于解决因现有环境立法的分散化与碎片化、高重复低实效造成的环境法律实施困境，进而将环境法法典化的目的确立为实现法律规范的体系化。[1] 虽然相关理论在具体阐释的过程中意识到环境法科技性特征对环境法法典化的挑战，但未能从科技实践的面向，深入分析其与环境法法典化目的的内在关联，造成现有理论秉持的法典化一元目的论存在结构性缺陷，即未能充分体现环境法治科技实践面向的内在需求。因此，意欲破解现有法典化一元目的论面临的困境，需在审视中国现有环境立法的基础上，立足环境法治科技实践面向的需求，从环境法法典化目的的层面予以回应。

第二节　中国环境法典目的的有机组成

一、中国环境立法的科学性检视

环境法治实践状况的良好有赖于环境法律规范能准确反映环境问题发生的内在生态环境规律。因此，清晰、准确地把握环境保护科技实践中对于环境问题发生内在生态环境规律的认识，既是实现环境法规范内容与生态环境规律契合的基本前提，也是确保环境法治实践状况良好的有力保障。通过对中国主流环境科学领域教材的梳理，[2] 可将对于环境问题发生内在规律的认识过程总结为三个阶段：以具体环境要素、环境问题作为研究对象，分析具体环境问题发生内在规律的第一阶段；[3] 通过概括抽象具体环境问题，运用类型化的方法分析各类型环境问题发生内在规律，并基于对各个类型环境问题发生内在规律的

---

〔1〕 吕忠梅：《法典化时代的环境法——为长江保护立良法（代序）》，载吕忠梅主编：《环境资源法论丛》第 11 卷，法律出版社 2019 年版。

〔2〕 在此特别说明，虽然环境科学领域的主流教材并不能够反映环境科学领域研究的前沿和最新成果，但其内容均系经过一定实践检验后确定的共识性认识，因此其内容所反映的认识均是特定历史时期对于环境问题具有共识性的认识，能够较为清晰地反映相关认识的发展历程。

〔3〕 金鉴明、周富祥：《环境科学浅论》，科学出版社 1987 年版，第 2 ~ 36 页。

认识,指明环境问题的实质是在人类活动引发的人与自然间的物质、能量和信息交换过程中,因人类索取和反馈的物质和能量超过自然界的净化能力和调节能力,从而威胁到自然系统的基本完整性和稳定性的第二阶段;[1]通过生态学原理的运用,从生态系统结构的整体视角把握环境问题,并指明环境问题的实质是因生态平衡受到破坏导致的群落生态功能减弱,其中人为原因造成生态平衡受到的破坏则包括,物种改变(外来物种入侵、物种破坏等)、环境要素改变(环境污染、要素破坏)以及信息系统破坏引发的环境问题的第三阶段。[2] 从上述发展历程之中,不难看出,在环境保护科技实践中,对于环境问题发生内在规律的认识经历了从具体、微观到抽象、宏观的逐渐深入的、系统的历程。

环境法律规范对环境问题发生内在规律的体现,一方面内含于整体的环境法律规范体系之中,另一方面也呈现在具体的环境法律规范内容之中。中国的环境法律规范体系建设始于20世纪70年代后期,在40余年的发展历程之中,经历了产生、发展、调整以及强化四个阶段。[3] 现阶段,已经基本形成以《环境保护法》为引领,以污染防治法、资源保护法以及自然保护法为重要组成部分的规范体系(各专门立法数量占到全国人大及其常委会立法数量的1/10[4])。然而,环境法律规范数量的增长以及规范体系的基本建立,并不意味着现有环境法律规范能够反映环境保护科技实践的最新认识,现有环境法律规范体系呈现出了以污染防治法为中心,对资源保护法、自然保护法关注不足的问题。虽然在修订《环境保护法》的过程中,诸多学者主张通过对其进行全面修改,使其成为中国环境保护领域中的基本法。[5] 但其修改后的主要内容仍然集中于污染防治领域,对于资源保护以及自然保护领

[1] 杨志峰、刘静玲:《环境科学概论》,高等教育出版社2004年版,第76~85页。
[2] 吴彩斌:《环境学概论》,中国环境出版社2014年版,第62页。
[3] 汪劲:《环境法学》(第4版),北京大学出版社2018年版,第39~47页。
[4] 汪劲:《环境法学的中国现象:由来与前程——源自环境法和法学学科发展史的考察》,载《清华法学》2018年第5期。
[5] 蔡守秋:《论修改〈环境保护法〉的几个问题》,载《政法论丛》2013年第4期。

域关注不足，导致其仍无法承载环境基本法的功能。[1] 不难发现，现有环境法律规范体系并未能体现环境保护科技实践的最新认识，其实质是建立在对环境问题发生内在规律第二阶段的认识之上的。立法工作的开展以应对环境污染、资源破坏等类型化环境问题为目标，对于不同类型环境问题间的关联性关注不足。同时由于环境污染问题系近20年来中国环境保护领域最为凸显的问题，最终形成了污染防治法一家独大、各领域立法各自为战的环境法律规范体系。

环境法律规范与科技实践的脱节，还表现在具体环境法律规范内容之中。以《民法典》第1229条和《环境保护法》第64条为例，相关规范将环境侵权的原因行为，从原《侵权责任法》第65条的污染环境一元行为，扩展至污染环境和破坏生态二元行为，在理论上被认为具有其先进性。[2] 然而，结合前文对于环境科学理论发展历程的梳理，不难发现，相关立法内容反映了现阶段立法和理论对环境问题发生内在规律的把握，仍停留在环境保护科技实践的第二阶段认识之上，[3]已经落后于现阶段以生态学为基础的环境科学理论的发展。此种认识，在未来环境司法实践中面临早已存在的破坏生态行为内涵和外延难以准确界定的困境，[4]进而可能导致无法被界定为污染环境行为，但确实对生态环境造成破坏的行为，均被纳入破坏生态行为的范畴之中，使立法中构建的污染环境行为与破坏生态行为的二元逻辑并列结构，实质上异化为污染环境与其他对生态环境造成破坏行为的逻辑全补结构。通过构建环境诉讼制度预防和制止环境侵权行为是未来中国环境司法

[1] 高利红、宁伟：《从立法体系性看〈环境保护法〉的修改》，载《郑州大学学报（哲学社会科学版）》2013年第4期。

[2] 竺效：《论环境侵权原因行为的立法拓展》，载《中国法学》2015年第2期。

[3] 周骁然：《民法典中环境侵权原因行为的立法选择——基于法学、环境科学的交叉视野》，载《安徽大学学报（哲学社会科学版）》2018年第1期。

[4] 其内涵和外延界定的困难根源于“破坏生态行为”的致害机理更为复杂，只能大致归类为“开发利用环境资源”的行为，而不同样态的“破坏生态行为”在“对环境的损害”和“对人的损害”又存在较大差异。参见张宝：《环境侵权的解释论》，中国政法大学出版社2016年版，第93页。

发展的重要方向,[1]可以预见,现有立法在环境侵权原因行为类型界定问题上存在的缺陷,必将极大地影响环境诉讼制度预防和环境侵权行为制止功能的实现。由此可见,环境法律规范内容与科技实践的脱节,将对环境法治实践产生更为直接、具体的消极影响。

二、规范科学化目的的理论证成

首先,规范体系化无力解决环境法律规范与环境保护科技实践脱节的问题。如前所述,规范体系化意在解决因立法体系化思路缺失[2]、分割立法、紧急立法[3]等原因造成的环境法律规范碎片化、复杂化进而引发的法律实施困境。其根本上是从法律规范的内部视角出发,以法律规范间的逻辑一致性、价值融贯性以及整体效用理性为衡量尺度,发现并解决既有法律规范存在的问题。而环境法律规范与环境保护科技实践脱节问题的解决,需要从法律规范的外部视角出发,以环境保护科技实践中所产生并经过检验的对生态环境规律的认识为衡量尺度,审视环境法律规范并予以改进,进而实现环境法律规范与生态环境规律的契合。由此可见,从规范体系化目的出发,针对既有环境法律规范的审视视角与衡量尺度,均无法满足解决环境法律规范与环境保护科技实践脱节问题的要求。值得注意的是,诸多学者在阐释以规范体系化为指导的环境法法典化理论的过程中,已洞察到环境法科技性特征产生的环境法典开放性的需求,并且尝试在其法典化方案之中予以回应。但此种环境法典开放性的需求,根源于不断发展的实践中存在的环境法律规范与环境保护科技实践脱节问题,虽然其被发现于实现规范体系化目的的过程中,但规范体系化目的本身却无法指导该问题的解决。

其次,规范科学化是环境法治实践的内在需求。长期以来,环境法学研究在环境法对环境保护科技实践的回应与互动方面都缺乏理性的

---

[1] 杨严炎:《我国环境诉讼的模式选择与制度重构》,载《当代法学》2015年第5期。

[2] 吕忠梅:《环境法典编纂:实践需求与理论供给》,载《甘肃社会科学》2020年第1期。

[3] 王灿发、陈世寅:《中国环境法法典化的证成与构想》,载《中国人民大学学报》2019年第2期。

认识和把握。[1] 现有环境法法典化理论忽视了法律规范与环境保护科技实践的脱节,致使现有理论中关于环境法法典化目的的阐释无法全面回应环境法治实践二维面向的需求,在根本上阻碍了环境法法典化理论的深入发展。因此,在规范体系化目的不足以回应环境保护科技实践对于环境法律规范需求的前提下,环境法法典化理论需要将实现法律规范与生态环境规律的契合纳入环境法法典化的目的之中。此种契合根本上指向环境法律规范与现有环境保护科技实践所把握和认知的生态环境规律的契合,即通过将生态环境规律有序地融入环境法律规范,解决环境法律规范体系和内容与科技实践脱节的问题。通过实现环境法律规范科学化,促使环境法律规范充分体现客观生态环境规律的要求,正面回应环境法治实践之科技实践面向的需求。

最后,规范科学化是科学立法实践的基本要求。环境法法典化理论根本上系对环境立法工作的理论指导,其除了需要回应环境法实践的内在需求以外,还需遵循立法活动的基本要求。"科学立法"是《立法法》和党的系列决议对立法工作的基本要求,"科学立法"的关键和核心就是要尊重和体现法律所调整社会关系的客观规律,同时遵循法律体系的内在规律。[2] 在立法实践中准确认识和反映包括生态环境规律在内的客观规律,不仅是提高立法质量的关键依托,[3] 也是"科学立法"基本要求的应有之义。环境法法典化理论主要通过揭示环境法法典化的目的、描绘法典化的理论方案,以指导具体立法工作。结合前述对于环境法产生的背景以及环境科技性特征的分析,可以发现,在环境立法中,对于法律调整社会关系客观规律的尊重和体现,应着重体现为对于现有科技实践所掌握和认知的生态环境规律的尊重和体现,这既是环境法的特征和使命所在,也是环境立法相较于传统立法的不同

---

〔1〕 柯坚:《事实、规范与价值之间:环境法的问题立场、学科导向与实践指向》,载《南京工业大学学报(社会科学版)》2014 年第 1 期。

〔2〕 张德江:《提高立法重量 落实立法规划——在全国人大常委会立法工作会议上的讲话》,载《中国人大》2013 年第 21 期。

〔3〕 张文显:《全面推进依法治国的伟大纲领——对十八届四中全会精神的认知与解读》,载《法制与社会发展》2015 年第 1 期。

之处。环境立法中对于生态环境规律的尊重和体现，最终表现为环境法律规范与生态环境规律的契合。由此可见，在立法工作中，实现环境法律规范的科学化系“科学立法”的必然要求。

综上所述，环境法律规范科学化应作为环境法法典化目的的有机组成，其与环境法律规范体系化共同组成法典化二元目的论。二元目的论不仅能回应环境法治实践之法治实践面向的需求，又能因应环境法治实践之科技实践面向的需求；在解决环境法律规范与环境保护科技实践脱节问题的同时，还能破解现有法典化一元目的论所面临的困境。

三、规范科学化目的的内涵界定

环境法产生的时代背景和其所承载的历史使命，决定了环境法律规范需要融合生态环境规律以及人类行为规则。[1] 自然环境本身是一个要素之间紧密关联互动的统一体，欲通过立法实现生态质量的改善就必须尊重自然界物物关联的客观规律。[2] 未来环境法对环境问题进行有效回应的关键，在于通过恰当的制度体系保证法律规范对生态环境规律认识的准确体现，进而指导环境法治实践，实现科技实践和法治实践的统一。现有环境法律规范与环境保护科技实践之间，存在宏观规范体系和微观规范内容的脱节，亟须通过环境法律规范的科学化，实现环境法律规范与生态环境规律的契合，以满足环境法治实践的现实需求。在此，可以将环境法律规范科学化的内涵界定为：实现环境法律规范与现有环境保护科技实践所掌握和认知的生态环境规律的契合，具体包括环境法律规范体系科学化和环境法律规范内容科学化两个方面。其中，体系科学化构筑了科学化的“骨骼”，内容科学化则形成了科学化的“血肉”。能够同时实现“骨骼”和“血肉”科学化的环境法法典化理论，方能满足现有环境法治实践的客观需求，并指导现有环境法治实践。

“非法典化论”与形式法典化论所提供的实践方案，本质上是在现有环境法律规范的宏观体系和微观内容的基础上，对现有环境法律规

---

〔1〕 周骁然：《环境标准法律制度研究》，中国社会科学出版社2020年版，第37页。

〔2〕 钭晓东、杜寅：《中国特色生态法治体系建设论纲》，载《法制与社会发展》2017年第6期。

范进行的以规范修改和整合为主要形式的调整,其在因应规范体系化需求的基础上,仅能回应部分规范内容科学化的需求,无法切实实现环境法律规范科学化。而现有环境法实质法典化论,虽然主要立足于满足规范体系化的需求,而未对规范科学化的需求予以考量,但是其主张的理论方案不仅涉及具体环境法规范内容的修改和调整,还涉及整体环境法律规范体系的塑造,[1]这能够在实现环境法律规范体系化目的的同时,使确立与生态环境规律相契合的科学化的环境法律规范成为可能。

可以说,实现环境法律规范体系化是环境法治实践之法治实践面向的应有之义,也是所有环境法律规范完善理论的共同诉求,更是实质法典化理论的必然要求。而实现环境法律规范科学化则是环境法治实践之科技实践面向的客观需求,也是立足于中国环境保护科技实践的合理认知,更是现有实质法典化理论的脊梁和支柱。由此可见,法典化二元目的论的塑造,不仅能证明实质法典化论相对于形式法典化论及"非法典化论",具有更强的理论解释力以及对环境法治实践的指导力;更能证明其是能够是兼顾体系化和科学化目的的最优方案,能够促进实质法典化论的深入发展。

四、体系化与科学化的辩证关系

对环境法法典化之规范科学化目的的证成与阐释,无意否定规范体系化目的在实质法典化目的论中的应有地位,而是基于环境法治实践科技实践面向的视角,对于实质法典化理论中目的理论的补充和完善,进而形成由规范科学化和规范体系化构成的二元目的论,并在此基础上进一步丰富和发展实质法典化理论。然而,以环境法律规范与生态环境规律相契合为诉求的规范科学化目的的实现,将导致环境法律规范的内容乃至体系处于变动之中,这与规范体系化目的通过追求形式理性、价值融贯以及效用理性,[2]而实现环境法律规范可预测性及

---

[1] 张梓太、李传轩、陶蕾:《环境法法典化研究》,北京大学出版社 2008 年版,第 302 ~ 313 页。

[2] 徐以祥:《论我国环境法律的体系化》,载《现代法学》2019 年第 3 期。

安定性之间存在内在的矛盾。因此，如何协调规范科学化目的与规范体系化目的之间的矛盾，以平衡未来环境法典开放性与稳定性之间的关系，便成为实质法典化目的理论所必须解决的问题。

一方面，规范科学化以实现环境法律规范与生态环境规律的契合为目标，旨在确保受环境法律规范所调整的行为对于生态环境的影响，处于生态环境的承载能力范围之内，进而避免环境问题的发生。可见，规范科学化是环境法完成其应对环境问题之使命的内在支撑。另一方面，规范体系化以实现环境法律规范的可预测性和安定性为目的。环境法使命的完成，有赖于具体行为的实施符合环境法律规范的要求。在此过程中，环境法律规范的可预测性和安定性系行为主体能够根据法律规范实施其行为的必要条件。因此，规范体系化是环境法完成其使命的外部保障。前述分析揭示了规范科学化与体系化之间的内在关联。在环境法完成应对环境问题使命的过程中，环境法律规范的科学化是确保行为主体所实施行为与生态环境规律相契合的内在支撑，而环境法律规范的体系化是确保行为主体能够根据反映生态环境规律的环境法律规范，调整并优化其自身行为的外部保障。

正如有学者所言："人类力求将公平正义以可靠而且可以理解的方法实现在人间的努力，已促使法学采用体系思维向体系化的方向运动。"[1]在实现环境法法典化的过程中，规范科学化目的通过将生态环境规律内化于环境法律规范之中，以保证环境法所追求的"公平正义"的正当性；而规范体系化目的则通过以可以理解的方式，保证内化于法律规范之中的"公平正义"得以实现。虽然在此过程中，规范体系化目的与科学化目的之间存在内在矛盾，但在根本上两者相互依托、互为保障。总体而言，在环境法法典化实现的过程中，体系化目的与科学化目的之间，呈现出一种相互制约、相互支撑的对立统一的辩证关系。因此，在构筑未来环境法典的理论方案时，必须兼顾实现规范体系化目的与科学化目的的需要，不可厚此薄彼、有所偏废。

---

〔1〕 黄茂荣：《法学方法与现代民法》，中国政法大学出版社 2001 年版，第 406 页。

第三节　二元目的论下中国环境法典的目标阐释

一、体系化与科学化：破解一元目的论的解决途径

在梳理环境法实质法典化论和形式法典化论的过程中，不难发现，两者看似势不两立，但均秉持以环境法律规范的体系化为内容的法典化一元目的论，即通过法典化构筑价值融贯、逻辑一致、互为支撑的法律规范体系。两者的差异仅在于面对环境科技性特征带来的体系开放性需求的回应方式不同：前者基于现有立法技术和客观条件，将在现有理论框架下具有典型性、稳定性特征的环境法律规范纳入环境法典，而将具有特殊性、变动性特征的环境法律规范以单行法的方式予以保留。通过"框架性、开放性"法典的方式为未来可能从特殊转向典型、变动转向稳定，而具备纳入环境法典条件的法律规范，预留法典化的空间，以支撑更大程度的体系整合，最终形成"总则规范＋分则规范"的法典体例结构；后者则认为环境科技性特征带来的体系开放性需求，更多地集中于实体性规则领域，而程序性规范则呈现出相对的稳定性，进而主张构建"程序性一般规范＋实体性单行规范"的法典体例结构，将实体性法律规范的体系整合寄希望于以法教义学为指导的法律适用过程。上述两种在目的上具有共识性的环境法法典化理论，在具体实现方案上却迥然不同。此种反差，反映了现有以法律规范体系化为内核的法典化一元目的论，面临着不能够为环境法法典化实践提供充分指引的困境。是故，分析环境法法典化一元目的论的困境、成因及其破解路径，就成为深化环境法法典化研究亟待解决的问题。

在二元目的论指引下的环境法法典化理论方案，以实现环境法律规范的体系化和科学化为最终目标。该目标需要通过构建开放学习型环境法典的方式予以实现：一方面，应当在充分预见和把握环境保护科技实践发展的基础上，形成开放型的环境法律规范体系，并调整环境法律规范的具体内容，以求在法典形成之时最大限度地兼顾体系性和科学性的要求；另一方面，应当在环境法典中确立以环境标准法律制度为

具体表现的内部“学习机制”，在尽量保障环境法律规范稳定性、可预见性的同时，确保环境法律规范与生态环境规律的契合性。此外，环境法法典化的难以毕其功于一役，需要在汲取《民法典》诞生经验的基础上，确定符合实际的实现步骤。

二、环境法律规范体系科学化的内容与目标

环境法法典化的目标除了需要体现既有理论已充分阐释的体系化目的的需求外，还应当体现科学化目的的需求。从前述对中国环境科学实践关于环境问题认识的梳理中，不难发现，现阶段环境科学理论已经对环境问题发生的内在机理作了较为全面且清晰的把握。在未来一段时期内，环境科学实践对于环境问题发生机理的认识，难以发生颠覆性的改变，其发展的主要方向将在于如何更加清晰地阐释生态系统平衡受到破坏的微观过程。可以说，现有环境保护科技实践已经能够较为系统、全面地揭示环境问题发生的内在机理，相关认识也能够支撑环境法律规范科学化的实现。科学技术和法律政策是解决环境问题的基本工具和手段，[1]环境法领域中的合法性判断往往需要以最佳技术标准或最前沿科技认知作为认知基础。[2] 因此，作为应对环境问题的特殊实体的环境法典，[3]其重要使命就是通过环境法律规范的形式，将基于对生态系统及其规律的认知而形成的正当性要求与现实的法律关系合理地融于一体。[4] 因此，在环境法法典化的实现过程中，科学化目的应当具体化为体系科学化和内容科学化两个方面。

环境法律规范体系科学化的核心，在于根据环境保护科技实践认识体系，构建与之相契合的法律规范体系。前述环境科学理论中对于环境问题发生机理的阐释说明，解决环境问题的关键在于对环境利用

---

〔1〕 汪劲、王明远：《中国的环境法治——任重而道远》，载高鸿钧主编：《清华法治论衡》（第6辑），清华大学出版社2005年版。

〔2〕 沈百鑫：《德国环境法法典化的核心问题和受挫原因及对我国的启示》，载吕忠梅主编：《环境资源法论丛》第11卷，法律出版社2019年版。

〔3〕 彭峰：《法律进化与环境法法典化的未来》，载《东方法学》2010年第6期。

〔4〕 邓海峰、俞黎芳：《环境法法典化的内在逻辑基础》，载《中国人民大学学报》2019年第2期。

行为的控制。环境利用行为的实质在于对生态系统服务功能的用益，而其必须建立在整个生态系统良好平衡的基础之上。[1] 环境保护科技实践的认识，为环境法律规范体系提供了一个理想条件下有效解决环境问题的逻辑进路，即在充分认识和评估生态系统服务功能的前提下，根据生态系统服务功能的现实情况，准确分析环境利用行为对生态系统的影响，进而通过指标控制等强度控制手段，将其限制在生态系统服务功能的承载范围之内。

虽然作为现有环境法律规范核心的污染防治法，已经通过环境容量评估、环境影响评价、排污总量浓度控制等制度在一定程度上践行了上述逻辑进路。但是由于生态系统具有整体性和关联性，将前述逻辑进路的适用范围局限于环境利用行为规制的某一特定部分，必然会在极大程度上影响环境法律的规制效果。因此，在实现环境法律规范体系科学化的过程中，必须清晰地认识具体环境利用行为和生态系统平衡破坏之间的关系。破坏生态系统平衡的环境利用行为存在多种形态，其中，过度反馈物质能量的污染环境行为和过度索取物质能量的要素破坏行为，只是诸多环境利用行为集中呈现的具体类型。除此之外，还有诸如外来物种引入等诸多其他类型的破坏活动。环境问题的解决需要全面回应各类环境利用行为对于生态系统平衡的威胁。故而，在通过法典编纂构建整体环境法律规范体系时：首先，应当在现有科学认识的指引下，确立全面规制各类环境利用行为的目标；其次，应厘清以解决环境问题的基本原理为内容的总则规范与以控制具体类型环境利用行为、解决具体类型环境问题的具体路径为内容的分则规范间的关系；最后，应全面考量各类型分则规范间的逻辑关系及体系架构模式。

环境法律规范内容科学化的核心，在于根据环境保护科学实践形成的生态环境规律的科学认识，在具体法律规范中合理配置法律主体享有的权利、承担的义务，进而通过环境法律规范调整人类活动，实现人类行为逻辑与生态环境规律的内在契合。故而，环境法律规范内容

---

[1] 邓海峰、俞黎芳：《环境法法典化的内在逻辑基础》，载《中国人民大学学报》2019 年第 2 期。

的科学化,具体指向以生态环境规律为基础的权利义务配置合理化。以前文中提及的界定环境侵权原因行为条款为例,应在科学认识的指引下厘清环境侵权的致损机理,以及各类环境利用行为和生态系统平衡破坏之间的关系,并在此基础上突破现有并列列举模式,通过典型行为列举加行为本质补充的全补模式来界定环境侵权原因行为类型,即规定"因污染环境或其他破坏生态平衡的行为造成损失的,依照法律规定承担侵权责任"。[1]

三、二元目的论对环境法法典化的启示

实践和认识都处于不断前行和发展的历史过程之中,产生于环境保护科技实践的生态环境规律的认识也是在不断变动和发展的过程中,因而科学化的环境法律规范必将处在变动和发展之中,即未来形成的环境法典必然会具有变动性。然而,法律本身作为一种社会规范,需要为社会提供一种行为与判断的标准,这就要求法律本身具有安定性,法的安定性也是法治最为核心的要素。[2] 因此,基于法治实践对法的安定性的要求,未来的环境法典应当具有稳定性的特征。故而,如何在实现环境法律规范体系化和科学化的过程中,调和法律规范稳定性和变动性之间的矛盾,就成为在实现环境法律规范体系化和科学化目的的过程中必须予以回应的问题。

在规范体系化目的和科学化目的不可偏废的基本立场之下,应当通过如下思路平衡在环境法法典化过程中环境法律规范稳定性与变动性的冲突。一方面,环境保护科技实践的发展是引发未来环境法典变动的根本原因,因此合理地预见和把握环境保护科技实践的发展趋势,进而在其指引下,构筑环境法律规范体系、调整法律规范内容是兼顾环境法律规范稳定性和变动性的重要保障。另一方面,受制于认知能力的有限性和实践发展的持续性,即使在一定时期内能够合理地预见和把握环境保护科技实践的发展,但是在不断发展的实践中,仍然会发生

〔1〕 周骁然:《民法典中环境侵权原因行为的立法选择——基于法学、环境科学的交叉视野》,载《安徽大学学报(哲学社会科学版)》2018 年第 1 期。

〔2〕 雷磊:《法律体系、法律方法与法治》,中国政法大学出版社 2016 年版,第 234 页。

法律规范变动的实践需求，进而再次引发稳定性和变动性的冲突。同样的困境也曾困扰中国民法典编纂实践，而有学者基于卢曼的社会系统理论提出的构筑“学习型民法”的路径，为环境法法典化进程中解决上述冲突提供了极有裨益的借鉴。该理论认为，法律系统要想从其他系统（生态系统、社会系统）的外部环境中进行“学习”或认知，只能通过在内部设定“学习机制”的方式进行。[1] 环境法律规范科学化的重要方式即法律系统基于环境保护科技实践从生态系统中进行学习，将生态环境规律内化于法律规范之中。因此，在未来的环境法典中构筑此种“学习机制”，系能够兼顾环境法律规范体系化与科学化目的、消解法律规范稳定性与变动性冲突的有效路径。

---

〔1〕 顾祝轩：《体系概念史——欧陆民法典编纂何以可能》，法律出版社 2019 年版，第 301 页。

第三章　中国环境法典编纂的模式与方案

第一节　环境法典的历史发展及主要模式

法典文化，自古有之。尽管法律的发展经历了从习惯和判例到成文法的阶段，法律形式经历了从无形到有形的进化，但这其中一直包含着“法典”的身影。正如黑格尔所说：“当习惯法一旦被汇编而集合起来——在稍开化的民族中必然会发生的——这一汇编就是法典。”[1]无论是我国古代《孔子家语·五刑解》中的“而民犹未化，尚必明其法典，以申固之”，还是源自拉丁文“codex”后又发展为“Codice”的西方“法典”术语的演变，无不一直围绕着法典的核心要义，即对法律的整合与汇编。随着“法典”一词内涵与外延的不断演变与拓展，古代法典与近代法典也呈现出截然不同的特点和功能。本部分内容以时间维度作为线索，分为古代法典、近代法典以及20世纪法典共计三个阶段，旨在对相应的法典、环境法典特点和样态进行分析。

一、法典及环境法典的历史演变

法典作为人类社会法律制度的载体，经历了长期的发展过程，大致可以分为古代、近现代以及20世纪中后期三个阶段。长期发展的法典文化和经验为我们提供了制度借鉴的宝库，法典化的发展潮流也引导了环境法法典的面世。

---

〔1〕［德］黑格尔：《法哲学原理》，范扬、张企泰译，商务印书馆1961年版，第219页。

(一)古代:揭开法典文化的序幕

法典编纂的历史,最早可以追溯至古代。这一时期,环境问题对公众和社会经济产生的影响并不突出,这也使古代东西方社会这一阶段的法典中鲜有关于环境保护的专门条款,更未涉及环境法典的编纂。然而,无论是古代东方由统治者阶级发起或制定的奴隶制法典,还是古代西方人民为避免贵族阶级的垄断而制定的法典,都为近代法典的编纂提供了文化积淀,并对大陆法系法典编纂产生了深远的影响。与此同时,我国自秦汉时期开始所出现的数量较多的环境保护规定,也为我国后续法典的编纂和环境保护立法提供了理念和文化支撑。

古代东方社会作为文明的先驱,最早出现了成文法典,即奴隶制法典。世人所公认的世界上最早的成文法典是公元两千多年前希腊两河流域苏美尔人的乌尔第三王朝国王乌尔纳姆制定的《乌尔纳姆法典》,该部法典的内容涉及所有权保护、侵犯人身权利的犯罪和神明裁判等诸多内容。值得关注的是其中关于土地所有权保护相关的规定。在此之后,公元前19世纪,随着两河流域经济的繁荣和发展,汉谟拉比王制定了著名的《汉穆拉比法典》,这部法典也是迄今为止留存的楔形文字法中保存最为完整的法典,相较于《乌尔纳姆法典》《李必特·伊丝达法典》,该法典在结构框架和立法技术上都得到了长足发展,并且在内容的丰富程度和体系化程度上有了质的提高。该法典对私有财产所有权保护、婚姻家庭和继承、人身保护和"同态复仇"等问题进行了较为详细的规定。[1] 相较于古代东方,古代西方长期适用习惯法的传统,使这一阶段西方法典编纂的时间相对较晚,直到公元前451~450年,古罗马才制定了第一部成文法典,即《十二铜表法》。而古代西方法典编纂的高潮起始于东罗马拜占庭帝国查士丁尼时期。这一时期所编纂的《查士丁尼法典》《法学阶梯》和《学说汇纂》,以及后来的《新律》被统称为中世纪的《民法大全》,是古罗马法甚至是古代法典的精华所在。

---

〔1〕 林榕年、叶秋华:《外国法制史》(第6版),中国人民大学出版社2017年版,第16~23页。

我国古代公认的最为系统的成文法典是《法经》。自此以后，直至秦汉时期，我国古代法典的名称存有刑、法、律等不同的称呼。商鞅制定《秦律》后，律成为我国古代法典的典型。[1] 值得关注的是，我国秦汉时期已经有了较多的环境保护法律规定。例如，《秦律十八种·田律》中即包含关于农林牧渔粮食等方面的法令，甚至有学者认为《田律》可以被认为是世界上第一部自然保护法典。[2] 发展至隋唐时期，我国政治、经济和社会都得到了高速发展，《唐律疏议》的问世及其较之于先前法典在体系和内容完备程度上的提高，也体现出这一时期是我国法典编纂的立法技术日益成熟的鼎盛时期。日本学者仁井田升更是将唐律称为"东方法制史的枢纽"。[3] 可见，唐律不仅是唐前法典之大成，还开启了唐后法典之先河。就环境保护而言，《唐律疏议·杂律》更是对生态环境和生活环境进行了较为详尽的规定，其中不仅包括对山水林田湖等自然资源的保护，还有对生活环境保护和文物保护的相关规定。举例而言，关于文物保护的规定为："诸盗毁天尊像、佛像者，徒三年。"保护山林的规定为："诸占固山野陂湖之利者，杖六十。""诸于山陵兆域内失火者，徒二年；延烧林木者，流二千里。""诸弃毁官私器物及毁伐树木、庄稼者，准盗论。"对生活环境保护规定为："诸毁人碑喝及石兽者徒一年气"。"诸侵巷街、阡陌者，杖七十。若种植垦食者，笞五十。各令复故。虽种植，无所妨废者，不坐。"宋代较多地传承了唐律的特点，未有大幅度创新。明代则在唐律的基础上，从内容编排和体系结构等方面对明律进行了一定程度的改革和创新，这主要体现在将《大明律》分为吏律、户律、礼律、兵律、刑律、工律六大篇，对唐律的内容进行了更高层次的分类划分，在我国立法史上具有重要意义。[4] 《大明律》也传承了唐律关于环境保护的规定，对自然资源和公共环境保护进行了规定。其中，关于水利资源的规定为："有保护水

---

〔1〕 张中秋：《试论我国古代律的历史发展及其特点》，载《史学月刊》1989 年第 1 期。

〔2〕 杨巨中：《世界上最早的自然保护法——云梦秦简〈田律〉诌议》，载《人文杂志》2000 年第 5 期。

〔3〕 王立民：《唐律新探》，上海科学出版社 1993 年版，第 1 页。

〔4〕 杨一凡：《洪武法律典籍考证》，法律出版社 1992 年版，第 56 页。

利资源及设施的条文:凡盗决河防者,杖一百。盗决圩岸、陂塘者,杖八十。"关于公共环境保护的规定为:"凡侵占街巷道路而起盖为园圃者,杖六十,各令复旧。其穿墙而出秽污之物于街巷者,笞四十。出水者,勿论。"

可见,古代法典的内容和含义都与近现代法典存在较大差异,不是针对部门法的法典,而是类似于综合性的法律汇编。但根据对古代法典发展和演变的梳理,也可以发现,我国古代法典更倾向于对综合性的习惯法的汇编,而古代西方法典的内容则更倾向于对私权利的规定。并且,我国古代法典也与西方现代法典在内在逻辑和外在框架上存在极大差异。在环境保护领域,我国古代对于自然资源和社会环境的保护也更为重视,其中,《秦律十八种 · 田律》更是被称为世界上最早的自然保护法。

(二)近代:欧洲法典化运动的兴起与繁荣

正如马克思、恩格斯所指出的,在欧洲中世纪末期,"法便在一切国家(法国是在16世纪)开始真正发展起来了,除了英国之外,这种发展到处是以罗马法为基础的"。[1] 可见,近现代意义上的法典编纂深受罗马法法典编纂文化的影响,这也是源于罗马法是大陆法系的渊源之故。在这一时期,法典的内涵与外延也不断发生着变化。法典逐渐成为针对主要法律部门进行的系统性的法律编纂,不再是对传统习惯法和判例的汇总与汇编,而是深受理性主义哲学和自然法学说的影响,希望以一种体系性和系统性的方法将自然法的原则与规则纳入一部法典之中。这一时期仍是西方近代法典的发展初期。在欧洲资产阶级大革命的推动下,法典编纂的目的主要在于推翻封建法律制度,构建新的法律和社会秩序。[2] 与此同时,工业革命的开始,使科技水平得到了极大提高,人们逐渐解开了很多自然界的谜团,开始认识并掌握了驾驭自然的能力,对科学理性产生了极大的信任,以期通过将科学理性所具备的确定性和普遍性运用到法律领域之中。理性主义自然法学派,也

---

〔1〕《马克思恩格斯选集》(第3卷),人民出版社1972年版,第71页。

〔2〕[美]H. W. 埃尔曼:《比较法律文化》,贺卫方、高鸿钧译,三联书店1990年版,第52页。

正是在这一背景下而产生，并对这一时期的法典编纂运动起到了极大的推动作用，《拿破仑法典》也是基于这一时代背景，在理性主义哲学与自然法学说的推动下应运而生的。但我国这一时期的法制进程相对缓慢。

17、18 世纪现代法典化显现：自 17 世纪开始，法国已经开始为法典的编纂做准备，主要体现为多部法典化敕令的制定，并且 1667 年的《民事法规》是民事诉讼法典的前身，1670 年的《刑事法规》被看作是不完全的刑法典，而 1673 年和 1681 年所制定的关于海上和陆上贸易的商事法规更被认为是《拿破仑商法典》的先驱。与此同时，德国也在酝酿着法典化运动，并在腓特烈二世的推动下，于 1794 年颁布了包含宪法、行政法、民法、刑法和诉讼法在内的大全式法典，即《普鲁士国家普通邦法》。该法典民法的部分被后来的《德国民法典》所取代。[1]

19 世纪欧洲法典化运动：众所周知，《法国民法典》是在欧洲法典化趋势下法国大革命与理性自然法学的有机融合，它揭开了欧洲法典化运动的序幕。法典的编纂不可能一蹴而就，需要长期的累积与沉淀，而这也充分体现在法国民法典编纂过程之中。在拿破仑上台前，法国已经开始启动法典编纂工作，但是由于政治和战争的因素，法典工作一直徘徊不前，直到拿破仑任第一执政开始，法国民法典的编纂工作才正式大踏步前进。拿破仑自 1800 年开始即着手推动法典编纂工作，并亲自任命四名民法典编纂委员，为民法法典的颁布与出台扫除各种障碍，从而使《法国民法典》能够在 4 年的时间内得以通过。《法国民法典》更是被称为“不仅是法国私法的核心，而且也是整个罗马法系私法法典的伟大典范”。[2]

《法国民法典》作为“世界上第一部法典编纂，它决定性地克服了以往一切封建制度的羁绊和限制，并实现了法国大革命最重要的、孕育着未来的需求：市民的权利平等，家庭法的世俗化，土地所有权的自由，

---

〔1〕 高富平：《民法法典化的历史回顾》，载《华东政法大学学报》1999 年第 2 期。

〔2〕 ［德］K. 茨威格特、H. 克茨：《比较法总论》，潘汉典等译，贵州人民出版社 1992 年版，第 144 页。

经济活动自由和家庭结合体的保护等”。[1] 可见,《法国民法典》不仅是罗马法系私法法典的伟大典范,更是法国大革命所追求的新的社会制度的理性表达。与之相呼应的是法国在当时欧洲的强大号召力。正是这一号召力使比利时、荷兰等国都相继直接适用了《法国民法典》,而《意大利民法典》和《丹麦民法典》亦是在学习《法国民法典》的基本内容和体例的基础上编纂而成的。此外,《法国民法典》的影响范围更是超出了欧洲地区,涉足拉丁美洲、非洲和亚洲的部分殖民地,并成为这些地区中一些国家法典制定的蓝本与基础。

如果说法国的民法典编纂解开了欧洲法典化运动的序幕,那么德国民法典的编纂则使这场运动达到了高潮。对法战争后,德国迫切需要实现统一,而法典的编纂则成为当时呼声最高的实现民族统一的路径之一,法学界以期通过民法典的编纂实现民族精神之融合。然而,德国法学界对于是否需要编纂法典以及如何编纂进行了一场持久的著名论战,而历史法学派也在此次论战中应运而生。这场论战以理性自然法学派学者蒂博特与历史法学派代表人物萨维尼为核心人物而展开。深受法国大革命的影响,推崇理性主义的蒂博特认为,德国已经具备了编纂民法典的能力,也需要通过民法典的编纂改善德国内部四分五裂的局面,并且蒂博特认为,德国民法典的编纂应遵循理性主义哲学思想,运用自然法学方法。然而,萨维尼认为,此时的德国法学界尚不具备编纂民法典的能力,并且他极力反对自然法学派中关于理性主义的观点。萨维尼在理论上认为,法是民族精神的体现,不能反历史而一味追求所谓的理性,他认为,法律“它深深地根植于一个民族的历史之中,而且其真正的源泉乃是普遍的信念、习惯和‘民族的共同意识’。就像一个民族的语言、构成和举止一样,法律也首先是由一个民族的特性,亦即‘民族精神’决定的”。[2] 并且,以萨维尼为代表的历史法学派

---

〔1〕[德]K. 茨威格特、H. 克茨:《比较法总论》,潘汉典等译,贵州人民出版社 1992 年版,第 183 页。

〔2〕[美]E. 博登海默:《法理学、法律哲学与法律方法》,邓正来译,中国政法大学出版社 2017 年版,第 97 ~98 页。

认为,“对现存德国法及其历史发展作彻底的研究,是编纂合乎传统的德国法典的必要前奏。由于几个世纪以前中世纪意大利法学家所解释的罗马私法就已为德国所正式接收,因此要对德国法律做彻底的历史研究,就应首先对罗马私法、旧德国法以及现代德国法律制度中的近代成分作历史的考察”。[1] 这场持续数十年的论战,也引来越来越多法学家、哲学家的加入,并在某种意义上丰富和拓展了德国民法理论研究的深度和广度。这场围绕理性自然法与历史法学派的论战,也推动和演化出对德国民法典编纂产生直接影响的潘德克顿法学。随着德国政治上的统一,民法典被正式纳入立法任务之中,德国政府先后于1874年和1890年成立了两个民法典编纂委员会,历经22年完成了《德国民法典》的编纂工作,该法典于1897年正式通过,于1990年1月1日正式生效。

在这一阶段,作为普通法系国家的英国,也曾尝试过在本国开展法典化的工作,但由于受到判例法传统和英国的本国政治体制等因素的制约,英国最终拒绝了大陆法系法典编纂的文化,延续着判例法的传统。而美国作为另一普通法系国家,则在法典编纂方面表现出更大程度的兼容性和灵活性,并且在法典编纂模式方面作出了一定的创新和改革,美国的个别州也相继开展了法典化工作,如路易斯安那州和马萨诸塞州等。在法律数量激增、法律体系日益成熟的背景下,美国于19世纪末开始了对美国建国后除独立宣言、联邦条例和联邦宪法外,所有立法的统一编纂的工作,并相继制定了《美国法典》和《美国联邦行政法典》。美国法典编纂不同于法国或者德国,更类似于以一种体系化的方法对现行法律的汇编,并不产生新的法律规范,但又是以主题的方式对立法的重新编排和梳理,不能等同于一般的法律汇编,而是吸收了大陆法系法典的体系化内涵而成的“法律汇编式法典”。[2]

近现代环境立法样态:这一时期,环境法典的编纂仍处于空白阶

---

〔1〕[美]约翰·亨利·梅利曼:《大陆法系》(第2版),顾培东、禄正平译,法律出版社2004年版,第31页。

〔2〕封丽霞:《法典编纂论——一个比较法视角》,清华大学出版社2002年版,第132页。

段。在环境立法方面,随着欧洲文艺复兴和工业革命的开始,环境问题逐渐显现出来,较为严重的是在水污染和大气污染两个方面。然而,由于这一阶段法典所关注的重点在于对社会和国家新秩序和新制度的建构上,所以环境保护立法仍主要以单行法的形式存在,并未呈现明显的法典化趋势。由于经济发展程度的差异,这一时期环境立法主要存在于最早开始工业革命的英国。在大气污染防治领域,英国政府先后出台了1863年《制碱业管理法》,规定了防止氯化氢等有毒气体扩散的内容;1926年《公共卫生法(消烟法)》,对会产生大气污染的工业设施和生活设施的建设和管理进行了规定;1913年出台了《煤烟防治法》等。在水污染防治领域,英国政府先后制定了1847年《河道法令》,对公共供水水源的保护进行了规定;1858年《大都市城市管理法修正案》对排入泰晤士的污水进行了限制;1876年制定的《河流防污法》,不仅是英国历史上第一部水污染防治法,更是世界上第一部水污染防治法。[1] 这一时期,由于我国经济发展较为缓慢,环境立法也基本处于停滞状态,故仅在部分时期出台了数部环境保护单行法。

(三)20世纪中后期:环境法法典化的潮流伊始

20世纪中后期,经济发展取代社会制度的构建,成为主旋律。这一阶段,欧洲各国的法制体系也发生了巨大变化,法典所具有的滞后性特点与飞速发展的社会经济环境显现出越发明显的冲突。这使越来越多的法典以外的法律形式的出现,大陆法系国家也出现了越来越多的单行法和司法判例,原因有二:一是为了弥补法典本身的漏洞和滞后性,及时解决新兴的社会问题;二是为了通过司法判例对解释与适用法典中的一般条款,使法典具有更强的适应性。

在这一背景下,随着欧洲各国经济水平和科学技术的不断提高,对自然资源的消耗日益增加,对生态环境的破坏也越发突出,并且开始对公众的生产生活和社会经济产生实质性影响。欧洲各国环境立法数量也大幅增加,环境法制体系日益成熟。发展至20世纪末,环境法已经成为一个独立的法律部门。但是,随之而来的是环境立法之间所存在

---

〔1〕 蔡守秋主编:《环境资源法教程》,高等教育出版社2004年版,第21~22页。

的交叉、重叠和冲突的问题越发突出，并且严重阻碍了环境法治发展。这使传统的大陆法系国家开始尝试选择法典化的形式作为优化环境法律体系、实现环境立法的精细化和法律重组的重要手段，尤以瑞典、德国、法国、荷兰等具有法典化传统的国家为代表。

究其原因，一方面是由于环境立法和政策梳理繁多、内容庞杂，环境立法的重叠、冲突和交叉问题严重，影响环境执法和环境司法的有效性。随着整合环境立法的呼声高涨，在环境法学界，学者们也开展了一系列关于环境法典的研究和讨论，其中，1995 年 2 月在比利时的根特举行的主题为“环境法的法典化”的国际会议，即是环境法典编纂过程中极具代表性的学术研讨会之一。在这次会议中，欧洲各国学者们就各自国家的法典化背景、实践经验和环境法法典化意向进行了探讨交流，并对各自国家开展环境法法典化的可行性进行了分析。此外，这次会议也进一步厘清了欧洲各国环境法发展所面临的主要问题，即大量的环境立法使法律的碎片化和分散化问题凸显，加之繁多的环境政策无法得到有效实施，使有效整合环境法律法规的实现法律体系的系统化已经成为多数欧洲国家需要开展的首要任务。[1] 另一方面，欧洲大陆法系国家深受法典化运动的重要影响，具有较为悠久的法典编纂文化，并对法典的体系化功能具有较高的认可度，这使法典作为传统的法律整合路径成为欧洲大陆法系国家的优先选择。经过对法典编纂经验的累积和沉淀，法国、德国和瑞典等国对编纂环境法典具有极大热情和信心。并且，各国在环境法法典化的过程中都深受 19 世纪各国法典编纂文化的影响，延续了本国法典编纂的理念与精神，这也拉开了欧洲环境法法典化的潮流，在此后的数十年间《瑞典环境法典》《法国环境法典》《意大利环境法典》，以及颇具影响的《德国环境法典（草案）》先后出台。

在欧洲以外的地区，其实更早地出现了环境法典的身影。例如，

[1] H. Bocken & D. Ryckbost, *Codification of environmental law: Proceedings of the International Conference*, in H. Bocken & D. Ryckbost, ed., The Hague, Kluwer Law International, 1996, p. 217.

1974 年南美洲的哥伦比亚制定的《自然资源和环境保护国家法典》,即框架性环境法典的典型代表之一。[1] 1977 年,东南亚的菲律宾所颁布的《菲律宾环境法典》,则属于综合性的环境法典,更类似于对其本国环境立法的汇编,在法典的体系性和逻辑性等方面存在较缺陷。这些地区环境法典的制定与其本国政治经济发展阶段密切相关,都属于欠发达地区,环境法制化程度较低,环境立法相对较少,因此也较为容易进行环境法律体系的改革和立法形式的创新。

二、潘德克顿式法典的框架分析

边沁把法典定义为一套内容十分完整、具有严格的逻辑顺序且用语精确的综合性法律规定的总和。根据他的观点,法典必须使用严格一致的术语结构严谨,各部分内容之间不能有冲突矛盾之处;应该对一切有可能发生的案件都作出明确规定,内容应十分完整以致无须用注释或判例的形式加以补充。这样在适用法律时就不会存在争议。[2] 艾伦·沃森认为,法典"基本上指一种成文的作品,它用于对广泛的法律领域里的最根本的原则和基础规范,做权威性的陈述,诸如整个司法、商法,或者刑法,以及整个刑事或民事诉讼法。这样的法典是极其庞大的"。[3] 也有学者认为,法典是"把某一类法律全部集中起来构成单一的全集,它实行的是法律和法规的集成,大多数州一般称之为《汇编法》"。[4] 关于法典定义和功能的不同理论观点,体现在实在法层面,也产生了不同类型的法典模式,并对环境法法典化产生了深远影响。

如前所述,潘德克顿法学是在历史法学派的基础上演变而来的,是《德国民法典》编纂所运用的立法技术模式。这一学派假定:"法律实

---

〔1〕 彭峰:《法国环境法法典化的成因及对我国的启示》,载《政法论丛》2010 年第 1 期。

〔2〕 封丽霞:《法典编纂论——一个比较法视角》,清华大学出版社 2002 年版,第 152 ~ 153 页。

〔3〕 [美]艾伦沃森:《民法法系的演变及形成》,李静冰、姚新华译,中国政法大学出版社 1992 年版,第 144 页。

〔4〕 [美]彼得·G. 伦斯特洛姆:《美国法律辞典》,贺卫方、樊翠华译,中国政法大学出版社 1998 年版,第 10 页。

体内容是自然发生的现象或资料，法律科学家从中可以发现某些原则和关系；如同自然科学家从物理现象中发现自然规律一样。它理想的法律体系是：个别规则都从基本概念中推出并分类。”[1]在这一学说体系下编纂的《德国民法典》首创了法典的演绎式五编体例，遵循着从抽象到具体、从一般到特殊的原则，这也使该部法典被描述为“优良的法律计算机”，“或许任何时候都是具有最精确、最富有法律逻辑语言的私法典”。[2] 可见，潘德克顿式的法典编纂模式是实现法律内部逻辑自足的方式，是将法律构筑为概念化、逻辑化与体系化的法律形式。具体而言，首先，潘德克顿法学的概念化体现在潘德克顿法学本身就是由概念法学历经历史法学发展而来，其核心观点之一，即通过对法律进行精深的演进就能获得全面的法律，且对法律概念的研究不仅能解释法律规则，还能帮助人们获得新的法律规则。其次，它的逻辑化体现在大陆法系国家的法律传统中，即“抽象——具体”的逻辑结构。正如卡尔·拉伦茨将《德国民法典》的逻辑化表述为：“借着将抽象程度较低的概念寒舍于‘较高等’之下，最后可以将大力的法律素材归结到少数‘最高的’概念之上。此种体系不仅可以保障最大可能的概观性，同时也可保障法安定性，因为设使这种体系是‘完整的’，则于法律体系范畴内，法律问题仅借助逻辑的思考操作即可解决。”[3]最后，体系化体现为在法典体例和框架结构层面，受潘德克顿式《德国民法典》的影响采用了总分的外在框架结构，在体例上采用了五编制的模式，共分为总则、债权、物权、亲属和继承。这种总分的模式，是法典从抽象到具体的显现，是运用提取公因式的方法，将分则中的规定抽离出来，从而形成总则。

德国环境法法典化延续了《德国民法典》的编纂精神和基本体例，分为总则和分则两部分，以构建一部最完美的环境法典为目标。受潘

---

〔1〕 高富平：《民法法典化的历史回顾》，载《华东政法大学学报》1999 年第 2 期。

〔2〕 [德]K. 茨威格特、H. 克茨：《比较法总论》，潘汉典等译，贵州人民出版社 1992 年版，第 250 页。

〔3〕 [德]卡尔·拉伦茨：《法学方法论》，陈爱娥译，商务印书馆 2003 年版，第 317 页。

德克顿式法典编纂形式的影响,《德国环境法典(草案)》在总分结构之下,对其本国环境法律法规进行了高度精细化的梳理和逻辑编排。德国在制定环境法典的过程中实现了多种立法技术的综合运用,并且时刻以建立高度体系化和综合化的环境法典为目标。例如,对于综合性的项目审批,希望通过建立综合性审批制度,简化整个审批流程,即通过一个机构、一个审批手续替代原有的多重审批手续和流程,从而实现缩短审批时间、提高行政效率的目的。[1]

《德国环境法典(草案)》在编纂过程中所遵循的体系化和系统化思路,可以为我国环境法法典化提供借鉴意义,因为尽管该法典最后并未获得通过,但在其编纂过程中实现了对本国法律法规的精细化梳理和整合,产生了《水资源管理法》《自然生态保护法》和《环境法规清理法》等立法成果,也进一步明确了德国环境保护主管部门的职权范围。[2]

另外,基于潘德克顿法学体系,但却呈现出不同形式特征的环境法典可以被称为"基本法"式的环境法典。这类法典更近似于以"法典"之名,行"基本法"之实。因此,实质而言,这类法典并不完全具备传统大陆法系法典的特性,因此内容也相对来说更为原则化和抽象化,更多的是对一些基本原则和制度的规定,对于具体的法律规范规定得则较少,发挥的是对其他法律规范的统领和指导作用。

《哈萨克斯坦共和国生态法典》正是这类"基本法"式法典的典型代表。该法典在哈萨克斯坦发挥着环境基本法的功能,是调整本国公民、法人和政府机构在哈萨克斯坦领域内从事商业或其他活动的过程中因保护和恢复环境,使用和再生产自然资源而引起的法律关系的基本法。《哈萨克斯坦共和国生态法典》颁布于 2007 年,是在对其本国原有的环境保护法进行整合的基础之上形成的。该法典共分为 9 编 47 章,分为总则和分则两个部分,总则内容涵盖了立法目的、适用范围和原则等一般性规定,具体包括:"一般性规定""基本制度""经济调

[1] 李明华:《环境法典立法研究:理念与方法》,法律出版社 2016 年版,第 150～151 页。

[2] 张璐璐:《德国环境法法典化失败原因探究》,载《学习交流》2016 年第 6 期。

控”“生态监督”“生态监测与资料清单”“紧急生态情况与生态灾害区”“生态环保教育、研究与国际合作”；分则则对环境许可、政府环境控制、环境监测与登记管理、环境应急、环境教育、自然资源保护以及环境纠纷解决机制等方面进行了规定，分为“对生产经营者的环保要求”和“生态环境违法责任与纠纷解决”两篇。

如前所述，《哈萨克斯坦共和国生态法典》的功能更偏向于其本国环境基本法，对其他环境立法发挥着统领和指导作用。哈萨克斯坦作为发展中国家，之所以能较早地颁布生态法典，一方面是由于该法典并非传统意义上的法典，而是类似于传统“总—分”式法典的“总则”部分，其内容多为原则性和一般性规定。但与此同时，我们也需要注意到，该生态法典中也对一些重要法律制度作出了较为详细的规定。例如，环境影响评价制度，该法典中不仅对环评制度的定义进行了明确，还对环评制度实施中涉及的一些技术性细节问题进行了较为详细的规定。另一方面，哈萨克斯坦作为发展中国家，与发达国家相比，其本国法律体系建设起步较晚，尚未形成稳定的法律传统，国内法律文化的阻力较小，因而更容易接收其他国家的法律体系建设经验，虽然《哈萨克斯坦生态法典》内容较为概况，但是其主体结构借鉴了瑞典环境法典，法典本身具有较强的开放性、框架性，这也是哈萨克斯坦能够较早制定生态法典的又一原因所在。由于哈萨克斯坦生态法典这种基本法的特点，使哈萨克斯坦政府相继制定了《哈萨克斯坦共和国水法典》《哈萨克斯坦共和国森林法典》《哈萨克斯坦共和国土地法典》等环境立法，与生态法典平行适用。《哈萨克斯坦共和国生态法典》在一些具体条文的编排和内容的设置方面，可为我国环境法典编纂提供借鉴意义，尤其是对我国总则部分内容的编排。

菲律宾作为自然资源富饶的东南亚国家，是另一个制定基本法式环境法典的国家。《菲律宾环境法典》颁布于 1977 年，共 7 个部分，64 条。该法典主要包括空气质量管理、水质量管理、土地使用管理、自然资源管理与保护、废弃物管理、与环境保护相关的其他问题以及效力 7

个部分。[1] 可见,《菲律宾环境法典》并没有采用传统的"总—分"结构,而是依据环境法调整的不同领域进行划分,并且分别在每个部分中规定立法目的、标准和制度等内容,该法典对标准及监测规范尤为重视,与该法典平行适用的是《水法典》《渔业法典》《森林改革法典》。这种多部法典并行的结构,也使菲律宾本国环境法律体系较为复杂,丰富有余而体系性不足。

三、汇编及并行式法典的框架分析

汇编式的法典编纂模式,与通常意义上的法律汇编不同。一般而言,法律汇编是指依据法律文件的制定机关、效力等级、颁行时间、性质或内容等标准进行分类、集中,并加以系统编排,汇编成册。在法律汇编的过程中,不能对某部法律法规的体系结构进行改动、分解,甚至重组,也不能对法律文件内部篇章编排进行修改,而仅仅是以体系化的模式对大量法律法规的汇总。这些法律汇编的特质,也使在法律汇编的过程中不会产生新的法律规范,而这点也是与汇编式法典编纂模式较为相近的一点,因为汇编式法典编纂模式也不是以构建新的法律规范体系为目标。但就立法技术层面而言,汇编式法典编纂模式无论是在对法律技术水平的要求,还是在法律变动的程度和幅度等方面都远远大于法律汇编。具体而言,在框架结构方面,汇编式法典一般以"主题"作为划分标准,每类主题下则是这类主题所涵盖的法律规范的综合性集合,而法律汇编一般是以法的等级、颁布时间或者制定主体为标准进行分类的法律统合。并且,法律汇编不会改变每部法律原有的形态和架构,而汇编式法典则是对法律法规的拆解和重组,难以完全保持某部法律的原始样态。概言之,汇编式法典编纂模式不同于对法律的简单的体系汇编,而是以一定的逻辑对现行的法律法规进行重整的汇编活动,是一个对法律的梳理、整合、重组的过程。在这一过程中并不会产生新的法律规则,或者重构法律规则,而更倾向于是一种对现行法

---

〔1〕 岳小花:《菲律宾的环境立法与法典化》,载陈甦、[波兰]佛朗西斯科·龙骧·柏瑞尔等主编:《法典化的理论与实践——中国与波兰的比较》,社会科学文献出版社 2019 年版,第 214~222 页。

律法规进行技术性拆解、分类和重新组合的工作。可见,汇编式法典虽然不像潘德克顿式法典编纂模式那样追求法典内部的体系化和逻辑自洽,但也体现了该法典对法律体系化和精细化的追求。

《法国环境法典》是典型的形式性法典,采用的是汇编式法典编纂模式。如前所属,它的主要作用在于对其本国法律的整理与汇编,这也使这部法典几乎收纳了法国在过去30年间所有的环境法律法规。法国于1989年正式开始着手开展环境法典编纂工作,并于2007年通过了法典的全部内容,耗时近20年。《法国环境法典》的立法部分于2000年获得通过,此时立法部门共六卷内容。时隔三年后,也就是2003年,增加了第七卷关于南极环境保护的规定,并由此形成了现行《法国环境法典》立法部门的七卷结构。《法国环境法典》的行政法规和附录部分则于2007年获得通过。至此,《法国环境法典》正式出台,也宣告着法国环境法法典化工作告一段落。尽管,该法典采取了形式性法典编纂的模式,但并不是将所有环境法律法规进行简单的汇编,而是通过系统的整理工作,对大量的环境法律法规进行详细梳理和编排,从而保障了该法典内在结构的稳定性。

如前所述,《法国环境法典》由立法、行政法规和附录三部分构成。该法典在立法部分同样采用了"总—分"结构,共分为七卷。第一卷为总则,第二至七卷为分则,其具体内容包括"物理环境""自然空间""自然遗产""污染、风险和损害的预防""适用于新喀里多尼亚、法属波利尼西亚、瓦利斯和富图纳、法属南方和南极洲领地和马约特岛的规定""南极环境保护"。可见,该法典在结构上并未遵循同一划分标准这一逻辑规则。细化到特定的部分,以第二卷"物理环境"为例。该卷包括两编:第一编是与水域和海洋要素有关的规定,第二编是与空气和大气有关的规定。其中,第二编包含九章,分别是:空气质量检测和信息公开制度;低碳、大气保护、城市交通、污染物排放等规划;应急措施;大气污染防治和合理利用能源的技术措施;相关财税规定;相关检查与惩罚;放射性物质相关规定;其他规定;以及温室效应问题等规定。[1] 不

〔1〕 莫菲:《法国环境法典化的历程及启示》,载《中国人大》2018年第2期。

难发现,此编的结构不仅没有符合穷尽母项规则,也并没有运用同一划分标准的逻辑规则。另外,第二编将温室效应作为与大气污染同一层级的环境问题与具体的大气污染防治措施处于平行位置,这也体现该法典在逻辑结构上存在的问题。我国在编纂环境法典的过程中,需要注意这些问题。

另一种环境法典编纂模式是法典与单行法并存,也称为授权式法典编纂模式。这种法典编纂方式通过制定单行法弥补法典在处理某些新型的法律问题上的滞后性和空白点,并且避免了由于频繁修订法典,而对法典的权威性和稳定性产生威胁的问题,同时也省去了法典修改而耗费的巨大的法律、经济和社会成本。而这种法典、单行法和判例并存的"混合制度"也越来越多地出现在世界各国,无论是在法典文化传统颇深的大陆法系国家,抑或是在遵循判例法的普通法系国家。

《瑞典环境法典》是较为典型的授权式法典,采用的是"以法典为主,辅之以单行法"的模式。瑞典的环境法法典化工作起始于1989年,历时近十年,最终于1998年通过,并于1999年1月1日起生效。瑞典也是欧洲较早制定环境法典的国家,在继承传统大陆法系法典编纂传统的同时,也根据环境法本身的特点在环境法典的体系结构层面进行了一定的突破和创新。《瑞典环境法典》是由《自然资源法》《自然保护法》《动植物法》《环境保护法》《健康保护法》《水法》《农业用地管理法》《转基因组织法》《化学品法》《生物杀虫剂法》《林地杀虫剂法》《公共清洁法》《禁止向水体倾倒废弃物法》《环境损害法》等环境法律所组成,约500个条文,其内容几乎涵盖了绝大部分环境污染和生态破坏行为。[1] 就法典形态而言,《瑞典环境法典》不同于传统的形式性法典或者实质性法典,而是采取了较为折中的法典编纂模式来制定其本国环境法典。《瑞典环境法典》在选择"总—分"式法典框架结构的同时,并没有根据环境法调整的领域作为划分分则各编的分类标准,而是从体系化视角出发,将自然保护置于分编之首,突出其本国重视自然资源保护的目标。综观《瑞典环境法典》的体系结构,可以发现,它是对瑞典

---

〔1〕 夏凌、金晶:《瑞典环境法的法典化》,载《环境保护》2009年第2期。

环境法律体系进行了一定程度的创新,这也使其本质上更倾向于实质性法典编纂,又并不像实质性法典编纂那般实现对其本国环境法体系的颠覆性重构与革新。

就法典具体结构而言,《瑞典环境法典》共分为七个部分,分别是:总则、自然保护、关于特定活动的特殊规定、案件与争议事项的审查、监督等、处罚和赔偿。[1] 该法典采用从抽象到具体的立法技术,并没有根据环境法调整范围来划分总则以外的其他各编,而是以制度功能为标准形成"从预防到管制再到救济"的法典分则逻辑脉络。[2] 这使得总则和分则之间的划分遵循了互不相容规则,同时在各分编之间又遵循同一标准规则进行逻辑划分,由此实现了法典体系结构的逻辑自洽。但是,由于环境问题的多元化和复杂化特点,诸如《民用航空法》《公路法》等法律中关于环境保护的规定并未被纳入其中,这又有违穷尽母项规则。在实践中,该法典通过与单行法的顺畅衔接,弥补了这一外延性问题,这也是《瑞典环境法典》可为我国环境法典的体系结构设计提供借鉴意义的表现之一。

四、对我国环境法典框架的借鉴意义

基于上述环境法典结构模式可见,在环境法法典化过程中,应确定适合本国法典化目的的环境法典模式,综合权衡"总—分"式法典外部框架的利弊,明确环境法典制度体系构建的内在逻辑,并对一般条款的功能与设置进行综合性的考察与研究。

(一)结合二元目的论建构开放学习型法典

就规范体系和规范内容而言,在体系层面,应通过构建开放式的框架结构体系,形成"总则编和分编"的架构形式,以平衡上述变动性与稳定性之间的冲突。具言之,"总则编"以环境问题发生的一般规律为基础,构建以环境利用行为规制为核心的一般性法律规范,包括基本原则、机构设置规则、基本制度规则以及一般程序性规则。而"分编"当中则可以设置以典型行为规制为内容的"行为规制编"和以生态系统

〔1〕 竺效:《瑞典环境法》,法律出版社 2018 年版,第 1 页。

〔2〕 夏凌、金晶:《瑞典环境法的法典化》,载《环境保护》2009 年第 2 期。

功能保护为目标的“生态保护编”，使“分编”构成典型性规制加整体性保护的“典型列举—整体补充”的体系，以涵摄整体生态系统平衡保护的内容。其中，现有以行为规制为核心的相对成熟的污染防治法和资源保护法可以直接纳入“行为规制编”之中。如果未来环境保护科技实践对其他具有典型性的不当环境开发利用行为形成了更加清晰、系统的认识，并且具备对此类行为实施法律规制的客观条件，可以将针对此类行为制定的行为规制立法纳入“行为规制编”中。上述开放框架体系，在回应了环境法律规范科学性的基础上，能够在环境保护科技实践不发生颠覆性改变的前提下，最大限度地保证环境法律规范稳定性。而在规范内容层面，需以保证环境法律规范内容的科学合理性为目标，以生态环境规律的科学认知为标尺，全面检视现有环境法律规范中权利义务配置情况，对内容脱节的环境法律规范予以修改或重新设计。

就环境法典的“学习机制”而言，基于环境法回应环境问题的使命，环境法律规范在内容上需要反映生态环境规律。如果在立法之初直接将生态环境规律的内容融入环境法律规范，不仅会造成环境法律规范内容的复杂性、不明确性，也会使得在环境保护科技实践向前发展时，规范内容面临发生变动的挑战。为回应上述挑战，可以在环境法典内部建立“学习机制”，形成保障环境法律规范与生态环境规律动态融合的法律制度，即在形式上环境法律规范与体现生态环境规律的环境标准保持各自独立，但是通过相关法律制度的设计将两者结合为一个有机的规范整体。此种“学习机制”具体指向环境标准法律制度，环境标准法律制度能在充分尊重法律本身运行规律的同时，实现环境法律规范与生态环境规律的有序动态融合。具体而言，环境标准法律制度应由环境标准援引法律制度、制定修订法律制度和适用法律制度构成。一是通过援引法律制度，保证环境标准与环境法律规范的形式相契合并融入环境法律规范；二是通过制定修订法律制度，保证环境标准内容与生态环境规律的契合性；三是通过适用法律制度，保证环境标准所体现的生态环境规律能够通过环境法律规范对具体行为产生约束。进而在保证环境法律规范内容科学合理性的同时，最大限度地确保法律规范的稳定性与权威性。[1] 可以说，作为“学习机制”的环境标准法律制度，能够通过保障环境法律规范和生态环境规律的动态融合，在保证法律规范内容科学性的同时，最大限度地维护法律规范的稳定性。

法律的演进与发展依托于社会生活，法律也是对社会需求的功能性回应。[2] 一国法典模式的选择，也与其本国法律传统、社会经济发展条件和现实需求密切相关。因此，我国在环境法典结构设计过程中，应在吸收借鉴外国环境法典模式经验的同时，积极回应本土化需求，将本国的法制建设和社会经济发展的现实需求纳入考量范围，从而实现我国环境法典“西方化”与“本土化”融合与创新，推动我国环境法制走向成熟。[3] “适度化”的法典模式既在这一语境下提出，即是在借鉴瑞典、法国和德国环境法典编纂经验的基础上，综合考量我国法制、社会和经济发展的现实需求，所遵循的类似于《瑞典环境法典》的“框架性的实质编纂”的法典模式。[4]

（二）综合权衡“总—分”式法典外部框架的利弊

“总—分”式法典结构是各国法典普遍采用的框架结构，同时也是我国刑法典和民法典所采用的框架结构。目前，这一模式的整体框架结构选择也已在我国环境法学界达成共识。基于形式理性的要求，体系化的法典结构设计不仅要实现内部逻辑自洽，同时要实现法典整体内结构的融贯性和整体性。“总—分”结构的适用，不仅在立法技术上避免了法律条文的重复，而且也避免了由于同一法律术语在法典不同部分出现而产生的歧义问题。具体而言，法典的总则部分通过抽象的立法技术提炼出具有普遍性的规定，阐释法律原则和法律制度中所包含的共同要素，运用“提取公因式”的方法，将具有普适性和一般性的理念、原则和制度从现行的环境法律法规中抽离出来，如立法目的、适用范围、基本原则、环境保护的一般权利和义务、科研、教育以及具有指

---

〔1〕 周骁然：《环境标准法律制度研究》，中国社会科学出版社2020年版，第124～125页。

〔2〕 谢鸿飞：《历史法学的思想内核及其中国复兴》，载《中国法律评论》2015年第2期。

〔3〕 苏力：《法治及其本土资源》，中国政法大学出版社1996年版，第216页。

〔4〕 竺效、田时雨：《瑞典环境法典化的特点及启示》，载《中国人大》2017年第15期。

导性和统领性的基本制度等条款;法典的分则部分则可依据同一标准规则划分为不同部分,而每个部分应具有其各自的主题与功能,从而形成体系化的法典制度体系,为实现法典在形式层面与实质层面的目的与追求奠定基础。

但是,对"总—分"结构自身存在的问题也需要予以关注。其中,一个重要的问题是,总则中所规定的普适性条款,尤其是基本制度条款,大部分会在分编中依不同的主题进行细化,因此可能产生法典条文重复的问题,也会对法典内部体系结构的逻辑性产生影响。以规划制度为例,该制度在环境法的各领域中具有一定的普适性,可以适用于污染防治、自然资源保等多个领域,将其纳入总则作为一项基本制度具有一定的合理性与可行性。但是,由于规划内容和主体的不同,在分编各部分中仍然需要根据不同的主题对该制度作出具体化的规定,这可能也是多数环境法律制度都会存在的问题。然而,如果因此导致这类制度性规定或者权力义务性规定被分别设置于分编的不同部分之中,又会使总则的内容过于单薄,且难以发挥其应有的功能,同时也会限缩法律解释的空间,从而放大法典内容的滞后性问题。

总体而言,尽管"总—分"结构的环境法典框架具有一定的局限性,并且可能出现由形式化特质所带来的一些负面效果。但权衡之下,"总—分"结构是当前最为符合我国环境法法典化需求的选择。

(三)明确环境法典制度体系构建的内在逻辑

清晰的环境法典内部逻辑是保障环境法律制度体系化和系统化的必要条件。尽管瑞典、法国和德国等国的环境法典在内容编排上各不相同,尤其是在分则部分的编章设置具有较大差异性,但是他们各自都具有一条较为清晰的逻辑线索。例如,《瑞典环境法典》的分则部分,以制度功能为依据的划分模式建构了以"风险预防—过程控制—损害救济"为脉络的制度体系。具体而言,该法典的分则部分首先从对自然资源和生态环境的保护入手,规定的重点在于预防环境风险。随后通过对特定活动的具体规定,对水务作业、矿产资源开采、农业和基因工程等可能产生环境污染和生态破坏的活动进行过程控制,以实现防止环境污染和生态破坏的目的。最后一部分对司法审查和损害救济途径予以规定。《法国环境法典》虽然采取了形式性法典编纂的形式，属于对法典的系统性汇编，但是根据其内容的编排和条款的设置，仍然可以发现，该法典是按照环境行政权限对法典内容进行吸收和划分。但是，这种划分方式使在解决诸如森林、矿产等自然资源问题上略显无力，因为涉及多个行政主管部门，也使类似问题未被纳入法典之中。

可见，尽管各国在编纂环境法典时都选择了适合本国法典的内在逻辑思路，但是根据上面的分析我们也可以发现，并不是每种内在逻辑都能形成清晰有序的外在结构体系。根据《瑞典环境法典》的编章设置，我们能较为轻松地厘清其内在逻辑编排，但是浏览《法国环境法典》编章之后，如果不仔细研究其内在条文，则很难摸清其内在的逻辑线索和编排依据，并且由于其选择的环境法典调整范围的划分依据具有较大的局限性，使很多本应纳入法典的内容无法被涵盖。

我国在环境法典编纂的过程中应首选明确我国环境法典的内在逻辑体系，且这一体系不仅应关照法典内在结构的逻辑性，还应保障法典外部结构形式的清晰性。如果按照环境法传统调整领域来划分法典的分则各编，就需要首先解决自然资源保护所涉及的多行政主管部门的职权划分与工作衔接问题。此外，还需要处理好污染防治与自然资源保护二者所存在的交叉部分应如何衔接的问题。如果我国环境法典编纂选择借鉴《瑞典环境法典》的"风险预防—过程控制—损害救济"的编纂思路，需要考虑的问题之一，即如何设置法律责任条款，是单独成编还是放置于每编之后，以及如何处理环境法典中的法律责任与《民法典》《刑法典》等相关立法中的法律责任的衔接问题。

（四）精细化考察一般条款的功能与设置

所谓"一般条款"是指法律文本中的某些不具有确定的内涵和外延，又具有开放性的指导性规定，其文义通常是空泛的、抽象的，是对立法者的价值倾向的表达，其具体内涵需要法官在具体个案中依据价值判断予以具体化。[1] 一般条款又可分为法律原则性的一般条款和具

---

〔1〕 梁慧星：《民法解释学》，中国政法大学出版社 1995 年版，第 298 页。

体领域中的一般条款。[1] 一般条款在德国兴起，又在多国法典中被广泛应用，我国民法典制定中的一般条款问题也受到了民法学界的广泛关注。在实践中，一般条款本身所具有的抽象和宽泛特质，使其具有了开放性和弹性空间，从而有助于解决法典滞后性问题，并且在一定程度上保障法典结构的稳定性，而这也是一般条款的主要功能所在。[2] 然而，也正是由于一般条款所具有的抽象性和宽泛性特点，导致该类条款本身以及整部法典的不确定性有所增加，因为一般条款的存在即意味着赋予了执法和司法人员一定的自由裁量权，可能对法典的权威性和可预见性产生影响。

在环境法典结构设计过程中，通过"提取公因式"的方式在总则中规定环境法领域的基本原则和基本制度已经成为共识，这其中便包含一般条款。同时，在分编部分需要根据分编中各部分的具体内容，确定是否需要设置该领域的一般条款，以及如何设置一般条款，以解决由此引发的不确定性问题，实现一般条款与具体条款间的有机衔接与和谐。

第二节　中国环境法典基本模式的论争

法典编纂有两种最主要的模式：形式编纂与实质编纂。我国环境法典编纂模式的选择需要综合考虑实际需要。环境法典编纂要求很高，尤其是实质编纂的标准更高。我国的环境法经过多年的发展，在自然保护、污染防治、生态保护、特殊环境等领域，皆不乏环境法律规定。一般环境立法的发展路径是由单行法到基本法再到法典的过程。我国拥有大量环境单行法，《环境保护法》作为基本法的定位虽然存在一定的疑问，但总体来说，我国环境法律体系已初步形成，我国也作了一定的环境法典理论研究，积累了刑法典、民法典的编纂经验。"法典编纂

---

〔1〕 周叶中、叶正国：《论基本法一般条款的功能和适用》，载《北京联合大学学报（人文社会科学版）》2014 年第 1 期。

〔2〕 朱芸阳：《论民法上的一般条款的理念和功能》，载《湖北社会科学》2013 年第 4 期。

的形式是法典化目的的外在表现，并直接影响法典结构的设计路径。”[1]在进入有关实质法典化与形式法典化的讨论之前，还有必要回顾是否要进行环境法法典化，即环境法法典化与反法典化两种观点之间的争鸣。

一、环境法法典化与反法典化

随着民法典编纂开启的“法典编纂的文艺复兴”，我国理论和实务界也掀起了关于环境法是否需要法典化的大讨论。从既有的讨论来看，大致可以将其分为支持环境法法典化与反对环境法法典化两派。[2]

（一）环境法法典化的理论基础与实践

当前已出台环境法典的国家主要集中在欧洲地区，部分非洲国家以及其他国家，还有很多国家正在编纂环境法典或处于准备环境法典编纂的前期工作中。基于欧洲的环境法法典化运动，一国环境立法越完善，其发展就越向体系化和法典化靠近。欧洲国家中的瑞典、法国、德国、意大利具有代表性，它们将本国环境法律进行了整合和改造，分别进行了形式法典化与实质法典化的尝试。其中，《瑞典环境法典》与《德国环境法典（草案）》属于实质法典化，法国和意大利环境法典被划分为形式法典化的范畴。相关内容在本章第二节已作介绍。除此之外，菲律宾、爱沙尼亚、俄罗斯、白俄罗斯等国家也已经出台或者正在制定环境法典。

支持环境法典编纂的学者认为，环境法典的编纂可以使环境法法

---

〔1〕 朱炳成：《形式理性关照下我国环境法典的结构设计》，载《甘肃社会科学》2020 年第 1 期。

〔2〕 [德]弗兰茨－约瑟夫·派纳：《公法法典化的思考——以环境法和营业法为例》，载范健主编：《中德法律继受与法典编纂》，史仲阳、乔文豹译，法律出版社 2000 年版，第 253～260 页；张梓太、李传轩、陶蕾：《环境法法典化研究》，北京大学出版社 2008 年版，第 5～20 页；彭峰：《法典化的迷思：法国环境法之考察》，上海社会科学院出版社 2010 年版，第 10～40 页；张梓太：《论法典化与环境法的发展》，载《华东政法大学学报》2007 年第 3 期；吕忠梅、窦海阳：《民法典“绿色化”与环境法典的调适》，载《中外法学》2018 年第 4 期；黄锡生、史玉成：《中国环境法律体系的架构与完善》，载《当代法学》2014 年第 1 期；党庶枫、郭武：《中国环境立法法典化的模式选择》，载《甘肃社会科学》2019 年第 1 期等。

律制度高度统一、体系完备、逻辑清晰。他们从理论出发,认为不断发展壮大的环境法应当进行法典化,通过法典编纂可以推动环境法律制度向更高的阶段发展,更好地发挥环境法律制度的功能。同时,从环境法发展的实际来看,环境法的作用领域十分广泛,各种调整对象纷繁复杂,不同层级的法律法规数量众多,因而十分有必要制定高度统一、系统综合的法典来统一环境法,建立环境法部门内各种法律规则的有机联系。持上述观点的学者有很多,主要集中在欧洲大陆国家。例如,有专家提出,环境法典能够对不同环境领域进行必要的统一,并将不同的法律规则有机联系起来。[1]

针对我国当前环境立法中存在的具体问题,支持环境法法典化的论者就环境法法典化的必要性展开了一系列分析:(1)从世界范围来看,人们已经总结出环境法的作用、结构和原则,并勾勒出了环境法的轮廓与特征,[2]使环境法发展成为一个稳固的法律领域。我国也基本形成了以《环境保护法》为核心,以污染防治法、自然资源法和生态保护法为主体,专项立法并行的环境法律体系。将上述繁杂、重复、冲突的环境法渊源进行体系化、统一化和综合化,正是环境法典议题形成的出发点和归宿。(2)我国环境与资源保护法律已占国家全部法律的十分之一,"若没有环境与资源保护的急迫需求和环境法学理论成果的大量跟进,环境立法的这种'繁华'是不会存在的"。[3] 我国环境法学共同体既然有能力支撑起单行环境法律的繁荣,也势必能够为环境法典的编纂保驾护航。(3)"基本法+单行法"模式有其自身优势和历史贡献,但其在结构上仍然处于零散状态,单行法不断修订的过程中将产生规则"逸出"、逃离基本法约束等弊端,而且将《环境保护法》与各单

---

〔1〕 Veinla H, *Codification of Environmental Law, Major Challanges and Options*, Journal of Periodontology, Vol. 76:8 (2007).

〔2〕 [德]弗兰茨-约瑟夫·派纳:《公法法典化的思考——以环境法和营业法为例》,范健等主编:《中德法律继受与法典编纂》,史仲阳、乔文豹译,法律出版社2000年版,第255页;

〔3〕 汪劲:《环境法学的中国现象:由来与前程——源自环境法和法学学科发展史的考察》,载《清华法学》2018年第5期。

行法及法规、规章进行“包裹立法”的工作量和难度也并不亚于编纂法典。[1]

(二)反对环境法法典化的理论和实践背景

我国当前持支持环境法法典化态度的学者中,又可以细分为“即刻编纂派”[2]和“延期编纂派”[3]。由于绝对的环境法非法典论甚少,“延期编纂派”所持暂不宜编纂环境法典的观点就实际上充当了反对环境法法典化的角色。因此笔者将“延期编纂派”与反对环境法法典化派的观点进行适度整合,形成支持环境法法典化以及反对即刻编纂的环境法非法典化两派。

检视当前的讨论,环境法非法典化论的核心观点包括:(1)法典的刚性与环境法律体系的模糊性、动态性和不确定性难以调和,在环境法律体系仍然处于动态变化、自我整合的情势下,环境法典编纂议题的形成为时尚早;(2)环境法学知识体系和范畴体系仍然处于形成阶段,[4]目前的理论储备和研究队伍尚不足以支撑环境法典的编纂;(3)环境法体系庞杂且与传统法律学科多有交叉,在分散性的行政体制下,环境法典编纂所附带的“牵一发而动全身”特性将带来巨大的协调和统合成本;而且环境法律规范的体系化可以通过法律整理等立法技术实现,编纂环境法典并非唯一手段,继续维持“基本法 + 单行法”模式无疑是更理性、更经济的选择。[5]

从比较环境法的角度观之,意大利学者安德烈亚 · 法里(Andrea Fari)认为,法律间的协调要比法典化更重要,因为法典化仅仅是实现协调的一种方式,环境法学者应当思考一个问题:当下考虑环境法法典化是不是为时过早,因为环境法和其他法律之间的关系还没有完全理

[1] 吕忠梅、窦海阳:《民法典“绿色化”与环境法典的调适》,载《中外法学》2018 年第 4 期。
[2] 吕忠梅、窦海阳:《民法典“绿色化”与环境法典的调适》,载《中外法学》2018 年第 4 期。
[3] 黄锡生、史玉成:《中国环境法律体系的架构与完善》,载《当代法学》2014 年第 1 期。
[4] 张文显:《迈向科学化现代化的中国法学》,载《法制与社会发展》2018 年第 6 期。
[5] 史玉成:《21 世纪中国环境法法典化何以实现?——一个基于比较法视角的粗线条描述》,载 http://www.riel.whu.edu.cn/index.php/index-view-aid-11450.html,最后访问日期:2019 年 6 月 9 日。

清或者得到协调。[1] “自近代以降，任何国家的法典编纂乃至整个立法活动，都离不开对外国或其他地区的法律借鉴。但是，这种借鉴、吸收或移植，并非简单地对他国法典内容的照搬或继受，而是在借鉴过程中首先要分析和鉴别被移植法律的来源及其产生的经济、政治、文化传统以及其他各种社会条件，同时必须研究法律移植国（继受国）的具体国情，包括历史的和现阶段的经济、政治、文化传统和法律体系的状况等；分析本国的某项立法和法典编纂在哪些方面能够汲取外来法的相应养分，即它们之间是否具有融合性。”[2]结合德国、法国、瑞典和意大利等国家环境法典化发展的历程，不难发现它们之间存在的共通之处，其表现在：第一，德国、法国、瑞典和意大利均为欧洲大陆国家，有着法典编纂的传统。这是其环境法典编纂的重要法律文化背景。第二，德国、法国、瑞典、意大利均是发达国家，不仅经济社会发展水平较高，而且法治发达程度也处于世界前列。第三，德国、法国、瑞典、意大利的环境保护和环境法治水平较高。这四个国家都是发达国家，历经三次工业革命之后，其国民经济发展水平较高，国民受教育程度高，并已意识到环境保护的重要性，上述原因也促使这几个发达国家走上清洁生产、绿色发展之路。无论是从环境法律意识的普及程度，还是从环境立法、执法、司法、守法，甚至于环境法律人才队伍的培育情况来说，都必须承认这几个国家拥有较高的环境法治实践水平。第四，德国、法国、瑞典、意大利的环境法典编纂起步较早，理论研究较成熟。德国、法国和瑞典在20世纪七八十年代即已开始思索本国环境法典编纂之路，在此之前其国内就已经拥有大量完备的环境法律制度，对环境法法典化进行了广泛研究与探讨。在这四个国家之中，尽管意大利的环境法发展得较晚，但并不影响其环境法法典化的发展进程。意大利与德国、法国相似的地理人文环境和受欧盟成员国先进环保理念的冲击，使意大利环境

〔1〕 Andrea Fari：《环境法法典化的复杂性及分析——借鉴意大利法律的经验》，载中国法学会环境资源法学研究会网，https://mp.weixin.qq.com/s/bOlqf5AKLQ473lhoJhhi1Q，最后访问日期：2019年5月23日。

〔2〕 刘兆兴：《比较法视野下的法典编纂与解法典化》，载《环球法律评论》2008年第1期。

法自20世纪60年代末以来就逐步向其他西方国家看齐。

当然,德国、法国、瑞典和意大利的环境法法典化发展进程也存在差异,其环境法典编纂走向了截然不同的道路。德国两次环境法典的编纂都力求能够编制出革新性的环境法典,亦即实质性的环境法典。这一目标达成之艰巨程度有目共睹,最终因无法妥协的利益冲动导致德国环境法典的失败。法国环境法典仅是一定数量立法的整合体,它虽然被贴上了"法典"的标签,被称为"法典",实质仍是法律汇编。法国环境法典甚至带来更严重的法律碎片化,其背后是人们始终还未厘清环境法和其他的法律分支之间的关系。意大利环境法典实际上只是环境规范的汇编,或者是法律汇编与法典之间的"四不像"。

反对环境法典编纂的学者内部又可以分为两类:一种是基于否定法典化而认为环境法不应进行法典编纂;另一种是不否认法典化的意义,但认为环境法自身的特点导致其不适宜进行法典化。前者是反法典化理论在环境法领域的自然延伸,认为法典化就是法律制度发展的乌托邦,那种对法律制度形式的完美结构和高度理性的追求是不可能达成的。而后者则认为环境法作为一个新兴的法律部门,调整领域和对象十分复杂、分散,因此调整手段也必须灵活多样;同时,环境法具有科学技术性,科学技术的更新进步对环境法的发展起着重要影响,这就要求环境法律制度具有针对性和常新性,而企图通过制定一部完备的环境法典来实现对环境法律领域的调整是不可想象的。[1] 从世界各国的立法实践来看,环境法典并非当今世界环境立法的主流,它只在少数大陆法系国家或者受大陆法系影响的国家存在,这些国家所编纂的环境法典主要是形式法典,而且在环境法法典化道路上历经挫折与反复。

二、环境法实质法典化与形式法典化

我国环境法法典化主要解决当前环境法律法规碎片化和管理体制交叉重叠等问题,就此已经基本达成共识。但是,对于采用何种编纂形式实现这一目标,仍然存在一定争议。一些观点认为,我国环境法典编

---

〔1〕 李传轩:《环境法法典化的基本问题研究》,载《华东政法大学学报》2007年第3期。

纂应立足于当前环境法治的发展需求，选择“适度化”的法典编纂模式，既追求在实质性法典编纂模式下完整的法典框架结构和逻辑化的内容体系，又不过分追求法典内容和体系的精细化和全面化。[1] 也有观点认为，当前我国并不具备制定实质性环境法典的能力和条件，因而不必拘泥于对法典外观的形式化追求，而应注重法典的实质内容，即通过形式性法典编纂的模式，实现实质性法典化之目的。[2] 可以说，研究焦点已逐渐从中国环境法是否需要法典化以及是否具备法典化的客观条件等前端问题，发展到环境法法典化的目的为何、应当如何实现法典化等实质建构型问题。学界围绕环境法法典化的目的与实现路径问题，形成了“环境法实质法典化”和“环境法形式法典化”两种理论主张，前者旨在通过创制一套互相耦合的规则来系统化地革新环境法律秩序，后者则强调对现行环境法律进行类型化的重述与汇集。

法典编纂形式是法典化目的的直接表现，并直接影响法典结构的设计路径。主流的法典编纂模式包括实质性法典编纂和形式性法典编纂两种。其中，实质性法典编纂是指具有系统性结构、逻辑体系严谨的法典编纂模式，其目的是实现法律规范的体系化，甚至以法典的形式构建新的法律秩序；形式性法典编纂是对所有环境法律规范进行简单排列和分类集中的法典编纂模式，其目的则在于将现行分散的法律法规的整合与汇编，在此过程中不寻求规则体系的实质改变。[3] 在实践中，选择形式性法典编纂模式的《法国环境法典》以解决环境法律碎片化为目标，期望借以实现其国内环境法律体系在形式上的整体性。[4] 而选择实质性法典编纂模式的《德国环境法典（草案）》则遵循《德国民法典》的编纂准则和技术标准，试图建立一部体系严谨、逻辑清晰的“最完美的环境法典”。[5]

---

〔1〕 吕忠梅、窦海阳：《民法典“绿色化”与环境法典的调适》，载《中外法学》2018年第4期。

〔2〕 党庶枫、郭武：《中国环境立法法典化的模式选择》，载《甘肃社会科学》2019年第1期。

〔3〕 ［法］让·路易·博格：《法典编纂的主要方法和特征》，郭琛译，载《清华法学》2006年第2期。

〔4〕 莫菲：《法国环境法典化的历程及启示》，载《中国人大》2018年第2期。

〔5〕 张璐璐：《德国环境法法典化失败原因探究》，载《学习交流》2016年第6期。

(一) 实质环境法典

以“适度”为内核的环境法实质法典化论最早由张梓太教授明确提出，张教授在梳理两大法系法典化理论以及世界各国环境法法典化实践的基础上，系统地阐述了该理论的核心要义：首先，以环境法等新兴法律部门为代表的现代法典化运动，已不再执着于追求制定一部完美的、无所不包也是唯一的法典。[1] 其次，从中国环境法治的现实情况出发，应当采取动态性的适度法典化路径实现环境法法典化，而“适度”的程度需根据各阶段法典化工作的具体条件和需要决定，并且通过阶梯式演进方式不断提高环境法法典化的程度。再次，适度法典化的路径，能够在消解法典法的严苛要求、促进法典化工作开展的同时，为环境法典向更高程度的发展提供可能和空间。[2] 最后，环境法法典化并不意味着整个环境法律体系只有一部环境法典，而应包括环境法典和有关的单行性环境法律、法规和规章等。[3]

该理论在提出后得到了诸多学者的支持，并逐渐成为阐释中国环境法法典化目的、实现进路及法典体例的多数识答案，[4] 部分学者也在此基础上对实质法典化理论进行了深化。吕忠梅教授就指出：“‘适度法典化’能够通过整合各环境法律规范的基本价值、共性原则，形成具有基础涵盖力以及综合协调力的框架体系型环境法典；同时保留环境单行法，用于规范环境保护的局部领域和无法纳入环境法典的法律内容，对‘适度’的环境法典起到补充、完善和具体化的作用。”[5] 可以说，在新时代环境法典的编纂过程中，放弃绝对的理性主义追求，结合中国实践需要开展适度的环境法法典化，[6] 已成为现阶段理论界对于中国环境法法典化未来走向的基本共识。

---

〔1〕 张梓太：《论法典化与环境法的发展》，载《华东政法大学学报》2007 年第 3 期。

〔2〕 张梓太：《中国环境立法应适度法典化》，载张仁善主编：《南京大学法律评论》(2009 年春季卷总第 31 期)，法律出版社 2009 年版。

〔3〕 张梓太：《论我国环境法法典化的基本路径与模式》，载《现代法学》2008 年第 4 期。

〔4〕 吕忠梅：《新时代环境法学研究思考》，载《中国政法大学学报》2018 年第 4 期。

〔5〕 吕忠梅、窦海阳：《民法典“绿色化”与环境法典的调适》，载《中外法学》2018 年第 4 期。

〔6〕 李传轩：《环境法法典化的基本问题研究》，载《华东政法大学学报》2007 年第 3 期。

随着研究的进一步深入，环境法法典化的目的、整合边界以及实现路径等重要内容逐渐为学界所关注，研究认为：其一，环境法典应具备实用性、灵活性以及指导性的特点。[1] 其二，应立足于法典的体系效益，通过实现法典范围划界的确定性、内在体例的稳定性与外部衔接的开放性，实现环境法的适度法典化。[2] 其三，“适度”主要指向以“法典法 + 单行法”为核心的法典调整范围的适度化和以“框架性实质编纂模式”为体现的编纂程度的适度化。[3] 其四，实现环境法的法典化应沿袭着实质性编纂、多元法律形式、开放的体系构成、松散的框架结构以及阶段性编纂进程的路径。[4]

实质意义的环境法典是指通过创设一套相互耦合的规则，[5]将所有环境法条以符合逻辑的顺序进行严密编排，体现环境法的社会价值和变革法律制度的需求，[6]体现环境法逐步现代化。实质意义的法典，是对已存的本领域法律进行清理、提炼、整合，从而形成一个全新的法律系统，成为一部法典。实质意义的法典并非对本领域法律的简单编排，其第一步是对法律之间的冲突、重复、漏洞进行有效处理。第二步是按照一定的逻辑规则对法律规范进行重新组织和编排。实质意义的法典乃是社会需求、权力统一、理论催生、法律进步相统一的结果。“法典的产生往往与社会的变革和政局的变化有关，历史上的法典大都产生于社会变革和政权更迭的初期，其背景往往是新的执政者要以法的形式表达其执政理念，并以之增强其权力或执政地位的合法性和

---

〔1〕 王灿发、陈世寅：《中国环境法法典化的证成与构想》，载《中国人民大学学报》2019 年第 2 期。

〔2〕 李艳芳、田时雨：《比较法视野中的我国环境法法典化》，载《中国人民大学学报》2019 年第 2 期。

〔3〕 何江：《为什么环境法需要法典化——基于法律复杂化理论的证成》，载《法制与社会发展》2019 年第 5 期。

〔4〕 李传轩：《中国环境立法发展的路径省思》，载《南京大学法律评论》2009 年第 2 期。

〔5〕 Van Reene & T. P, *Reflections on The Codification of South Africa Environmental Law: General Considerations*, Stellenbosch L. Rev. Vol. 2(1994).

〔6〕 夏凌：《法国环境法的法典化及其对我国的启示》，载《江西社会科学》2008 年第 4 期。

权威性,还以之为手段扩大其权力和维护其权力的统一性。"[1]虽然法典的创建者可能以促进国家法制统一为目标,但若没有国家的统一,也不可能诞生伟大的法典。法典是"社会或政治改革的象征"。[2]伟大的法典也是长期理论研究的结果,法典是法学学术的结晶。"法律之所以可能达成现代意义上的那种特殊专门的、法学上的提升纯化,唯其因为其具有形式的性格。"[3]法典虽然以"大部头"的形式统一于文本,但必定以概念为要素,以逻辑推演实现规则有序,并由此形成庞大的体系,而这都必须要有长期的理论积淀才能完成。

瑞典和德国相继编纂了实质意义上的环境法典,但德国的环境法典(草案)最终未能在国会通过。瑞典的环境法起源于19世纪末,政府先后颁布了《森林法》《水法》《渔业法》等多部环境单行法。1992年,瑞典的环境立法领域已达到相当程度,单行法规基本完善,但仍存在法律之间模糊不清的地带,产生法律重叠和漏洞。立法机关开始讨论逐步整合不同环境法,从而提高人们对环境管制的理解。里约会议召开后,环境法法典化正式成为瑞典环境立法的总目标,确立统一环境政策以发展社会经济和保护自然资源。最终,瑞典的环境法典于1999年1月1日正式生效。《瑞典环境法典》将环境单行法统一整合,[4]旨在实现环境和资源的统一协调发展。原先分散于各个单行法的同一规定被法典统一规定取代,同时,法典仅包含基本规范制度,具体细则由其他行政条例补充。《环境法典》在体例结构上分为编,章,条三级,内容划分为总则和分则。总则部分主要规定立法目的、适用范围和一般的环境法律原则。法典明确立法是为实现可持续发展,确保当代和未来的环境健康。环境法典适用于所有威胁环境的社会活动。同时,法律规定了诸多环境保护基本原则,如预防原则、产品选择原则、证明责任原则等。分则部分可以具体划分为六个板块,包括自然环境保护、特

---

〔1〕 严存生:《对法典和法典化的几点哲理思考》,载《北方法学》2008年第1期。

〔2〕 冯丽霞:《法典编纂论——一个比较法的视角》,清华大学出版社2002年版,第230页。

〔3〕 [德]马克斯·韦伯:《法律社会学》,康乐、简惠美译,广西师范大学出版社2005年版,第28页。

〔4〕 竺效、田时雨:《瑞典环境法典化的特点及启示》,载《中国人大》2017年第15期。

定活动的特别规则、环境案件审查机制、环境监管、处罚规定、赔偿与补偿。《瑞典环境法典》按照环境保护的预防到末端管控和事后救济的顺序编排,体现了环境法典的系统性和动态性。

(二)形式环境法典

环境法实质法典化论在近年的研究中逐渐成为多数识,但逐渐兴起的环境法形式法典化论,却携域外比较法经验之利剑,直指以"适度"为内核的环境法实质法典化论。一方面,环境法形式法典化论者指出,实质法典化论实质上是在部门法法典化理念的指引下,意欲形成的逻辑一致、相互耦合、价值融贯的环境法规范体系。然而,"根据科学技术以及科学推理的结论确立行为模式和法律后果"是环境法律规范的典型特征,[1]对科学技术的依赖以及在不同程度上对人与自然关系的调整和影响,[2]使环境法在制度、机制设计和运行等方面,相较于传统法律部门具有更加显著的开放性。这种开放性体现为,环境法律规范的内容随科学技术的发展而发生变动,而科学技术的进步在环境法治中的规范性转化已成为衡量各类环境立法是否先进的标志。[3]环境法实质法典化论对法律规范体系逻辑结构完善和内在价值融贯的追求,使其规范体系呈现相对的封闭性特征,这与现代环境法的开放性存在抵牾。[4]

另一方面,环境法形式法典化论者基于法典化的条件指出了形式法典化论与现代社会发展状态的契合性。其认为,实质法典化论在理论上有助于保障法的安定性,实现法律形式上的平等。但是其实现的历史背景是法律所保护的价值在整体上不会受到发展挑战的社会静止时期,同时一个国家的整个领土构成一种均质的空间。在当代法律实践中,规范呈现出越来越明显的碎片化特征,而实证法在调整社会关系时也更关注社会生活的变化特征和给定地理空间的地域特性。即使通

---

[1] 汪劲:《环境法学》(第4版),北京大学出版社2018年版,第24页。

[2] 蔡守秋:《调整论——对主流法理学的反思与补充》,高等教育出版社2003年版,第26~28页。

[3] 党庶枫、郭武:《中国环境立法法典化的模式选择》,载《甘肃社会科学》2019年第1期。

[4] 党庶枫、郭武:《中国环境立法法典化的模式选择》,载《甘肃社会科学》2019年第1期。

过法典实现了一定程度的规范整合,受法典整合能力、吸收能力和指引能力的限制,单行立法、判例、习惯以及个人性质的规范终究会不断打破法典的体系。因此,强调个别调整与法律规范之间互动的形式法典化论,更加契合现代社会的发展特征。形式法典化论者最终指出,在环境法这样的准法典化领域,可以以一个适用于全部相关问题的程序性规定组成"一般规范",而其他各分编只不过是以保留其原有文本的方式集成于一部典籍中,以形成形式法典化论下的环境法典。

形式意义的环境法典亦称汇编式法典,是指将不同的环境法进行类型化的汇集和整合,仅要求编排顺序有一定的合理性,不追求严谨的逻辑性。形式环境法典的立法目的是通过梳理和汇编环境单行法,增强环境法条的可读性。形式意义法典的最大特征是对本领域已存的法律进行汇编,使其集中到一部法典之中。典型的汇编式法典如《美国法典》,是对美国现行有效的制定法的汇编。"《美国法典》并没有专门的环境保护篇章,除资源保护类法律外,环境法律全部被打散编入其他有关主题之中。"[1]目前,法国和意大利编纂了形式环境法典。

形式意义上的环境法典具有以下特点:第一,法典编排有序,可读性强。形式意义的环境法典是对现有环境法按一定类型进行重新汇集,编排体系上仅要求具有一定程度条理性,不强调法规条文的内在逻辑。因此,意大利的形式法典的结构呈现松散特征,仅仅将欧盟的法令和国内环境法进行了形式上的统一。法国的环境法典将现有立法进行文本整合,增强了公民对环境法的理解,具有可读性。第二,大量环境问题仍由其他环境单行法规制。形式意义的环境法典并非包罗万象,虽然在编纂上容纳整合了大部分单行法,但是仍有部分环境领域由其他单行法调整。例如,法国的《森林法典》和《矿产法典》专门调整森林和矿产资源保护,意大利的《自然环境保护法规》和《废物处理及污染防治法》规制的是自然景观保护和废弃物污染问题,补充了法典的法律漏洞。第三,形式意义的环境法典修改便利。法国的环境法典是由

---

〔1〕 汪劲:《环境法法典化:迷思与解谜》,载《中国地质大学学报(社会科学版)》2010年第3期。

议会授权政府颁布的，最终以政府法案的形式呈现在社会。立法权原本属于议会，但通过特别授予政府立法权，法典的制定和修改免去了许多复杂程序。因此，虽然形式意义的环境法典没有对法律内容、体例编纂进行革新，仅仅是重述和汇编，但是在松散框架下，形式意义的环境法典更具开放性和包容性，同时也便于公民查询和适用，修改程序简易。

不难看出，形式意义的环境法典在上述几个国家中占主要地位。之所以如此，原因可能是：第一，环境法并不如民法、刑法那样具有强烈的自生性，而是具有强烈的国家建构性。因此，环境法典编纂的社会需求或者社会动力不足，从根本上制约了环境法典化。第二，环境法是一个新兴的法律领域，外部边界不够清晰，体系内的核心概念、原则、制度等仍处于生发、构建之中。第三，环境法学的理论研究仍不够成熟，尚不足以支撑实质性的法典编纂。第四，环境法所涉及的权力、利益博弈激烈，以至于难以形成统一意见，从而阻滞了法典化进程。

应当认识到，实质法典与形式法典的划分具有相对性，没有绝对的实质法典与形式法典。法典的本质是抽象与逻辑。从形式法典到实质法典是一个不断迈向抽象与逻辑的过程，不可能有终极的最高归纳。即使是形式法典，其编排体例也体现了抽象与逻辑。实质的法典也只可能无限接近但无法抵达最高抽象与逻辑。

第三节　适度法典化：中国环境法典编纂的必经之路

我国环境法法典化的主要目标之一，即在于解决当前生态环境法律法规零散化和碎片化问题，实现环境法律体系和监管机制的体系化。基于“适度化”的环境法典编纂路径，通过多元立法技术的综合运用，建构“总—分”结构的文本框架、以“风险预防—过程控制—损害救济”为脉络的内部制度体系，是我国环境法典体系结构的可行路径。

一、整体目标：“适度化”的本土模式选择

无论是基于法典编纂的学理分析，抑或考虑法典体系结构的影响

因素，适应本土化需求都是我国环境法法典化的重要基点。“适度化”的法典编纂模式有助于满足环境法制度体系需求，也有助于有效地解决环境法律法规零散化和碎片化问题，并可推动环境法监管体制的系统化。

环境法典编纂路径的“适度化”，不同于形式化法典编纂和实质化法典编纂对法典结构和内容的形式要求。在宏观层面上，适度法典化并不是环境法典的终极目标和内在追求，而是基于现阶段我国法治、社会和经济发展的现实情况，以解决环境法律法规零散化和碎片化为当前主要任务，而选择的阶段性的法典化目标。从长远来看，我国环境法典仍应以实质性法典编纂为目标，以实现法典的形式理性为追求，从而最终形成逻辑结构清晰、内容完备的环境法律规范体系。

“适度化”法典编纂模式，从整体上确定了法典结构设计的目标定位。这一定位意味着，我国环境法典一方面遵循形式理性对于框架结构的形式化和逻辑性要求，另一方面舍弃了对法典内容过于全面而精细化的追求，而是更为侧重于实现法典内容的完整和周延，以及法典内外体系结构的稳定与和谐。“适度化”法典模式下，环境法典并不会取代所有单行环境法律法规，而是在经过筛选和整合后，将不需要或者暂时无法被涵盖于环境法典中的法律法规以单行法的形式与环境法典并行适用。这就需要在法典结构设计过程中对授权立法条款的设置形式和内容等方面予以考量，从而保证环境法典的开放性和可预见性。在确定“适度化”应用范围的过程中，可以借鉴日本学者穗积陈重提出的四项标准：排除需要屡屡变更的法律；排除具有实施期限的法律；排除需要特别细密规定的法律；排除在一个地方只对一个民族实施的特别法。[1] 可以这四条标准为基础，结合我国生态环境管理的现实需要，确定“适度化”法典的应用范围。

在立法技术层面，采取“适度化”的法典编纂路径，意味着环境法典编纂过程中不能简单地采取抽象—具体、决疑式或者弹性体系三类方法中的任何一种，而是应根据我国环境法制建设的需要，综合运用，从而在实现环境法制体系化的同时，为我国环境法典实现开放式的动

---

〔1〕［日］穗积陈重：《论法典》，李求轶译，商务印书馆2014年版，第86页。

态发展预留空间,形成我国环境法典特有的立法技术表达。环境法典作为生态环境法律法规的系统性和规范性表达,在规范内容上既应具有概括性,又要具有可行性。易言之,环境法典既要具备调整在开发、利用和改善生态环境的活动中所产生的各种社会关系的功能,又不能局限于对特殊事项和具体问题的解决,这就需要基于抽象的方法,为解决未来可能出现的环境问题和环境法律问题提供足够的解释空间——这正是环境法典开放性的表现。因此,环境法典既要抽象出一般性的法律原则与制度,又要明确具体的制度规则。相应地,在立法技术层面,环境法典应避免决疑式的过度采用,以及因弹性体系方法的适用而产生过度抽象的情况。

整体而言,"适度化"法典编纂模式的选择,要求我国环境法典框架结构和制度体系的建构以"适度化"为前提和基础。"适度化"模式要求我国环境法典基于整体性思维,实现环境法制理念、原则、标准的协同。[1] 因此,我国环境法典的体系框架应为环境法制的发展与优化留有足够的弹性空间,并且为环境法典与传统法和其他单行法的衔接提供枢纽功能。

二、外在框架:"总—分"结构的法典体例

(一)我国环境法典基本体例

我国环境法典编纂选择"总—分"结构是有据可循的。首先,各领域的环境单行法都各有一套基本原则和普适性规定,但这些原则和规定中难以避免存在相似的地方,如果在法典编纂时不考虑"总—分"结构,而是将同属领域的子领域集合在一起,则不难发现,此时法典每个模块都有一整套的原则、范围、法律责任、管理机构、司法程序等,仍然是单行法的简单汇总集合,无法形成体系,法条的重叠冲突问题依然存在。我国环境法典当前不能也无法实现全覆盖,结构同样做不到十足的完备。因此,我国环境法典结构至少可分为总则部分和分则部分,而是否安排附则部分则要看具体的总分内容是否需要辅助性内容。环境法典的组织层级不宜过多,也不能过于简单,建议以编、章、节、条的基

[1] 吕忠梅、窦海阳:《民法典"绿色化"与环境法典的调适》,载《中外法学》2018 年第 4 期。

本形式，划分为四级较合适。总则和分则篇的各部分内容既要遵循普遍的体例安排，也要体现我国环境法律的实际和特色。

“总—分”结构是当前各国法典普遍采用的框架结构，也是我国民法典所采用的框架结构。对于“总—分”式的整体框架结构，我国环境法学界目前已经达成共识。采用这种由抽象到具体的立法技术，也是实现法典抽象化、普遍化和确定化的合理之选。

在我国环境法典结构设计过程中，应当基于“适度化”环境法典这一模式来划分法典内部的各个子项。在“适度化”环境法典模式下，法典与单行法平行适用，这就决定了在依据逻辑划分规则进行结构划分的过程中，无法严格遵守穷尽母项规则，并且可能存在法典内容与单行法内容上的相互交叉。这些逻辑问题在其他国家现行的法典中也是存在的。即使是作为潘德克顿法学基础的《德国民法典》也未能完全遵循逻辑上的一致性，在物权法、债权法、家庭法、继承法这四编的划分中也存在未能依据同一划分标准，而是分别根据法律效果的差异划分了物权法和债权法，根据所涉及的法律实施的差异划分了家庭法和继承法。[1] 因此，尽管内容的周延性和体系的逻辑严谨性是法典追求的形式理性，但在法典编纂中，由于会涉及诸多因素的影响，这使得在法典体例设置方面会出现难以避免的逻辑漏洞。在这种情况下，就需要在编纂过程中通过适当的立法技术，尽量弥补法典本身的逻辑缺憾。因此，基于“适度化”法典模式，“总—分”结构的法典体例设置目标在于实现环境法典对生态环境立法内容的系统性和规范性表达。法典在规范内容上既应具有概括性，又要具有可行性。这就要求环境法典既具备调整在开发、利用和改善生态环境的活动中所产生的各种社会关系的功能，又不局限于对特殊事项和具体问题的解决，从而为未来可能出现的环境问题和环境法律问题提供足够的解释空间，保障法典的稳定性和可预见性。

在整体结构安排上，我国环境法典可在“总—分”框架结构下，将环境法典分为总则和分则两部分。就整体而言，在环境法典“总—分”结构下，应遵循以下两个基本要求：一是保证总则与分则之间的逻辑

---

〔1〕 石佳友：《民法法典化的方法论问题研究》，法律出版社 2007 年版，第 158 页。

性,以及总则和分则内部各条文直接的衔接。这就要求总则部分在法律效力上统辖分则各编,分则各编的内容应与总则相一致,避免出现总则与分则在内容上存在矛盾或冲突。二是处理好抽象与具体的关系、一般与特殊的关系。“总—分”结构的基本特质为在总则部分规定抽象的普适性的条款,而在分则部分规定具体的特殊的条款。这就要求立法者在编纂环境法典的过程中,运用从抽象到具体的立法技术,科学界定“抽象”与“具体”的界限和划分依据。

环境法法典化的进程绝不可能“毕其功于一役”,分阶段分步骤地实现环境法法典化系现有研究的基本共识。我国《民法典》的诞生历程,能够为合理地确定环境法法典化的实现步骤提供借鉴。《民法典》的编纂工作正式开启于《关于全面推进依法治国若干重大问题的决定》,然而实质上中国民事立法的法典化进程可以追溯至改革开放之初,其先后经历了试行法、单行法、法典法三个阶段。虽然《民法典》在最终的编纂阶段,更多地呈现“汇编式法典化”的特征,即主要立足于此前多部民事立法、司法解释、判例等法律渊源,总体上创新程度有限,更多的是对现行法律的延续,也不可避免地沿袭了原有立法的缺陷与不足,[1]但总体而言,《民法典》仍然是沿袭着实质法典化的路径诞生的。由此可见,环境法实质法典化的实现也需要经历从单行法成熟到法典最终编纂的历程。

回顾中国环境立法的发展历程,现有环境立法已经完成了从试行法到单行法的转型。自2014年全面修订的《环境保护法》实施以来,中国各环境单行法进入了高频修改时期,本书绪论部分即对此进行了详细梳理。这意味着中国环境立法在实践探索的基础上,开始进入趋于成熟的阶段。鉴于最终法典编纂阶段更多的是对已有法律渊源的整理和继受,对于法律规范体系和内容的创新程度有限,在单行法趋于成熟阶段对于已有立法的修改和新增立法的制定,将直接决定未来环境法典法律规范的体系化和科学化程度。在此背景下,应立足于环境法法典化的视角,开展现阶段的立法制定和修改工作,在确立政策试点成

---

[1] 石佳友:《解码法典化:基于比较法的全景式观察》,载《比较法研究》2020年第4期。

果、优化环境立法可执行性和可操作性以及借鉴地方立法实践成功经验的同时,[1]密切关注环境法律规范的体系化与科学化问题,为未来环境法典的编纂奠定良好的基础,并最终在单行法基本完善、成熟的基础上,开展环境法典的编纂工作。

(二)我国环境法典总则结构

具体到"总—分"结构内部,就总则部分而言,它是基于对环境法律概念进行体系性的梳理,运用"提取公因式"的方法,将具有普适性和一般性的理念、原则和制度从现行的环境法律法规中抽离出来,如从立法目的、适用范围、基本原则、环境保护的一般权利和义务、科研、教育等条款中,提炼出共同性规则,从而形成总则的具体条文。以基本原则为例,总则部分所提炼的法典基本原则既应吸收我国《环境保护法》等既有环境立法共同的法律原则,又应立足于长远发展目标,将一些国际上已经具有广泛实践基础的法律原则纳入其中。被纳入总则中的法律原则应充分体现我国环境法的目的与价值,并且可以指导分编中的具体规定。在具体内容编排上,多数国家环境法典的第一编均为总则,发挥着统辖分则之功效,但是也有例外情况。例如,《意大利环境法典》第一编中仅规定了适用范围、立法目的和基本原则条款,并未对一般性的法律制度进行提炼,这也使该法典的第一编在功能上更倾向于宣示性条款,难以充分发挥总则对分则应具备的统辖作用。

我国环境法典的编纂在充分吸收借鉴国外经验的同时,也应体现我国环境法典的特点,回应本土化需求。根据我国环境法治建设的现代化需求,我国环境法典总则在具体章节编排和内容设置方面的创新可表现为以下三个方面。

1. 明确环境权内容。广义环境权说主张,环境权是指所有与环境有关的实体权利。具体包括:(1)良好环境权(狭义环境权),即享有良好环境的权利,如清洁空气权、宁静权、通风权等;(2)自然资源开发利用权(资源权),即开发利用自然资源的权利,如采矿权、取水权等;

---

[1] 鄢德奎:《中国环境法的形成及其体系化建构》,载《重庆大学学报(社会科学版)》2020年第6期。

(3)环境容量使用权(排污权),即向环境排放生产生活废弃物的权利;(4)自然保护地役权。广义环境权说有利于认识和促进生态产品和生态服务的权利化。[1] 尽管环境权未能作为具体条文被纳入宪法,但是随着生态文明入宪,以及《民法典》中的绿色原则等与环境保护相关条款的设置,可以发现,我国对公民的环境权益的保障已经超越环境法律法规本身,渗透到了宪法和私法之中。因此,在编纂环境法典的过程中,可进一步将环境权纳入总则之中,从而进一步奠定环境法的理论基石,为环境权提供确定的条文依据。

2. 明确风险预防原则。风险预防原则所适用的不可接受的涉及人体健康或环境的损害情形主要包括:威胁到人类生命或者健康;严重损害不可逆转;产生代内或者代际不公平;未充分考虑受影响者基本权利的行为。这四类情形也是风险预防原则的要义所在,是对长期利益和公众利益的考量。目前,风险预防原则已经与比例原则以及成本效益分析方法相互融合,得到各国的广泛承认与适用。风险预防原则,是指在开展一项行动之前,必须提供充足的确定性证明,综合考量成本收益、社会、政治和经济等因素,以证明在采取必要措施后可防止危害的产生或扩大。在环境法领域,风险预防原则已得到国际法和国内法的双重认可,并具备了充足的法技术基础,这也是环境风险规制的正当性依据之一。风险预防原则更大程度上旨在从法律层面回应风险的不确定性。环境风险的不确定性可以划分为三种"未知"形态,即已知的已知、已知的未知和未知的未知,也即可以根据统计学进行量化评估的风险,对已经了解的诸如转基因等技术可能产生的不确定的风险,以及尚未认知的事物或者活动可能导致的风险。在实践中,更多的是面对后两种"未知"形态作出相应的规制决策,而风险预防理念的适用则与行政机关规制活动的合法性与正当性密切相关,这也是确立风险预防原则的主要原因。[2]

---

〔1〕 杨朝霞:《论环境权的性质》,载《中国法学》2020 年第 2 期。

〔2〕 朱炳成:《面向公众健康保障的生态环境法律规制转型》,载《吉首大学学报(社会科学版)》2019 年第 5 期。

实践中，一些发达国家也多选择将风险预防原则作为风险规制的主要指导原则与合法性依据。例如，2000 年欧盟委员会发布的公报将风险预防原则作为包括风险评估、风险管理和风险沟通在内的风险分析的指导性原则；2008 年韩国制定的《环境健康法》也将风险预防原则作为该法的基本原则，并将其适用于环境健康风险评估和风险管理之中，作为环境健康主管部门的执法依据。在此背景下，面对复杂的环境风险，我国 2014 年修订的《环境保护法》明确建立环境与健康风险评估制度，2018 年制定的《土壤污染防治法》明确规定，土壤污染防治应当坚持风险管理。这都体现了风险规制已经成为我国环境法制体系的重要组成部分，并表现为以风险防范理念为指导，以风险评估和风险管控为主要手段。风险预防原则的适用，不但为行政机关实施风险规制措施提供了执法依据，也为风险规制提供了合法性来源。[1]

3. 将环境信息公开与公众参与单独成编。环境法典总则所包含的内容一般包括：立法目的、适用范围、基本国策、基本原则、环境保护的一般权利义务、监督管理的基本体制、科研奖励、国际交流合作等一般性规定，以及包括环境标准制度、生态环境规划制度、环境影响评价制度、环境行政许可制度和环境监测制度在内的一系列基本制度。但是各国根据本国的具体情况和特殊考虑，也会在总则部分增加一些特色内容。例如，2008 年版《德国环境法典（草案）》总则部分将环境损害预防与修复、司法救济等内容纳入其中，专家委员会草案稿总则中将总则划分为一般条款、规划、项目、产品、干预措施和监督等若干编，并将跨界环境保护也纳入其中。[2] 此外，《法国环境法典》更是在第一卷共同规定中规定了信息与公民参与、机构、环境保护协会与地方政府、财务规定、预防与补救对环境造成的部分损害等内容。

由此可见，我国环境法典在总则部分也可根据我国环境法治建设的需要，将环境信息与公众参与部分单独成编。在我国环境立法实践

[1] 朱炳成：《环境健康风险预防原则的理论建构与制度展开》，载《暨南学报（哲学社会科学版）》2019 年第 11 期。

[2] 夏凌：《德国环境法的法典化项目及其新发展》，载《甘肃政法学院学报》2010 年第 3 期。

中,2014 年修订的《环境保护法》第五章对信息公开和公众参与进行专门规定,为健全和完善我国政府环境信息公开制度提供了基本依据。在环境法典中将环境信息与公众参与单独成编,并在其中进一步详细规定政府环境信息公开的内容和法律责任,企业环境信息公开的主体、内容和管理机制,公民获取环境信息的来源以及司法救济途径等内容。这不仅可以提高我国公民环境权益保障力度,而且可以进一步完善政府信息公开监督机制,督促企业履行社会责任,同时这也是我国环境法治现代化的具体表现。

(三)我国环境法典分则结构

针对我国环境法典分则部分体例的安排,有三点需要注意:一是要注意自然保护和污染防治内容的独立性,最好能将二者予以明确区分,在法典中各自独立成编。当然这不是绝对的分割,某些内容必然难以割舍,独立成编并不反对一定程度的融合,在保证法典结构的体系化下,对于不易区分或混合更优的情况,可以相对编排在一起。二是分则可以有一般性内容。对于瑞典法典这种分则几乎没有一般规定的结构,对总则的要求很高,故应保证总则的基本规定能充分满足分则内容的需要。对于我国环境法典来说,在总则已经高度凝练和抽象后,可以允许难以被总则容纳的必备规范单独作为分则部分的一般规定,待日后条件成熟,再将其上升到总则中。三是是否要单独设置法典的罚则。对于这一点,要根据我国环境司法、环境救济、环境损害赔偿、行政、刑事和民事中的相关责任进行综合把握,以确定将责任打散在各部分更好还是整合为单独的罚则部分更佳。

具体来看,分则篇主要包括环境实体和程序两部分内容。首先,实体部分是对自然保护、污染防治、自然资源和特殊领域的规定。总体来说,我国传统环境法更侧重于污染防治,[1]但环境法典需要对这几个领域进行综合梳理。可分为如下内容:自然资源部分,包括动植物、森林、矿产、土地、水资源、海洋等;保护区域部分,主要有关各类自然保护

---

〔1〕 张梓太、郭少青:《结构性陷阱:中国环境法不能承受之重》,载《南京大学学报(哲学社会科学版)》2013 年第 2 期。

区、遗迹、公园等。污染防治和特殊领域部分，主要是有关废弃物、污染物、化学品、能源使用与排放、基因工程与生物技术等。程序部分主要是涉及近年来热度很高的环境公益诉讼、环境法庭制度、环境损害赔偿制度等内容，是对环境刑事、民事与行政责任的整合。环境公益诉讼与法庭制度可单独成一编，下设对管辖法院、管辖范围、审查规则、诉讼流程、法律责任等程序性规定。分则部分涉及大量单行法的衔接，化解好单行法之间的重复与冲突、衔接好环境法典与其他部门法的联系是分则的重点和难点，还有待进一步研究。

就分则部分而言，分则各编所规定的内容取决于我国环境法典的调整范围和制度体系的划分依据，这就需要对法律制度和措施进行编排，从而对现行法律制度进行系统化梳理和整合。就内容创新性而言，可将应对气候变化条款规定于我国环境法典之中。中国作为全球气候治理的积极推动者和主要践行者，一直主动承担减排义务，不断完善气候治理规范。我国应对气候变化的专门立法工作已开展十余年，但进展情况不容乐观。目前不仅没有一部应对气候变化的综合性法律，规制碳排放交易的专门条例也未能出台，应对气候变化的法律依据只有几个部门规章和规范性文件，严重影响了中国应对气候变化的进程。[1] 在环境法法典化的背景下，可将适应和减缓气候变化的法律制度纳入法典之中。可以有三种方案：一是在总则部分加入应对气候变化的宣示性条款，发挥其对分则具体内容的指导作用。二是以专章的形式对气候变化问题予以规定，包括对气候变化应对的职责、权利和义务，气候变化的减缓措施，气候变化的适应措施，气候变化应对的保障措施，气候变化应对的监督管理，气候变化应对的宣传教育，气候变化应对的国际合作等内容进行专门规定。这种方法对健全我国气候变化法律体系具有重要作用，也能够较好地推动我国气候治理进程。但是，这种方法在操作中具有一定难度，因为气候变化对环境所产生的影响横向涉及多个环境领域，涉及多方面法律问题，进行专章规定容易产生与其余编章的交叉与重叠。三是将气候变化涉及的诸如碳排放交易制

〔1〕 朱炳成：《全球气候治理的挑战与法制应对》，载《中州学刊》2020 年第 4 期。

度、碳税制度等原则和法律制度分别规定于总则与分则各编之中，从而将应对气候变化条款渗透到我国环境法典的方方面面。

三、内在结构：制度体系的逻辑表达

在制度体系设计层面，“调整领域模式”“学理体例模式”“制度功能模式”都具有鲜明的特点，亦各有优势。“调整领域模式”是依据环境法调整领域的划分模式，将分则部分划分为污染防治编、生态保护编、自然资源编、可再生能源和资源的综合利用编、法律责任编。[1] 这种模式在形式上较为全面地涵盖了我国生态环境立法的内容，可对分散和碎片化的生态环境法律法规进行较为系统的整合，但在统一生态环境监管体制层面存在难度，在解决现存的监管职责交叉重叠等问题方面也略显无力；“行政法学理体例模式”将环境法典分则划分为环境资源行政管理体制编、环境资源行政公众参与编、环境资源宏观调控编、环境资源微观管制编、环境资源纠纷解决编。[2] 这一模式对我国现行生态环境立法进行了高度的整合和体系化，符合环境法典形式理性的追求。同时，也正是由于这些特点，使这一方案与我国目前生态环境保护方面的实在法之间的距离较大，在编纂过程中存在可操作问题；“制度功能模式”以制度功能为依据的划分模式，建构了以“风险预防—过程控制—损害救济”为脉络的制度体系。[3] 这一模式借鉴了《瑞典环境法典》的逻辑框架，以制度功能为依据的体系结构为法典保留了足够的弹性空间，并且具有较为清晰的逻辑脉络，与“适度化”的法典模式具有较高的契合度，是实现对我国当前环境立法进行体系性梳理和系统性整合的可行路径。

传统看法认为，“法典一经颁布就处于静止状态，不能伴随社会的进步而进步，甚至成为社会发展的阻碍力量”，[4] 即法典要保持其稳定状态，不可随意更改。但是瑞典法典的动态化结构打破了这种固化的

---

〔1〕 王灿发、陈世寅：《中国环境法法典化的证成与构想》，载《中国人民大学学报》2019 年第 2 期。

〔2〕 张梓太、陶蕾、李传：《我国环境法典框架设计构想》，载《东方法学》2008 年第 2 期。

〔3〕 吕忠梅、窦海阳：《民法典“绿色化”与环境法典的调制》，载《中外法学》2018 年第 4 期。

〔4〕 封丽霞：《法典化编纂论——一个比较法的视角》，清华大学出版社 2002 年版，第 252 页。

结构模式。我国环境法典的发展本身就是一个持续性的过程，受时代发展水平的拘束，环境法典是不完整的，势必会带来环境法典内容的缺失和结构在一定程度上的松散。“法典编纂后，单行法的充斥也是正常的事情。”[1]因而，需要考虑未来对当前未能增补的内容留有补充的需要，法典制定了相关的一般性规定和程序等规则，这些规定需要一定的创设性，保证能够在较长时间的适用性和适应情势变化，使之在保持整体稳定的同时，又拥有一定的开放性，避免法典的僵化弊端，克服法典对环境法发展的局限。“法典化要以现实为基本，并且领先于现实，如此才能切实发挥指导法律实践和社会生活的作用。”[2]明确一般性原则和可持续发展的立法目的，代替原有的大量环境单行法律，成为我国环境法律体系的纲领性法律文件，使法典在结构编排上总体是稳固的。而法典同时也将暂时无法作出规定或纳入的内容，仅进行了一般性规定，为其预留了位置。正如有学者对瑞典法典的评价：“瑞典环境法保持一定的稳定性，对于目前无法具体规定但将来条件成熟时可能需要补充规定的内容，事先作出原则性规定或规定启动有关程序的规则，留出‘导入口’。”[3]另外，法典与单行法并行适用的模式，也可为我国环境法律发展提供保护。

参考瑞典法典的做法是行之有效的。该做法使法典在结构上能够和环境单行法与外部法并行适用，具有前瞻性的动态化编排的较稳定结构。对于我国环境法典要采取适度法典化的方式：一是为了避免环境法典内容和结构上的缺失导致的过于松散，也是在未来将暂时无法收纳的内容和新出现新变化的环境法律事项纳入法典范畴；二是为了提高法典的适用性，使环境法典与单行环境法和外部其他法律并行适用。因此，动态化的环境法典结构是值得我国深入考虑和践行的。

---

〔1〕 高富平：《民法法典化的历史回顾》，载《华东政法学院学报》1999 年第 2 期。

〔2〕 董茂云：《比较法律文化：法典法与判例法》，中国人民公安大学出版社 2000 年版，第 204 页。

〔3〕 张梓太：《论我国环境法法典化的基本路径与模式》，载《现代法学》2008 年第 4 期。

第二篇　分　析　篇

第四章　中国环境法典编纂面对的制度转型问题

党的十八大以来，生态文明建设被提高到国家战略的新高度，环境法治得到前所未有的高速发展，正处在全面转型的历史进程之中。环境法律领域的复杂化与高速发展的社会、政治和经济背景相伴而生，我们有必要从法律与政策的互动关系、生态环境监管体制机制改革过程中揭示的法律障碍和体制性问题着手，深入分析当前中国环境法典所面对的制度转型问题及其应对之策。

第一节　中国环境法治变革中的法律与政策

当前，生态文明建设需要在全面推进依法治国的整体部署下不断推进和完善，时刻面临转型发展的时代任务，这为新时代的生态文明法治建设提供了基本目标和任务，也是新时代中国特色社会主义法治建设中的一个重大课题。本小节对当前环境法治变革中的政策与法律关系问题进行分析，具体分析了中国环境法治变革中政策对环境立法、司法和执法的影响，以期推进对相关问题的研讨。

一、环境法治变革中政策与法律关系的背景

在一般意义上说，政策在新时代中国特色社会主义法治建设中发挥着重要作用，其并不是与法治相对立的“人治”，而是体现了人民对

公平正义和秩序的追求;政策与法律在本质上具有一致性。[1] 换言之,在现代社会之中,许多问题涉及经济社会发展的多个方面,单纯的政策或者法律都难以加以有效应对;出于综合应对问题的需要,政策与法律的联系也日益紧密,无法将两者进行截然对立的区分。有学者进一步指出,在当代社会的法治背景下,政策已经在很大程度上成为法治的组成部分,发挥着不可忽视的重要作用。[2] 外国学者也强调,法律解释不可能完全摆脱政策因素,法律概念、法律规范的含义取决于具体的文化与语境;"原则思维"和"政策思维"需要相互结合,公共政策至少可以作为法律的"背景规范"而发挥作用。[3]

在当前中国环境法治变革过程中,政策与法律有着更为紧密的联系,这是由新时代中国生态文明法治建设的本质特征和实践规律所决定的。总体上看,近年来党中央对生态文明建设的部署,频度之高、推进力度之大,前所未有;在党的领导与整体设计下,我国生态文明建设及相应的治理体系已经建立,生态文明相关制度的"四梁八柱"已经形成。[4] 从法理层面分析,新时代中国生态文明法治建设的逻辑前提在于法学与政治学的紧密关系,以及中国特色社会主义的政治现实对法治建设的决定作用。在全面推进改革的当下中国,执政党关于生态文明建设的路线与方针政策需要通过一定的规范形式加以呈现,党的政策、党内法规已经成为我国生态文明法治建设的有机组成部分,形成了独具特色的政策与法律关系。概言之,中国特色社会主义理论指导下的生态文明理论及"最严格法治"观揭示了新时代中国生态文明法治建设所遵循的理论基础,同时构成了理解环境法治变革中政策与法律关系的实践背景。

二、政策对生态环境立法的影响

生态环境立法的发展与完善,是近年来以来中国生态文明法治建

---

〔1〕 李龙、李慧敏:《政策与法律的互补谐变关系探析》,载《学习与探索》2017 年第 1 期。

〔2〕 史际春:《法的政策化与政策法治化》,载《经济法论丛》2018 年第 1 期。

〔3〕 Sunstein, *After the Rights Revolution - Reconceiving the Regulatory State*, Harvard University Press, 1990, p. 114.

〔4〕 解振华:《构建中国特色社会主义的生态文明治理体系》,载《中国机构改革与管理》2017 年第 10 期。

设最为突出的特点。2014 年 4 月,《环境保护法》修订案获得全国人大常委会审议通过,这是我国环境立法及生态文明法治建设的重要里程碑。在新《环境保护法》的引领和带动下,近年来我国生态环境立法得到了迅速发展,逐渐适应生态文明建设不断推进的时代需求。在第十二届全国人大常委会立法规划中的 68 项立法计划中,涉及生态环境领域的就有 11 项,是占比最高的领域之一。[1]

总体上看,我国主要的生态环境法律规范在近五年来都得到了修改,立法进度可谓前所未有,充分体现了我国生态环境立法改进的紧迫性。(见表 4 - 1)

表 4 - 1 近五年来我国生态环境法律“立改废”情况

<table>
<tr><th>立法性质</th><th>法律名称</th><th>制定/修改时间</th><th>立法机关</th></tr>
<tr><td rowspan="2">法律制定</td><td>《土壤污染防治法》</td><td>2018 年 8 月</td><td>十三届全国人大常委会第五次会议</td></tr>
<tr><td>《环境保护税法》</td><td>2016 年 12 月</td><td>十二届全国人大常委会第二十五次会议</td></tr>
<tr><td rowspan="2">法律修订</td><td>《环境保护法》</td><td>2014 年 4 月</td><td>十二届全国人大常委会第八次会议</td></tr>
<tr><td rowspan="2">《大气污染防治法》</td><td>2015 年 8 月</td><td>十二届全国人大常委会第十六次会议</td></tr>
<tr><td rowspan="4">法律修正</td><td>2018 年 10 月</td><td>十三届全国人大常委会第六次会议</td></tr>
<tr><td rowspan="3">《固体废物污染环境防治法》</td><td>2015 年 4 月</td><td>十二届全国人大常委会第十四次会议</td></tr>
<tr><td>2016 年 11 月</td><td>十二届全国人大常委会第二十四次会议</td></tr>
<tr><td>2020 年 4 月</td><td>十三届全国人大常委会第十七四次会议</td></tr>
</table>

[1] 夏光等:《中国共产党十八大以来生态环境保护的历史性变化》,载《环境与可持续发展》2018 年第 1 期。

续表

立法性质	法律名称	制定/修改时间	立法机关
法律修正	《环境影响评价法》	2016年7月	十二届全国人大常委会第二十一次会议
		2018年12月	十三届全国人大常委会第七次会议
	《海洋环境保护法》	2016年11月	十二届全国人大常委会第二十四次会议
		2017年11月	十二届全国人大常委会第三十次会议
	《水污染防治法》	2017年6月	十二届全国人大常委会第二十八次会议
	《环境噪声污染防治法》	2018年12月	十三届全国人大常委会第七次会议
	《野生动物保护法》	2018年10月	十三届全国人大常委会第六次会议
	《防沙治沙法》	2018年10月	十三届全国人大常委会第六次会议
	《循环经济促进法》	2018年10月	十三届全国人大常委会第六次会议
	《节约能源法》	2018年10月	十三届全国人大常委会第六次会议

深入考察近年来我国生态环境立法的具体过程可知，党和国家相关政策在实际上发挥了不可忽视的重要影响，在本质上决定了我国生态环境立法的基本方向、目标、原则和诸多制度措施。有学者将其概括为“环境政策法律化”现象，即将抽象性政策“转译”为环境法律的过程，为环境法治机制的变革与创新开辟了充分的空间。[1] 下面围绕最为重要的三部生态环境立法的修法过程进行分析：

---

〔1〕 郭武、刘聪聪：《在环境政策与环境法律之间：反思中国环境保护的制度工具》，载《兰州大学学报（社会科学版）》2016年第2期。

第一，政策在《环境保护法》修改过程中的影响。本次《环境保护法》的修改工作起始于2011年，当时的草案起草工作由全国人大常委会环资委负责，修改思路是“小改”，即只是在政府环境责任、法律衔接、法律实施等方面加以必要的变动，相应草案在2012年8月首次提请全国人大常委会审议。[1] 但由于该草案限于“查缺补漏”的思路，没有从根本上改变原1989年《环境保护法》的局限性，受到了各方面的严厉批评，起草机关调整为全国人大常委会法律委员会，在2013年6月形成二次审议稿并提交给全国人大常委会。该版本明确提出“充分体现党的十八大关于生态文明建设的精神”，根据党的十八大对推进生态文明建设提出的新要求对原草案进行了修改，[2] 同时，在2014年4月初的审议过程中，全国人大法律委员会充分考虑到最新的党与国家政策和党的十八届三中全会精神，对草案中的相应内容进行了修改。[3] 上述修改过程充分体现出执政党路线、方针、政策对生态环境立法的指导作用，在很大程度上决定了最后审议通过的《环境保护法》修正案。

第二，政策在《水污染防治法》修改过程中的影响。本次《水污染防治法》的修改工作起始于2015年，由环境保护部负责起草，经国务院常务会议讨论通过后，形成《水污染防治法修正案（草案）》，于2016年12月首次提交全国人大常委会进行审议。该草案的基本思路，在于“将国务院《水污染防治行动计划》确立的各项制度措施规范化、法制化”。[4] 同时，根据中办、国办《关于全面推行河长制的意见》，立法机关在审议过程中增加了相应规定，体现建立河长制的精神。综上可见，

---

〔1〕 汪光焘：《关于〈中华人民共和国环境保护法（修正案）（草案）〉的说明》，第十一届全国人民代表大会常务委员会第二十八次会议，2012年8月27日于北京。

〔2〕 全国人大常委会法制工作委员会编：《中华人民共和国环境保护法释义》，法律出版社2014年版，第399页。

〔3〕 全国人大常委会法制工作委员会编：《中华人民共和国环境保护法释义》，法律出版社2014年版，第409～410页。

〔4〕 陈吉宁：《关于〈中华人民共和国水污染防治法修正案（草案）〉的说明》，第十二届全国人民代表大会常务委员会第二十五次会议，2016年12月19日于北京。

国务院《水污染防治行动计划》("水十条")和中办、国办《关于全面推行河长制的意见》对最后公布的《水污染防治法》产生了直接和深刻的影响。

第三,政策在《大气污染防治法》修改过程中的影响。本次《大气污染防治法》修改工作起始于2014年,由环境保护部负责起草,经国务院常务会议讨论通过后,形成《大气污染防治法修订草案》,于2014年12月首次提交全国人大常委会进行审议。该草案的基本思路,在于"全面落实《大气污染防治行动计划》提出的各项制度措施",实现从单一污染物控制到多污染物协同控制转变,从大气污染属地管理到区域联防联控转变。[1] 这一思路贯穿于该法修改的全过程之中,在最后形成的《大气污染防治法》立法目的条款中得以确认。[2] 综上可见,国务院《大气污染防治行动计划》("大气十条")直接决定了《大气污染防治法》修改的基本方向和诸多制度措施。

概括而言,党和国家相关政策对生态环境立法方向、目标、原则与基本制度所产生的直接影响,是近年来我国生态文明法治转型中一个突出的现象,这与现代环境立法从"管制性立法"到"政策性立法"转变的趋势相一致,即通过立法来将国家的政策方向进行具体化和落实,为行政部门的具体执行提供指引。[3] 政策对生态环境立法的指引,能够有力地推动、促进我国生态文明法治建设进一步深入发展,形成具有中国特色的生态文明法律规范体系与制度体系。

三、政策对生态环境司法的指引

以司法为代表的强制力是法律作为社会和平和正义最后捍卫者的

---

〔1〕 周生贤:《关于〈中华人民共和国大气污染防治法(修订草案)〉的说明》,第十二届全国人民代表大会常务委员会第十二次会议,2014年12月22日于北京。

〔2〕 全国人大常委会法制工作委员会编:《中华人民共和国大气污染防治法释义》,法律出版社2015年版,第1页。

〔3〕 叶俊荣:《环境立法的两种模式:政策性立法与管制性立法》,载《清华法治论衡》2013年第3期。

本质所在。[1] 司法作为公平正义的最后一道防线，是生态文明法治建设中不可忽视的重要角色，在近年来正经历着转型发展。传统上，由于受到种种因素的影响，环境司法机制并未在当事人环境权益救济上发挥应有作用，相关机制亟待改进。[2] 实证研究也表明，我国环境侵权案件的裁判结果受到当事人身份、数量、案件发生地、审判期限的显著影响，在很大程度上阻碍了污染受害人获得法律救济的充分性与公平性；法官的司法能力及相关理论学说也亟待改进。[3]

在一定程度上说，司法机制不完善、权益救济不充分是一直以来阻碍我国生态文明建设与生态环境保护的一个重要因素；深入推进环境司法改革，是生态文明建设的助动力和基本保障。[4] 我国环境司法改革起步于 2007 年 11 月，以贵阳市中级人民法院和清镇市人民法院成立环保法庭为代表，并在随后不断发展取得极大成效。在体制改革上，在各级人民法院设立的环保法庭（审判机构）已经在全国得到普遍推广，为生态环境司法改革与环境权益救济提供了组织基础。从具体的司法机制上看，将环境资源领域民事、刑事、行政案件“三审合一”模式得到广泛实行。[5] 2014 年 6 月，最高人民法院正式成立环境资源审判庭，在组织机构层面上落实了生态环境司法改革的主要实施主体。具体而言，生态环境司法改革与转型发展途径的确定是由国家最高审判机关单独或联合相关部委发布相应的司法规范性文件、司法解释及典型性案例，明确相应的司法理念、原则与制度，推动生态环境司法不断适应生态文明建设的需要。（见表 4 -2）

---

〔1〕［美］E. 博登海默：《法理学，法律哲学与法律方法》，邓正来译，中国政法大学出版社 1999 年版，第 318 页。

〔2〕吕忠梅：《中国环境司法现状调查》，载《法学》2011 年第 4 期。

〔3〕陈海嵩：《环境侵权案件中司法公正的量化评价研究》，载《法制与社会发展》2018 年第 6 期。

〔4〕王树义：《论生态文明建设与环境司法改革》，载《中国法学》2014 年第 3 期。

〔5〕杜万华：《当前环境资源审判的重点和难点问题》，载《法律适用》2016 年第 2 期。

表 4－2　党的十八大以来司法机关推动生态环境司法改革的措施(现行有效)

制定主体	类型	名称	发布时间
最高人民法院	司法规范性文件	《关于全面加强环境资源审判工作为推进生态文明建设提供有力司法保障的意见》(法发〔2014〕11 号)	2014 年 6 月
		《关于充分发挥审判职能作用,为推进生态文明建设与绿色发展提供司法服务和保障的意见》(法发〔2016〕12 号)	2016 年 5 月
		《最高人民法院关于全面加强长江流域生态文明建设与绿色发展司法保障的意见》(法发〔2017〕30 号)	2017 年 12 月
		《关于深入学习贯彻习近平生态文明思想为新时代生态环境保护提供司法服务和保障的意见》(法发〔2018〕7 号)	2018 年 5 月
	司法解释	《关于审理环境民事公益诉讼案件适用法律若干问题的解释》(法释〔2015〕1 号)	2015 年 1 月
		《关于审理环境侵权责任纠纷案件适用法律若干问题的解释》(法释〔2015〕12 号)	2015 年 6 月
		《关于审理海洋自然资源与生态环境损害赔偿纠纷案件若干问题的规定》(法释〔2017〕23 号)	2017 年 12 月
		《关于审理环境公益诉讼案件的工作规范(试行)》	2017 年 4 月
	典型性案例	最高人民法院公布九起环境资源审判典型案例	2014 年 7 月
		人民法院环境保护行政案件十大案例	2014 年 12 月
		最高人民法院公布环境侵权典型案例	2015 年 12 月

续表

制定主体	类型	名称	发布时间
最高人民法院	典型性案例	人民法院环境保护行政案件十大案例(第二批)	2016年3月
		最高人民法院公布八起环境污染犯罪典型案例	2016年12月
		最高人民法院公布十起环境公益诉讼审判典型案例	2017年3月
		最高人民法院发布10起环境资源刑事、民事、行政典型案例	2017年6月
		最高人民法院发布长江流域环境资源审判十大典型案例	2017年12月
		人民法院服务保障新时代生态文明建设典型案例	2018年6月
		人民法院环境资源审判保障长江经济带高质量发展典型案例	2018年11月
最高人民法院、最高人民检察院	司法规范性文件	《关于办理环境污染刑事案件适用法律若干问题的解释》(法释〔2016〕29号)	2016年12月
最高人民法院、民政部、环境保护部	司法规范性文件	《关于贯彻实施环境民事公益诉讼制度的通知》(法〔2014〕352号)	2014年12月
最高人民检察院、生态环境部、国家发改委等	司法规范性文件	《关于在检察公益诉讼中加强协作配合依法打好污染防治攻坚战的意见》	2019年1月

从性质上分析,上表中所涉及的司法规范性文件和司法解释均属于司法政策的范畴,即司法机关所制定的对司法活动进行指引和规范

的规则,体现了司法机关对司法活动以及司法机关的角色所表达的基本观点和态度。[1] 显然,由司法政策所主导的生态环境司法改革充分体现了政治与法律的相互作用,取得了明显的成效。在执政党路线、方针、政策的指引下,通过进一步完善司法政策,深入推进生态环境司法改革,是当前我国环境法治变革中的一个重要和关键的内容。

四、政策对生态环境执法的支撑

长期以来,执法不力就是困扰我国环境法治的一个老大难问题。这一问题在近年来虽然有所改观,但并未从根本上得以解决。以大气污染防治为例。为解决以雾霾为代表的大气重污染问题,近年来大气污染防治立法及相应法律实践得到了明显强化。2015 年修订的《大气污染防治法》从原有七章 66 条扩充到八章 129 条,将立法目的确认为"保护和改善环境,防治大气污染,保障公众健康,推进生态文明建设",新增或完善了大气污染防治监督管理、大气污染防治措施、扬尘污染防治、重点区域大气污染联合防治、重污染天气应对等方面的诸多制度。但也必须看到,新《大气污染防治法》在贯彻实施中仍然面临许多阻碍,存在的主要问题包括:结构性污染问题较为突出;配套标准制定工作滞后;大气污染监督管理制度落实不到位;重点领域(工业污染控制、民用散煤污染控制、机动车污染和油品质量监管、扬尘污染防治监督管理等)大气污染防治措施不够有力;执法监管有待完善。[2]

为此,2018 年以来,党中央提出决胜全面建成小康社会的三大攻坚战,污染防治位列其中,打好"蓝天攻坚战"成为当前党政体制内相关部门的重点工作任务。为此,党和相关国家机关在各自权限范围内制定出台各种具体措施,成为落实《大气污染防治法》、有效提升大气环境质量的制度支撑。(见表 4 - 3)

---

〔1〕 李大勇:《司法政策论要》,载《现代法学》2014 年第 5 期。

〔2〕 栗战书:《全国人民代表大会常务委员会执法检查组关于检查〈中华人民共和国大气污染防治法〉实施情况的报告》,第十三届全国人民代表大会常务委员会第四次会议,2018 年 7 月 9 日于北京。

表 4-3 “大气污染防治攻坚战”相关政策一览表

发布主体	名称	性质	发布时间
中共中央、国务院	《关于全面加强生态环境保护　坚决打好污染防治攻坚战的意见》(中发〔2018〕17 号)	党的政策	2018 年 6 月
全国人大常委会	《关于全面加强生态环境保护　依法推动打好污染防治攻坚战的决议》	具有法律效力的文件	2018 年 7 月
国务院	《关于印发打赢蓝天保卫战三年行动计划的通知》(国发〔2018〕22 号)	国家政策	2018 年 6 月
最高人民检察院	《关于充分发挥检察职能作用助力打好污染防治攻坚战的通知》	司法解释	2018 年 7 月
生态环境部	《生态环境部贯彻落实〈全国人大常委会关于全面加强生态环境保护　依法推动打好污染防治攻坚战的决议〉实施方案》(环厅〔2018〕70 号)	行政规范性文件	2018 年 7 月
交通运输部	《关于全面加强生态环境保护　坚决打好污染防治攻坚战的实施意见》(交规划发〔2018〕81 号)	行政规范性文件	2018 年 6 月
工业和信息化部	《关于印发坚决打好工业和通信业污染防治攻坚战三年行动计划的通知》(工信部节〔2018〕136 号)	行政规范性文件	2018 年 7 月
中国民用航空局	《关于印发民航贯彻落实〈打赢蓝天保卫战三年行动计划〉工作方案的通知》(民航发〔2018〕95 号)	行政规范性文件	2018 年 9 月

从当前我国大气污染防治领域的监管与治理实践看,形式多样的各类政策发挥着主要支撑作用。从实施效果看,2018 年,我国大气环境质量得到稳步提升,取得明显成效。据统计,2018 年 1～12 月,全国城市空气质量平均优良天数比例为 79.3%,同比上一年度上升 1.3%;PM2.5 浓度同比下降 9.3%;SO_2 浓度同比下降 22.2%;NO_2 同比下降 6.5%。

第二节　生态环境监管机制变革中的法律难题

一、生态环境监管机制改革与环境法治变革

在概念界定上，生态文明体制是指推进生态文明建设所需的各种基础性、常态化的支撑条件和保障体系的总和，包括制度体系、组织体系和实施体系等主要部分，也是国家治理体系的一部分。[1] 从改革成效看，近年来我国生态文明体制改革得到加快推进，取得了明显成效，已初步建立起源头严防、过程严管、后果严惩的基础性制度框架。[2] 就具体内容而言，根据生态文明体制改革的“1+6”“组合拳”的定位，《生态文明体制改革总体方案》中专门加以阐释的八项制度构成了生态文明体制改革的重点任务，明确了当前我国生态文明体制改革的主要领域，[3]并在随后根据改革难度及紧迫度分解成各专项政策加以推行；与《生态文明体制改革总体方案》同时发布的六项改革试点方案则构成配套措施，并随后形成相应国家政策。上述改革措施涉及我国环境法律制度的诸多方面，决定了我国环境法治变革的基本方向。（见表4-4）

---

〔1〕 夏光：《蹄疾步稳绘就生态文明蓝图——〈生态文明体制改革总体方案〉解读》，载《中国环境报》2015年9月14日，第2版。

〔2〕 白天亮：《全面深化改革取得重大成就——访中央改革办常务副主任穆虹》，载《人民日报》2017年9月21日，第8版。

〔3〕 根据《生态文明体制改革总体方案》中的列举，我国生态文明体制改革的主要领域包括：自然资源资产产权、国土空间开发保护、空间规划体系、资源总量管理和节约、资源有偿使用和补偿、环境治理体系、生态环境保护市场体系、绩效考核和责任追究。

表 4－4　生态文明体制改革的重点领域及配套措施

定位	改革措施	规范来源及发布时间	所属领域	所涉法律条文
重点任务	《关于设立统一规范的国家生态文明试验区的意见》	中共中央办公厅、国务院办公厅文件；2016 年 8 月	国土空间开发保护	《环境保护法》第 4、19 条
	《关于省以下环保机构监测监察执法垂直管理制度改革试点工作的指导意见》（以下简称《指导意见》）	中共中央办公厅、国务院办公厅文件（中办发〔2016〕63 号）；2016 年 9 月	环境治理体系	《环境保护法》第 6、10、17、24 条
	《生态文明建设目标评价考核办法》	中共中央办公厅、国务院办公厅文件（厅字〔2016〕45 号）；2016 年 12 月	生态文明绩效考核和责任追究	《环境保护法》第 26 条
	《关于全面推行河长制的意见》	中共中央办公厅、国务院办公厅文件（厅字〔2016〕42 号）；2016 年 12 月	生态文明绩效考核和责任追究	《环境保护法》第 6 条；《水污染防治法》第 5 条
	《关于划定并严守生态保护红线的若干意见》	中共中央办公厅、国务院办公厅文件（厅字〔2017〕2 号）；2017 年 2 月	空间规划体系	《环境保护法》第 29 条
	《关于建立资源环境承载能力监测预警长效机制的若干意见》	中共中央办公厅、国务院办公厅文件（厅字〔2017〕25 号）；2017 年 9 月	生态文明绩效考核和责任追究	《环境保护法》第 18 条
	《建立国家公园体制总体方案》	中共中央办公厅、国务院办公厅文件（中办发〔2017〕55 号）；2017 年 9 月	国土空间开发保护	《环境保护法》第 29 条
	《关于健全生态保护补偿机制的意见》	国务院办公厅文件（国办发〔2016〕31 号）；2016 年 5 月	资源有偿使用和补偿	《环境保护法》第 31 条

续表

定位	改革措施	规范来源及发布时间	所属领域	所涉法律条文
	《湿地保护修复制度方案》	国务院办公厅文件(国办发〔2016〕89号);2016年11月	资源总量管理和节约	《环境保护法》第32条
配套措施	《环境保护督察方案(试行)》	中共中央办公厅、国务院办公厅文件(厅字〔2015〕21号);2015年9月	生态文明绩效考核和责任追究	《环境保护法》第67条
	《生态环境监测网络建设方案》	国务院办公厅文件(国办发〔2015〕56号);2015年7月	环境治理体系	《环境保护法》第17条
	《开展领导干部自然资源资产离任审计试点方案》	中共中央办公厅、国务院办公厅文件(厅字〔2015〕32号);2015年11月	生态文明绩效考核和责任追究	《环境保护法》第6、30条
	《党政领导干部生态环境损害责任追究办法(试行)》	中共中央办公厅、国务院办公厅文件(中办发〔2015〕45号);2015年8月	生态文明绩效考核和责任追究	《环境保护法》第26、67、68条
	《编制自然资源资产负债表试点方案》	国务院办公厅(国办发〔2015〕82号);2015年11月	生态文明绩效考核和责任追究	《环境保护法》第6条
	《生态环境损害赔偿制度改革试点方案》	中共中央办公厅、国务院办公厅文件(中办发〔2015〕57号);2015年12月	环境治理体系	《环境保护法》第5条

根据表4-4,可以对当前生态环境监管机制改革进展及对环境法治的影响进行如下分析:

第一,从涉及领域看,“生态文明绩效考核和责任追究”无疑是当前生态文明体制改革中最为突出的领域,制定的系列相关制度包括:生态文明建设目标评价考核制度、河长制、资源环境承载能力监测预警长效机制、环境保护督察制度、领导干部自然资源资产离任审计制度、自然资源资产负债表制度等，同时专门出台了责任追究的规范性文件《党政领导干部生态环境损害责任追究办法（试行）》，对各级党委政府及相关部门的环境保护责任进行了严密、细致、全面的规定，并在实践中得到严格的落实，极大地扭转了传统地方政府"重经济建设忽视环境保护"的现象。例如，在 2016 年 7 ~ 8 月对内蒙古、江苏、云南、广西、黑龙江、河南、江西、宁夏等 8 省（区）开展的第一批中央环保督察中，督察组共发现并移交 100 个涉及地方政府生态环境责任追究的问题；2017 年 11 月，问责情况向社会公开，8 省（区）共问责 1140 人，其中，厅级干部 130 人（正厅级干部 24 人），处级干部 504 人（正处级干部 248 人）；责任形式多样，不仅包括行政处分，还包括党纪、政纪处分，情节严重者移交司法机关。[1]

以环境法角度观之，生态文明绩效考核和责任追究领域的改革，是对《环境保护法》所确立的"政府环境责任"的完善与落实，也是有效促进我国环境法实施的有力措施。"落实并强化政府环境责任"是 2014 年新《环境保护法》修订的主要议题和突出特点之一，[2]相关条款包括《环境保护法》第 26 条（环境保护目标责任制和考核评价制度）、第 67 条（对政府及环境保护部门的监督）、第 68 条（对责任人的追究）等。应当说，以环境保护督察制度为代表的生态文明绩效考核和责任追究改革措施，充分体现了党中央、国务院加强生态环境保护的意志与决心，凸显了环保"新常态"下我国环境法的实施力度，[3]印证了立法者在修订《环境保护法》时对"政府环境责任"如何落实的判断，[4]有效

[1] 孙秀艳：《第一批中央环保督察移交案件问责情况公开》，载《人民日报》2017 年 11 月 17 日，第 15 版。

[2] 陈海嵩：《政府环境责任的实证研究》，载《社会科学战线》2016 年第 4 期。

[3] 陈海嵩：《绿色发展中的环境法实施问题》，载《中国法学》2016 年第 1 期。

[4] 针对《环境保护法》第 26 条的实施，立法者明确指出"其实际运行效果有赖于各级党委政府的决定、力度，有赖于目标、措施、考核评价指标的科学性"。参见全国人大常委会法制工作委员会编：《中华人民共和国环境保护法释义》，法律出版社 2014 年版，第 93 页。

推动了我国环境法治的发展进步。

第二,从规范依据看,目前生态环境监管机制改革的主要依据是相关政策文件,按效力等级从高到低分为如下三个层次:(1)由中共中央办公厅、国务院办公厅联合印发,发文机关代字为"中办发"的文件,属于严格意义上中央向地方下发的文件(文件抬头专门标明)。具体包括:《指导意见》《建立国家公园体制总体方案》《党政领导干部生态环境损害责任追究办法(试行)》《生态环境损害赔偿制度改革试点方案》。(2)由中共中央办公厅、国务院办公厅联合印发,发文机关代字为"厅字"的文件,是中办、国办就具体问题向特定对象发出的通知类、公函类文件,效力等级在我国规范性文件体系内最低,公文印刷字号也最小,文件编号下的横线中不带五角星。具体包括:《生态文明建设目标评价考核办法》《关于全面推行河长制的意见》《关于划定并严守生态保护红线的若干意见》《关于建立资源环境承载能力监测预警长效机制的若干意见》《环境保护督察方案(试行)》《开展领导干部自然资源资产离任审计试点方案》。(3)由国务院办公厅单独印发,发文机关代字为"国办发"的文件,其规范效力限于行政系统(国务院各部门和各地方政府)内部,不涉及地方各级党委。具体包括:《关于健全生态保护补偿机制的意见》《湿地保护修复制度方案》《生态环境监测网络建设方案》《编制自然资源资产负债表试点方案》。另有个别文件无法从公开渠道获取发文字号,不纳入统计。

以环境法典编纂角度观之,目前生态环境监管机制改革的主要规范依据并非严格意义上的法律法规,而是党和国家的规范性文件,这体现了环境政策与环境法的紧密联系和互动。在整体上看,环境问题的特质决定了单纯依靠环境法律或环境政策都无法有效应对,必须通过环境政策与环境法律的协调配合方能实现。[1] 从历史上看,环境政策一直对我国环境法律的理念、导向以及具体制度的形成产生影响,并运用其灵活性优势推动环境法律的有效实施。在某种意义上说,中国环

---

〔1〕 李龙、李慧敏:《政策与法律的互动谐变关系探析》,载《理论与改革》2017 年第 1 期。

境法实质上就是环境政策的体现。[1] 在这个意义上,环境政策有效促进了我国环境法的主动性、增益性功能,超越了传统环境法所着重的被动性、抑负性功能,是"第二代环境法"在我国形成的标志所在。[2]

同时还应注意到,当前我国环境政策绝非"铁板一块",而是具有丰富的层次性,体现了党和政府在考虑实际情况后推进生态环境监管机制改革的步骤性、灵活性和可操作性。这一点主要可以从不同类型的发文字号中加以判断。[3] 相较而言,等级效力最高的政策文件(中共中央办公厅、国务院办公厅联合印发的"中办发"文件)更加充分体现了党中央深化改革的决心与意志,相应地,改革措施涉及面更广、力度更大,对现有的法律制度也会产生一定的冲击,最具代表性的是《关于省以下环保机构监测监察执法垂直管理制度改革试点工作的指导意见》《党政领导干部生态环境损害责任追究办法(试行)》等。

二、生态环境监管机制改革中的环境法律问题

(一)生态环境管理体制改革的内在冲突与法律问题

有效的管理体制是任何一部法律得以"落地"的基础性组织保障。同时,依据依法行政原则的基本要求,在特定领域行使行政权力必须在国家立法中得以确认和授权,获得特定职权,并成为相应的"行政主管部门"。一直以来,我国环境管理体制在横向关系上实行"统一管理与分部门负责相结合",除环境保护部门承担"统一监督管理"的职责外,还有大量相关部门也承担一定的环境保护职责;在纵向关系上实行"以块为主"体制,严格按照行政区划设定相应的环境保护部门,属于同级人民政府的组成部门。这一管理体制在1989年《环境保护法》中得以确立,并在2014年修订后《环境保护法》中得以保留。实践表明,现行环境管理体制在横向关系和纵向关系上都存在较大的缺陷,早已不能适应生态文明建设的需要,或者说已经成为阻碍我国生态环境保

---

[1] 别涛:《关于〈环境保护法〉的修改方向》,载王树义主编:《可持续发展与中国环境法治》,科学出版社2005年版。

[2] 郭武:《论中国第二代环境法的形成和发展趋势》,载《法商研究》2017年第1期。

[3] 根据2012年7月发布的《党政机关公文处理工作条例》第9条的规定,发文字号是公文的重要组成部分,代表了该文件的发文机关和内容等级。

护工作的体制性因素,亟待加以改革创新。具体而言,在横向关系上,分散在各部门的环保职责一直不能得到很好落实,环保职能与发展职能之间存在内在冲突,缺乏统一指导、协调机制;在纵向关系上,地方政府对环境质量的主体责任缺乏监督,重发展轻环保的问题比较普遍,地方保护主义、有法不依、执法不严、违法不究等现象严重。[1]

基于此,环境管理体制工作成为当前生态文明体制改革的重点,主要从两个方面展开:(1)在横向关系上,为克服多头监管、交叉监管和"碎片化"监管问题,以整体性、综合性监管为目标的"环保大部制改革"逐步推行。2015年,《生态文明体制改革方案》率先提出:将分散在各部门的环境保护职责调整到一个部门,逐步实行城乡环境保护工作由一个部门进行统一监管和行政执法的体制。2017年10月,党的十九大报告再次强调,"完善生态环境管理制度,统一行使监管城乡各类污染排放和行政执法职责"。从实践情况看,浙江、福建等地已经开展了生态环境保护统一监管的试点工作,将国土资源部门、水利部门、林业部门、海洋部门中的生态环境保护职能进行了合并。[2] (2)在纵向关系上,为克服地方保护主义,加强对地方政府履行环保职责的监督,以增强管控能力、强化监督为目标的环保垂直管理制度改革得以实行。根据2016年发布的《指导意见》,县级环保局不再作为同级政府的组成部门,而被调整为上级环保部门的派出分局;市级环保局实行以省环保厅(局)为主的双重管理;环境质量监测和环境监察职能统一收到省级,由省环保部门负责和管理;环境执法重心下移,由市级环境部门对所辖区域的环境执法队伍进行集中管理。从实践情况看,环保垂直管理改革首先在河北、上海、江苏、重庆等地进行试点,试点省份制定改革实施方案后报环境保护部和中央编办审批后加以执行。目前,重庆、河北两地已经基本完成环保垂直管理改革任务,对原有的环保机构与职

[1] 任勇:《垂直管理改革的逻辑与任务》,载《中国环境报》2016年10月13日,第3版。

[2] 刘毅:《生态环境监管体制改革将有序推进》,载《人民日报》2017年10月24日,第7版。

能进行了重构;其他地方的垂直管理改革计划在2018年全面展开。[1]

可见,环保垂直管理改革与生态环境监管"大部制"改革分别代表着环境管理纵向体制改革和横向体制改革,体现了生态环境监管机制改革的全面推进与深化。然而,目前的纵向体制改革和横向体制改革已经明确突破了《环境保护法》对环境管理体制的规定,在实践中造成一定冲突,这一矛盾集中表现在县(区)层面。根据环保垂直管理改革,目前的县(区)环保部门全部由上级环保部门进行垂直管理,同时根据"环保大部制改革"的精神,改革后的环保部门势必要吸收相关部门(包括国土资源部门、水利部门、林业部门等)在生态环境保护上的职权,甚至可能将原有多个部门加以合并。[2] 此时,对于在"大部制"改革中被划归到环保部门的其他职权,是否也应当进行垂直管理?如果不进行垂直管理,显然与前述《指导意见》的精神不符;如果进行垂直管理,就意味着在事实上将无须垂直管理的其他部门职权也收归上级管理,可能造成县(区)政府在该领域缺乏部门支撑,无法履行相应政府责任。

"大部制改革"与"环保垂改"的矛盾,已经在实践中凸显出来。例如,贵阳市为推进生态文明建设,已经在2012年11月实行了"大部制改革",将原市环保局、林业局、园林局、两湖一库管理局予以合并,并划转市文明办、发改、工信、住建、城管、水利等部门涉及生态文明的相关职责,组建"贵阳市生态文明建设委员会"作为市政府负责生态环境保护工作的组成部门;各区(县)则成立生态文明建设局,是同级政府的组成部门。按照环保垂直管理改革的要求,各区(县)的生态文明建设局调整为贵阳市生态文明建设委员会的派出机构,这就在事实上使得原林业局、园林局的职能也被一并调整为上级垂直管理,各区(县)

---

[1] 高伟:《多地完成环保垂改方案制定工作　改革试点进展明显》,载《经济观察报》2017年9月28日,第7版。

[2] 尽管目前"环保大部制改革"尚未出台明确的方案,但普遍认为新成立的生态环境监管机构"将在很大程度上整合目前散落在各部门手中的环境保护权力"。参见章轲:《国有自然资源资产监管机构将揭面纱　部委权力待整合》,载《第一财经日报》2017年10月30日,第1版。

政府开展林业、园林工作失去了组织载体,无法履行其职责,和相关法律的授权相冲突,也很可能导致地方政府不再对林业、园林工作提供资金、人员和政策支持,反而对生态文明建设造成不利影响。如何将纵向体制改革与横向体制改革加以协调,实现有机结合,无疑是环境管理体制改革迫在眉睫的任务。

(二)环境监管执法改革中的法律问题

环境执法制度改革是当前生态环境监管机制改革重点任务之一。根据《指导意见》,县级环保局调整为上级环保部门的派出机构,由市环保部门统一管理,调配本行政区域内的环境执法力量;环境执法事权下移到市县,由县环保部门对环境违法行为实施现场检查、行政处罚、行政强制。按照依法行政的基本要求,由于这一改革措施涉及现场检查、行政处罚、行政强制等行政权力的行使,故必须获得相应的法律依据。根据2014年《环境保护法》的规定,环境保护主管部门对本行政区域环境保护工作实施统一监督管理;环境保护主管部门及其委托的环境监察机构有权对环境违法行为进行现场检查;环境保护部门的主管部门可以对环境违法行为采取罚款、责令采取限制生产、停产整治等措施,也可以对相关设备设施进行查封、扣押。[1] 显然,环境保护主管部门是进行环境执法的职权主体,享有《环境保护法》的完整授权,拥有现场检查、行政处罚、行政强制等行政权力;环境监察执法机构仅仅获得了现场检查的法定职权(第24条),并不具有行政处罚、行政强制的法定权力,只能在接受职权主体(环保主管部门)委托后作出行政处罚。这也是一直以来环境执法的普遍做法,即环境监察执法部门与环保局签订"执法委托书",以环保主管部门名义实施行政处罚。

然而,在垂直管理之后,县级环保局在成为上级环保部门的派出机构后不再当然获得行政主体资格,由于现行法律法规并未就作为派出机构的县级环保部门进行单独授权,故其实施现场检查、行政处罚、行政强制的权力也就不复存在,也就不可能继续委托环境执法部门实施

[1] 相应条款包括:《环境保护法》第10、24～25、59～63条。

行政处罚。[1] 此时,基层环境执法部门进行现场检查、行政处罚就缺乏明确的法律依据,造成环境执法“权力—责任”体系的混乱,也使得行政相对人难以确定提起行政救济(行政复议和行政诉讼)的对象,不利于公民权益的保护。

更进一步地看,在环境执法机构进行垂直管理后,如何确保县级人民政府在生态环境保护领域的权力和能力相匹配,是更为紧迫的问题。2014年《环境保护法》第6条第2款明确规定:“地方各级人民政府应当对本行政区域的环境质量负责。”对环境违法行为实施现场检查、行政处罚、行政强制,是遏制环境污染、保障环境质量的主要行政手段之一,是政府履行环境责任的重要措施。在县级环境执法机构随同级环保部门一并实施垂直管理后,各县(区)人民政府在事实上就失去了履行环保责任的主要组织载体和人员、技术力量,造成职责与能力不对等,给生态文明建设在基层的全面推进造成隐患。

(三)环境监察改革中的法律问题

环境监察改革是当前生态文明体制改革的“亮点”和重要创新所在,已经建立“国家—省”两级的环境监察体系(包含中央环保督察和省级环境监察),在督促各级党委政府及其工作部门积极改善环境质量、履行环保职责上发挥了重要作用。根据《指导意见》的相关规定,环境监察职能与环境执法职能分离,前者的任务是对地方党委政府及有关部门履行环保职责、执行环境法律与政策情况进行监督检查(督政),后者的任务是对环境违法行为进行查处(查企)。从组织机构上看,原有的“环境监察执法机构”调整为专门从事环境执法的机构,[2] 根据“督政”的需要新设立环境监察机构。就中央环保督察而言,主要包括国务院新设立的“国家环境保护督察工作领导小组”;就省级环保督察而言,主要是根据“环保垂改”的要求,将环境监察职权上收至省

[1] 根据行政委托的一般原理,派出机构不能将其职权委托他人行使。参见章剑生:《现代行政法总论》,法律出版社2014年版,第122页。

[2] 在中央层面(环境保护部)设立环境监察局,地方层面则包含三级机构:省级环境监察总队(分局)、地市级环境监察支队、县级环境监察大队。

级环境保护部门统一行使，在环保系统内部成立相应机构，按照本地实际情况在各地派驻环境监察人员。例如，根据《河北省环保机构监测监察执法垂直管理制度改革实施方案》的规定，原先各市、县“环境监察支队（大队）”更名为“环境执法支队（大队）”；新设立环境监察专员制度，在全省范围内跨区域设立监察专员办公室，按照环保厅内设机构进行管理，并向各市派驻环境监察人员。

从法律依据上看，以“督政”为目标的环境监察制度在2014年《环境保护法》中的相关条款为第67条。根据该条规定，上级人民政府及环保主管部门应加强对下级政府和有关部门环境保护工作的监督。从字义上分析，该条规定确立了两种形式的“督政”：一是上级政府对下级政府环境保护工作的监督，二是上级环保主管部门对下级环保部门的监督。两者符合行政科层体系内上下级之间层级化的监督机制，[1]具有充分的组织法依据，也为当前“国家监督省级政府”的中央环保督察提供了法律依据。但是，就当前“省环保部门监督地方政府”的省级环保督察而言，监督主体（省环保厅）和被监督主体（市级、县级政府）之间并不存在上下级的行政隶属关系，无法将《环境保护法》第67条作为法律依据。这也可以从该法的立法解释中找到相应说明。[2]因此，从全面推进依法治国角度看，目前省级环境监察机构的设立在合法性上尚有不足。

三、生态环境监管制度转型对环境法典的启示

分析近年来我国环境监管制度变迁的过程，最为核心的是两个关键环节：一是环保部门借助上级行政权威开展运动式治理（环保综合督查），以克服长期以来环境监管常规科层逻辑的失效，强化各级政府

[1] 在行政法上，基于科层制的原理，行政机构的组织形式具有层级性和一体性，下级机构须服从上级机构的指挥与监督。参见翁岳生主编：《行政法》（上），台北，元照出版有限公司2006年版，第15页。

[2] 根据《环境保护法》的立法解释，针对“上级人民政府环境保护主管部门对下级人民政府的环境保护工作进行监督”，立法机关认为这种监督方式“在宪法和地方组织法上没有直接规定”，因此并未加以认可。参见全国人大常委会法制工作委员会编：《中华人民共和国环境保护法释义》，法律出版社2014年版，第233～234页。

在环境监管上的职责；二是党中央、国务院通过强化环境监管的问责逻辑来贯彻生态环境保护的国家意志，并建立专业化、规范化、常态化的中央环保督察制度予以保障，初步形成“科层化”的环保督察实践机制与组织体系，实现环境监管从单一“监督政府”到“党政同责”“一岗双责”的转变。上述两个方面构成了近年来我国环境监管转型与改革的主体内容，在很大程度上重构了环境监管领域中相关主体，特别是各级党委政府的行为目标与行动策略，促进了环境法的有效实施。

在更为宏观的环境管理体制改革层面上，近年来，围绕环保督察展开的环境监管制度变迁，是当前正在进行的环保垂直管理制度改革的一个重要组成部分。2016 年 7 月，中央深改组审议通过的《指导意见》并以中办、国办的名义联合予以发布（中办发〔2016〕63 号文件）提出，环保监测、监察和执法机构实行由省级环保部门统一管理，并在全国多个省（市）进行改革试点，一些省市（如河北、重庆等）已完成垂直管理改革并进入实践阶段。根据《指导意见》第 7 条的规定，由省级环保部门统一行使下辖市、县环保部门的环境监察职能，对本省范围内市级和县级政府履行环境保护职责和执行环保法律法规、政策的情况进行监督检查，这是对环保督察实践的认可，亦通过机构改革的方式得以确认。[1] 以治理逻辑的视角观之，前述《指导意见》对传统上我国“以块为主”的环境管理体制进行了较大变革，强化了省级环保部门在“条条”领域中的权威性，打破了传统上“国家—省—市—县（区）”的多层级环境监察科层体系，代之以“国家—省”的单层级科层体系，应当说代表了我国环境监管转型的基本方向。然而，如何通过组织构造与制度重构等中观层面上的环境监管转型，保障宏观层面上的“环保垂直管理改革”取得预定成效，仍然需要更为深入的思考。

换言之，当前我国环境监管在制度逻辑上仍然存在一些现实的缺陷与潜在的弊端。如何有效克服这些缺陷与弊端，决定了我国环境管理体制改革的成效与环境监管转型的发展方向，也是未来相当一段时间内影响环境法能否得到有效实施的关键因素。

---

〔1〕 任勇：《垂直管理改革的逻辑与任务》，载《中国环境报》2016 年 10 月 13 日，第 5 版。

总体而言,我国环境监管制度变迁关键环节在于通过组织化路径落实环境监管转型目标。组织化路径意味着通过合理的任务设定、机构设置及工作机制安排,形成适应环境监管现实需要的组织结构,使得相关主体能够切实履行自身职责。就环境监察执法机构而言,根据前述环保垂直管理改革的《指导意见》,应形成"国家—省"的单层级科层体系,而各省环保部门则需要根据自身情况,通过向地级市或跨市级行政区域派驻专门机构或人员的方式进行环境监察,[1]改革方向较为清晰,在此不作专门讨论。尤为关键和需要厘清的问题,在于合理定位环保督察的制度功能及其组织机构。解决这一问题需要考虑两方面的因素:一是对科层制理论进行必要的反思,二是结合中国国家治理与社会转型的时代背景与实践特征,在此基础上建构合适的组织体系。

就前一个问题而言,有必要看到,马克斯·韦伯在传统科层制理论中,过度强调了科层制的形式理性,即将层级化的形式结构作为科层组织运作的目标和基本特征,忽视了科层组织运作的效率与工具理性问题,这就造成理想化的科层组织设定与其现实运作之间存在巨大张力。[2] 概言之,传统科层制在形式理性与工具理性上存在背离并导致效率低下和组织僵化;解决这一问题的思路,是根据实现特定任务目标的需要,在科层组织的形式理性与工具理性之间进行必要的平衡。这一点也可从20世纪80年代以来西方国家"新公共管理运动"的发展历史及学界通说中得以验证,即有必要对传统的政府机构进行改革,以"再造政府"、提高行政效能,但也不能简单地"摒弃"官僚制,科层组织在当代社会仍有存在的必要。[3] 基于这一理论立场,就我国的环保督察制度而言,既需要通过一定程度的"科层化"避免制度运作的短期性

---

〔1〕 例如,在最先进行环保垂直管理改革的河北省,其在省环保厅设专职负责环境监察工作的厅领导和相关处室,同时跨区域设置6个环境监察专员办公室,向各市派驻环境监察处,驻市开展环境监察工作。参见周迎久、张铭贤:《改体制 调机构 动人员 强保障 河北垂管改革落地生根》,载《中国环境报》2017年2月24日。

〔2〕 [美]W. 理查德·斯科特、杰拉尔德·F. 戴维斯:《组织理论:理性、自然与开放系统的视角》,高俊山译,中国人民大学出版社2011年版,第45页。

〔3〕 郁建兴、吴国骅:《新公共管理运动与官僚制》,载《教学与研究》2003年第9期。

与随意性，发挥科层组织在专业化、规范化上的（专业）理性优势，形成相对稳定的制度规则与行为预期，同时也需要发挥“运动型治理”在政治动员、资源集中及目标实现上的灵活性与效率优势，基于行为目标及工具理性而构建相应的组织结构，从而及时回应现实中暴露的突出环境问题。

就后一个问题而言，有学者指出，中国国家治理存在一个“制度化悖论”，即改革意味着中国国家治理的常规化，但它却是以动员（运动）的方式进行的。[1] 这一悖论在实践中表现为：基于政治动员的运动式任务在初步完成目标后，被官僚体系所消解吸收，转变为一个以绩效考核为表现形式的日常工作任务，导致国家治理陷入“内卷化”的困境。[2] 为避免环保督察及环境监管体制陷入“内卷化”的困境，需要超越单纯制度层面的讨论，在当代中国国家治理的整体结构中予以“破局”。如前所述，目前我国环保垂直管理改革的核心，是以“国家—省”的单层级环境监管科层体系取代现有的多层级科层体系，强化省级政府及其环保部门在本行政区域内的自主权。从国家治理的整体性视角看，这意味着中央对地方（省级政府）在环保工作上的放权。然而，为保证国家治理的权威性和一体性，中央在向地方放权的同时还必须“有所保留”，以确保其意志能够在各地得到有效贯彻，避免陷入历史上“一放就乱”的怪圈。实际上这也正是我国处理“中央—地方”关系上行之有效的做法，即以放权为主轴调整中央与地方关系，赋予地方政府在广泛事务上的自主权，但保留了地方政府随时配合中央中心工作的权力。[3] 这一“准分权”结构可以也有必要适用于环境监管领域，即中央针对省级政府保留发动环保督察巡视的权力，在必要时通过“运动式”的政治动员和压力传导，督促、激励省级政府有效履行其环境保护职责，使环保督察任务不被传统科层组织所“吸纳”而沦为上下级之

---

〔1〕［美］詹姆斯·R. 汤森、布兰特利·沃马克：《中国政治》，顾速、董方译，江苏人民出版社2010年版，第117页。

〔2〕倪星、原超：《地方政府的运动式治理是如何走向“常规化”的》，载《公共行政评论》2014年第2期。

〔3〕何艳玲、汪广龙：《中国转型秩序及其制度逻辑》，载《中国社会科学》2016年第6期。

间的“数字游戏”。

综上所述，我国环境监管转型的理论与现实决定了环保督察制度具有“长期稳定运作”和“灵活高效”的双重任务目标；为适应这一复合型目标体系，需要建立相应的复合型组织体系，使其既能避免单纯“运动型治理”在制度化、长效化上的不足，又能克服传统科层制在运作效率和组织惰性上的弊端。为此，需要建立“半科层化”的环保督察组织体系，在不同层级上构建不同类型的组织体系。具体包括：在中央政府层面，保留对地方政府开展“运动式”督察的“专断性权力”，将目前“国务院环境保护督察工作领导小组”作为承担全国范围内环保督察任务的议事协调机构，在生态环境部设立常设办事机构（国家环境保护督察办公室），负责中央环保督察的日常组织与协调工作，不定期组建环保督察巡视组针对省级党委政府开展督察工作，在“放权”的同时确保生态环境保护的中央意志在各地能够得以贯彻；在省级政府层面，则需要进一步完善科层组织建设，使环保督察成为省级环保部门的“基础性权力”及日常工作任务，将目前的“环保综合督查”、特别是对市县级政府的“督政”纳入省级环境监察机构的职责范围，并在本次环保垂直管理改革中予以确认，为省级政府履行其环境保护职责提供专业化、规范化的组织保障。目前，各地设立的“环境保护督察工作领导小组”作为承担临时性任务的议事协调机构，在必要时（如对接中央环保督察并进行整改、问责，应对突发、重大环境问题）开展一定的部门间协调工作，但与“国务院环境保护督察工作领导小组”之间不存在直接的行政隶属关系。

第三节　生态环境管理体制改革中的法律障碍

我国环境法治在取得较大进步的同时，仍然存在诸多难题亟待解决；前述六个方面的生态环境问题广泛存在于多个省份，绝非一时一地的个别性、地方性问题，究其原因，在于我国环境保护工作日益进入“深水区”，人民群众在改善环境质量、解决生态环境问题上的迫切需要与旧有体制中的一些因素产生冲突，需要我们深入挖掘阻碍我国生态环境保护及环境质量改善的体制性因素并有针对性地加以解决，切实推动生态文明体制改革与机制创新。下面即从三个方面对此展开分析。

一、环保纵向府际关系中的体制性障碍

分析中央环保督察所揭露出的生态环境问题，最为明显、最为普遍的体制性因素是“中央—地方”关系，具体表现为地方政府贯彻执行国家环境法律法规、政策不力，中央出台的生态环境保护法规、政策在一些地方难以得到真正落实。概言之，中央与地方政府之间在环保领域的纵向府际关系（央地关系）是制约中国环境法治最为重要的体制性、结构性因素，需要加以专门分析。

（一）“中央—地方”关系的转变及其对环境法治的影响

在不同层级政府之前配置治理权力的纵向分权，是历史和现实中任何一个国家中都存在的情形。[1] 央地关系在我国经历了从“高度集中”到“适度分权”的转变过程。自改革开放以来，中央向地方的放权改革重构了我国“中央—地方”关系并广泛辐射到经济社会发展的各个方面，直接决定了环境法律与政策的实施情况，构成了影响环境法治发展的重要变量。由于我国的国家结构形式属于单一制，中央与地方关系应视为一种“委托—代理”关系；分权改革过程强化了央地之间偏好的差异，弱化了中央对地方的奖励机制，也显著增强了地方的信息优势。[2] 放权改革后的“中央—地方”关系造成地方政府权力的扩展，其不再是上级政府的“权力传送带”，而是具有自身独立的利益诉求，由此形成的“权力—利益”结构及制度实践在很大程度上对环境法治构成了不利影响：在地方政府“块块”层面上，各级地方政府是包括生态环境保护在内政府职能的实际履行者，中央政府一般不加以直接干

---

〔1〕 苏力：《当代中国的中央与地方分权》，载《中国社会科学》2004 年第 2 期。
〔2〕 景跃进等：《当代中国政府与政治》，中国人民大学出版社 2016 年版，第 199 页。

预,[1]形成了"以块为主"的环境管理体制,但由于政绩考核和财政来源的双重压力,环境保护一直未能真正构成对政府及其官员行为的影响因素;在环保部门"条条"层面上,上下级环保部门在环境政策执行上普遍存在"讨价还价"式的博弈关系并具有更大的谈判优势地位。[2]

总体而言,我国改革开放以来形成的地方分权体制缺乏对环境保护的有效激励,环境法律与政策无法通过地方政府常规性的监管机制得到有效执行和落实;随着"委托—代理"链条的不断增加,环保任务的落实和环境法律的实施在基层遭遇到较大的"变通""选择性执行"甚至在事实上被搁置。这一现象广泛存在于中央政策在地方的执行过程,被学者总结为地方政府(特别是基层政府)通过"共谋"瓦解中央权威以追求自身利益,已经演化成为一个制度化的非正式行为。[3] 在这一意义上说,监管主体(地方政府)与监管对象(污染企业)之间的利益关联使得我国环境执法存在严重的"俘获"现象,使其无法有效地执行中央政府的环境法律与政策;前述中央环保督察所揭露的六大重点问题,无不反映出地方政府在履行环保职责、执行环境法律与政策上的缺陷,甚至仍然存在运用行政权力为污染企业"保驾护航"、通过地方立法与政策为生态破坏行为"开口子"等严重失职行为。正是在这一意义上,学者们所提出的论断——"一些地方政府不履行环境保护责任以及履行环境保护责任不到位,已成为当前制约我国环境保护事业和环境法律实施的严重障碍"仍然具有现实意义和针对性。[4]

(二)改进纵向府际关系的制度措施

为克服"中央—地方"关系对我国环境法治的阻碍,使生态文明建

---

[1] 郁建兴、高翔:《地方发展型政府的行为逻辑及制度基础》,载《中国社会科学》2012 年第 5 期。

[2] 周雪光、练宏:《政府内部上下级部门间谈判的一个分析模型——以环境政策实施为例》,载《中国社会科学》2011 年第 5 期。

[3] 周雪光:《基层政府间的"共谋现象":一个政府行为的制度逻辑》,载《社会学研究》2008 年第 6 期。

[4] 余光辉、陈亮:《论我国环境执法机制的完善》,载《法律科学》2010 年第 5 期;吕忠梅:《监管环境监管者:立法缺失及制度构建》,载《法商研究》2009 年第 5 期。

设的中央意志在地方得以贯彻和执行，在现行党政体制内可以采取的措施主要有两类：一是将环境保护部门进行垂直管理，改变传统上环境管理“属地管理”“以块为主”的制度安排，通过管理体制、组织机构、财政关系等方面的变革有效贯彻中央意志，这也是20世纪90年代以来我国加强中央集权所普遍采取的方法，近1/3的中央部门已经设置有垂直管理机构。[1] 目前正在全国全面推开的环保垂直管理改革，[2] 正是对这一思路的沿用，其改革的目标和基本任务即为“解决制约环境保护事业发展的体制机制障碍，推动环境质量改善”，解决地方政府有法不依、执法不严等问题。[3] 二是加强以“党管干部”为核心的纵向问责机制，对下级党委政府主要领导干部落实环境法律与政策的情况进行监督。中央环保督察制度的推行及2015年《党政领导干部生态环境损害责任追究办法》的制定与实施，就充分反映出通过“党政同责”“一岗双责”制约地方政府行为、克服地方保护主义的改革目标。

上述改革措施的行为逻辑，可总结为：通过运用国家的“专断性权力”（despotic power），将统治者的意志加以单方面的推行和实现。[4] 运用国家的“专断性权力”、强化中央集权会在短期内显著加强环境法律与政策的实施力度与效果，中央环保督察在各地引发的“环保风暴”即为例证。从中央环保督察的具体成效看，2016年首个工作日（1月4日），首个中央环境保护督察组进驻河北省开展督察试点工作，代表着中央环保督察制度的“强力”实施。[5] 继河北省试点之后，中央环境保

---

〔1〕 沈荣华：《分权背景下的政府垂直管理：模式与思路》，载《中国行政管理》2009年第9期。

〔2〕 根据2016年9月中办、国办发布的《关于省以下环保机构监测监察执法垂直管理制度改革试点工作的指导意见》，对环境管理体制实行省以下的垂直管理改革，省级环保部门对辖区内的监测、监察、执法等内容进行统一负责和管理；在河北、上海、江苏、重庆等地进行试点后，计划2018年在全国全面推行。

〔3〕 王昆婷、童克难：《注重条块结合　强化履职尽责——解读〈关于省以下环保机构监测监察执法垂直管理制度改革试点工作的指导意见〉》，载《中国环境报》2016年9月23日，第1版。

〔4〕 国家权力中“专断性权力”（despotic power）和“基础性权力”（infrastructure power）的划分及具体含义，参见［英］迈克尔·曼：《社会权力的来源》（第二卷·上），陈海宏等译，上海人民出版社2007年版，第68～69页。

〔5〕 葛察忠等：《环境保护督察巡视：党政同责的顶层制度》，载《中国环境管理》2016年第1期。

护督察组在2016年先后开展了第一批、第二批督察工作,督察对象共计15个省(直辖市、自治区)。2017年,其余15个省(直辖市、自治区)同样分为两批(第三、四批)接受中央环保督察巡视,已经实现中央环保督察在全国范围内的"全覆盖"。在实际成效上,中央环保督察有力地推进了地方党委对环境保护工作的重视,督促地方政府履行环境保护职责,有效解决了一批重大环境问题,责任追究的方式主要包括立案处罚、约谈、拘留(包括行政拘留和刑事拘留)、问责等。(见表4-5)

表4-5 第一轮全国范围中央环保督察及责任追究情况

督察批次	督察时间	督察对象	责任追究情况			
			立案处罚/件	约谈/人	拘留/人	问责/人
中央环保督察试点	2016.1~2016.2	河北	200	65	123	366
第一批中央环保督察①	2016.7~2016.8	内蒙古、黑龙江、江苏、江西、河南、广西、云南、宁夏	2659	2176	310	3287
第二批中央环保督察	2016.11~2016.12	北京、上海、湖北、广东、重庆、陕西、甘肃	5779	4066	287	2682
第三批中央环保督察②	2017.4~2017.5	天津、山西、辽宁、安徽、福建、湖南、贵州	8687	6657	405	4660
第四批中央环保督察③	2017.8~2017.9	吉林、浙江、山东、海南、四川、西藏、青海、新疆	9181	4210	364	5763

①高敬:《以中央环保督察促进绿色发展——国务院第三次大督查发现典型经验做法之二十二》,载新华网,http://www.gov.cn/xinwen/2017-02/12/content_5167449.htm。

②参见孙秀艳、寇江泽:《第三批中央环保督察反馈结束》,载《人民日报》2017年8月2日,第14版。

③参见李军等:《第四批中央环保督察综述》,载《中国环境报》2017年10月9日,第1版。

应当看到,当前以加强国家"专断性权力"为核心、以强化中央意志在地方执行为宗旨的相关改革措施,较好地改进了环境保护领域的纵向府际关系，为地方政府履行环保职责提供了强有力的督促与监督，代表了我国生态文明体制机制变革的基本路径。但是从推进国家环境治理现代化的“长时段”角度看，目前“中央—地方”关系并非依靠法律机制加以规范，在很大程度上仍然依赖基于权力的政治机制，需要进一步形成规则化的制度安排，实现中央与地方关系的法治化。正如有学者所言，中央与地方的权限划分需要通过法治的方式进行，这是建设法治国家的基本要求。[1] 纵向府际关系的优化，构成了我国生态环境保护领域深化改革的基本课题和关键要素。

二、环保横向府际关系中的体制性障碍

改革开放以来的我国环境管理体制，在纵向上实行“以块为主”体制，在横向关系上实行“统一管理与分部门负责相结合”体制；除环保部门外，生态环境保护职责还分散在多个相关政府机构之中。这一制度安排在1989年《环境保护法》得以确立，并为2014年《环境保护法》所继承。在各省的中央环保督察反馈意见之中，除环保部门外，多个相关部门同样因履行环保职责不力被“点名”批评，包括农业部门、水利部门、工商部门、海洋部门、城乡建设部门、国土部门、经济管理部门、林业部门等。（见表4－6）

表4－6　相关部门履行环保职责中存在的问题

部门名称	履行环保职责中存在的问题	所在省份
农业部门	在自然保护区内违规批准开发；违规发放水域滩涂养殖证；畜禽养殖污染治理不力	黑龙江、湖北、重庆
水利部门	在自然保护区内违规批准开发建设；制定的规范性文件违反法律规定；盲目开发水电；核发排水许可证时放松标准；违规批准占用河道；排污口日常管理严重缺位；水电站生态流量下泄设施缺失；编制规划违反法律规定，违规批准砂石开采权；人为减低水资源管理考核标准	黑龙江、江西、上海、陕西、甘肃、天津、安徽、福建、湖南、海南、新疆

〔1〕 陈新民：《论中央与地方法律关系的变革》，载《法学》2007年第5期。

续表

部门名称	履行环保职责中存在的问题	所在省份
质监、工商部门	违规注册小型燃煤锅炉;煤质监管不力、"以罚代管"	河南、北京、甘肃、天津、山西
海洋部门	违规批准沿海自然保护区内的开发、旅游活动;违规审批用海项目,纵容违法围海、填海行为;违规进行海域使用登记	广西、天津、辽宁、浙江、山东、海南
住房与城乡建设部门	违规批准建设项目;城镇污水处理及配套设施建设滞后;生活垃圾处理设施建设工作不力	云南、重庆、福建、贵州、吉林、浙江、四川、西藏
国土部门	在自然保护区内违法违规审批探矿权,违法违规发放、延续采矿许可证;对违法占用保护区土地"不作为";违规改造湿地;矿山生态环境治理工作不力	宁夏、北京、甘肃、天津、山西、辽宁、安徽、福建、湖南、吉林、山东、四川、西藏、新疆
经济管理部门(发展改革委、经信委等)	大气污染治理协调落实不力;减煤压钢工作不实;违规核准高能耗项目,化解过剩产能和淘汰落后产能工作不严不实;淘汰燃煤小锅炉工作不到位	宁夏、北京、湖北、陕西、山西、辽宁、福建、山东、四川、西藏、青海、新疆
林业部门	违法违规批准占用林地;自然保护区日常管理严重缺位	福建、新疆

从表4－6可见,当前我国生态环境问题绝不是由环保部门"独家负责",而是涉及多个相关部门,这凸显了政府部门间的横向府际关系对环境法治的影响。在理论上,府际关系是各个层级政府及政府不同部门所形成的组织关系及网络体系,政府部门间的横向联系日益成为影响政治体制及其现实运作的因素。[1] 在府际关系的网络结构之中,政府部门面临两难的境地:一方面,经济社会事务的复杂性和联系性决定了各个政府部门不可能做到"独善其身";另一方面,创建与其他公共部门的相互

〔1〕 谢庆奎:《中国政府的府际关系研究》,载《北京大学学报》(哲学社会科学版)2000年第1期。

依赖关系等于变相“授人以柄”，削弱其自身履行职责的能力，不利于发挥影响力和获得政治声望；该主张被称为府际关系的“相互依赖模式”，并得到国际学术界广泛认可。[1] 这对横向府际关系所面临困境进行了理论分析，也使其在实践中日益成为影响环境法治的体制性因素。

横向府际关系对环境法治的不利影响，在我国表现为两个层面：(1)由于生态环保职责被立法广泛赋予多个部门，而除专门的环保部门外，其他具有环保职责的部门往往还具有促进经济社会发展的职责，不同性质职能之间的相互博弈导致行政组织的“角色冲突”[2]成为常态，使其难以有效履行环境保护职责；(2)由于高层级沟通协调机制的缺乏，多部门之间难以在生态环境保护问题上形成有效的集中行动；环保部门由于政治资源及影响力的不足，往往偏向于“自我设限”而缺乏在跨部门生态环境问题上“牵头”的能力与意愿，近年来在全国推行的“生态文明建设目标考核评价”即为例证。[3] 国外研究指出，由于受到多方面限制，我国环保部门对部门间合作一直采取消极的防御性态度，并且将其活动范围缩小到不需要与其他部门合作的程度。[4] 对2014年《环境保护法》实施情况的评估研究也表明，部门分割、缺乏合作的环境管理体制仍然较为明显，农业、林业、海洋、国土资源等部门以本部门立法为由，拒绝适用《环境保护法》的规定，对环保部门的指导和监督也持抵触态度，造成环保部门感觉“处在夹缝之中”。[5]

值得注意的是，2018年3月全国人大所审议通过的国务院机构改

---

〔1〕 罗湘衡：《分析府际关系的四大主流模式研究》，载《国外理论动态》2016年第6期。

〔2〕 美国著名行政学家库珀指出，公共行政主体在履行行政职责中存在三种冲突情况，其中的“角色冲突”指行政组织会同时扮演多个社会角色，承担不同的社会责任，这就使其很难采取一致性和可靠的应对措施。参见[美]库珀：《行政伦理学：实现行政责任的途径》，张秀琴译，中国人民大学出版社2001年版，第85～118页。

〔3〕 根据2016年12月中办、国办联合发布的《生态文明建设目标评价考核办法》，生态文明建设目标考核工作的首要牵头部门是国家发展改革委，其次才是环境保护部和中央组织部；相配套的《绿色发展指标体系》《生态文明建设考核目标体系》亦由国家发改委牵头制定并发布。

〔4〕 经济合作与发展组织：《中国治理》，清华大学出版社2007年版，第319页。

〔5〕 王灿发主编：《新〈环境保护法〉实施情况评估报告》，中国政法大学出版社2016年版，第193页。

革方案按照“大部制”改革精神新组建生态环境部，将各个部门的生态环境保护职责进行了整合，包括：原环境保护部的职责、发改委的污染物减排职责、国土部门的地下水污染防治职责、水利部门的流域环境保护职责、农业部门的农村面源污染治理职责、海洋部门的海洋环境保护职责。将多个相关部门的环保职责纳入生态环境部，无疑有助于解决当前环保领域横向府际关系所面临的困境。然而也必须看到，本次“大部制”改革并未将所有部门的环保职责全部纳入生态环境部，对照表4－6，尚未纳入的包括质监部门、工商部门、住房与城乡建设部门、工业管理部门、林业部门等；同时，由于生态系统的整体性与综合性，在原国土部门基础上新组建的自然资源部和“国家林业和草原局”所承担的自然资源管理与生态保护职责，在实践中也不可避免地需要与生态环境部进行协调。因此，在本次“大部制”改革后，环保部门（生态环境部）与相关部门之间的横向府际关系问题仍然存在，故依然需要认真对待不同部门之间环保职能的冲突与协调。

三、克服体制性障碍的规范路径及对环境法典的建议

综合前述分析，目前中央环保督察所揭示的多方面严重问题的根源在于，我国环境保护领域多个方面的体制性因素，包括纵向府际关系和横向府际关系。这揭露了生态环境管理体制的核心问题，构成了当前我国环境法治面临的重大障碍，亟待通过法治化的方式加以消弭和清除。从生态文明建设的角度看，当前我国生态文明建设及体制改革进入“深水区”和攻坚期，涉及方方面面复杂的利益关系，也亟待运用法治思维和法治方式消除体制性障碍，完善与国家治理能力现代化与“依法治国”基本方略相适应的环境法律及其规范体系，为环境法典的编纂提供相应支撑和对策建议。

（一）完善中央与地方关系的法治路径

前文分析可见，中央与地方关系在我国的实践缺乏制度性、规范性要素的调整，呈现非法治化的运作状态；在一定意义上，纵向的政府间关系是制约中国环境法治最为根本的体制性要素。由此，中央与地方关系的法治化无疑是当前环境法治面临的重要课题，亟待加以完善。具体从宪法和法律两个层面展开。

1. 宪法层面的央地关系及其完善

在整体上，中央与地方关系直接涉及国家权力的纵向配置与运作，是一国国家建构及其政体的基本构成要素。因此，中央与地方关系法治化首先是建立在宪法基础上的，应当以宪法文本为前提和基础。考察当代中国的央地关系，其规范依据无疑是现行宪法中的“两个积极性”条款。[1] 从历史上看，该条款代表了当代中国政治体制形成及运作的基本思路，在革命建国和政权转型中发挥了积极作用，但也面临制度化因素不足、带有较强“人治”色彩的缺陷。[2] 从法解释学角度分析，“两个积极性”条款尽管作为正式的宪法规范，但因带有强烈的政治宣示意义而缺乏明确的规范含义，现实中的央地关系更多受到政策影响而非宪法文本；宪法规定只是为中央与地方之间的权力调整套上合法的“外衣”而已。[3] 显然，我国宪法中的“两个积极性”条款具有明显的政治性、原则性（纲领性）和抽象性，但在法律规范性上有所不足，具有较大的“模糊空间”，不能适应中央与地方关系制度化、规范化的发展方向。从更为宏观的视角看，条款具有高度政治纲领性而缺乏可操作性和可适用性，这也正是现行 1982 年宪法的整体特征所在。[4] 从这一意义上看，当前环境保护领域纵向府际关系的缺陷与不足及其在实践中造成的诸多生态环境难题的根源即在于宪法在央地关系上的模糊与抽象。

因此，完善与优化环保领域纵向府际关系的首要任务是在宪法层面明确规定中央与地方关系的基本架构及运作机制，为环境保护实践中的众多纵向府际关系提供宪法渊源。具体有两种路径：一是对 1982 年《宪法》第 3 条进行直接修改，在保留原先规定的基础上增加专门条款，对中央与地方的权限、地位与职能进行明确的规定，赋予地方政府

---

〔1〕 1982 年《宪法》第 3 条第 4 款规定：“中央和地方的国家机构职权的划分，遵循在中央的统一领导下，充分发挥地方的主动性、积极性的原则。”

〔2〕 苏力：《当代中国的中央与地方分权》，载《中国社会科学》2004 年第 2 期。

〔3〕 郑毅：《建国以来中央与地方关系在宪法文本中的演变》，载《中国行政管理》2015 年第 4 期；冯舟：《论宪法第三条第四款》，载《政法论坛》2007 年第 5 期。

〔4〕 林来梵：《转型期宪法的实施形态》，载《比较法研究》2014 年第 4 期。

相对独立的公法人地位，并以适当方式确认“地方自治”的宪法原则，弥补“两个积极性”条款在制度化、规范化上的不足；二是制定中央与地方关系的宪法性法律，即通过制定专门立法（基本法）的方式对某个宪法上的重要问题进行规范，有学者将其称为《中央与地方关系基本法》，包括中央与地方职权范围、权限变更与动态调整机制、监督与干预机制、纠纷解决机制、法律责任等内容，为中央与地方关系制度化、法治化、理性化提供支撑。[1] 虑及直接修宪的难度和政治因素的影响，前述第二种路径更具有现实可行性，也能够更为全面、深入地推动我国央地关系法治化的进程，从制度上督促地方党委及政府切实履行环保职责。

2. 法律层面的央地关系及其完善

除宪法层面的完善外，其他立法同样需要对中央与地方关系进行调整和优化。基于前文论述，制约环境法治的体制性要素主要在于地方政府的不当作为，因此法律层面对央地关系的完善，应主要围绕行政权力在中央与地方之间的划分而展开，即主要涉及行政组织法的相关内容。

现行《地方各级人民代表大会和地方各级人民政府组织法》（以下简称《地方组织法》）第59条对县级以上人民政府的职权进行了列举，包括本行政区域内的经济建设、教育、科学、文化、环境与资源保护等各项工作，为地方政府承担环保职责提供了法律依据。然而，由于长期以来我国地方制度立法仅有一部《地方组织法》，该法的规定也过于原则化，缺乏关于不同层级政府事权的具体规定，极大地提高了各级政府之间的博弈成本而缺乏法律权威性。[2] 2014年修订后的《环境保护法》对此也缺乏明确的规定。这就在事实上导致各级政府相互间关系受到利益因素的极大影响而缺乏明确的调整规则。针对不同层级政府公务人员的实证调查也表明，利益因素是影响中央法律法规及政策在地方执行情况的主要原因，具体包括两个方面：一是基于自身利益的“地方

---

〔1〕 朱未易：《对中国地方纵横向关系法治化的研究》，载《政治与法律》2016年第11期。

〔2〕 王建学：《论地方政府事权的法理基础与宪法结构》，载《中国法学》2017年第4期。

保护”；二是中央对地方利益的忽视。[1] 这凸显了《地方组织法》原则性规定在实践中造成的高昂执行成本。另外，从目前正在全国推行的环保垂直管理改革看，不同层级地方政府所承担的环保职责显然有所区别，[2]不再适宜以一个原则性的条款加以全部涵盖。因此，在明确宪法渊源的基础上，环保领域纵向府际关系的优化还需要对《地方组织法》及《环境保护法》进行必要的修改与完善，避免环保职责“上下一般粗”的现象，对不同层级政府所承担的环保职责及其纠纷解决机制进行细致的规定。

（二）完善环保横向府际关系的法治路径

基于前文分析，横向府际关系同样是影响中国环境法治的体制性障碍所在。需要指出的是，弥补“多头监管”的缺陷并不必然意味着将生态环境保护的所有职权全部加以合并，完全交由一个部门负责生态环境保护的全部事项。理论上，规制机构的效率及其有效性是规制机构所声称正当性的关键组成部分。[3] 从目前发达国家的监管实践看，为实现行政效率最优化，许多社会性和经济性监管领域仍然是由多个机构负责，并在共同目标下展开合作，这是单一机构模式所不能实现的。[4]许多学者也指出，多部门监管存在权限冲突、问责困难、重复检查等问题，但也有诸多优势，包括可以发挥各个部门的专业优势、形成不同部门间的激励与竞争、建立相互监督机制、防范单一机构可能的失败。[5] 从相反的方面看，极端意义上的“大部制”改革必然面临权力过

---

〔1〕 石亚军主编：《中国行政管理体制实证研究》，中国政法大学出版社2010年版，第253页。

〔2〕 根据《关于省以下环保机构监测监察执法垂直管理制度改革试点工作的指导意见》的要求，环境监测和环境监察职能统一上收到省级环保部门，而环境执法“重心下移”，由市级环保部门进行集中管理。

〔3〕 ［英］卡罗尔·哈洛、理查德·罗林斯：《法律与行政》（下卷），杨伟东等译，商务印书馆2004年版，第586页。

〔4〕 Jody Freeman & Jim Rossi, *Agency Coordination in Shared Regulatory Space*, Harv. L. Rev. Vol. 125 (2012).

〔5〕 Jody Freeman & Jim Rossi, *Agency Coordination in Shared Regulatory Space*, Harv. L. Rev. Vol. 125 (2012); Jacob E. Gersen, *Overlapping and Underlapping Jurisdiction in Administrative Law*, Supreme Court Review, Vol. 201(2006).

分集中的风险,以及机构重组所带来的行政成本攀升。从各国行政机构改革的规律看,实施单一机构监管的基础在于分散化的公共治理结构,能够对一个部门权力过于集中进行有效的监督和防范。[1] 在我国环保社会力量仍然发育不足、尚未形成多主体深度参与的“多元共治”环境治理结构情况下,单一机构监管并非解决环保横向府际关系的灵丹妙药,反而可能带来不可预期的权力腐败和社会成本问题;更为稳妥的思路,是在充分认识到生态环境问题复杂性及多样性基础上,承认多部门监管的合理性,加强相关部门间的沟通与合作,即在法律上完善政府部门间的协调机制,以相对理性和现实的态度逐步推进环保横向府际关系的优化。本次环保“大部制”改革基本遵循了“适度集中”的思路,但因生态环境保护职责存在于环保部门、资源部门、林业部门、住房与城乡建设部门、工业管理部门等,故仍需要认真对待多部门间的协调合作问题。

从我国行政运作的实践看,多部门协调的方式多样,包括法定部门(如各级政府的办公机构和秘书机构)协调、通过共同上级领导协调、通过领导小组等议事协调机构协调、通过牵头单位协调、通过部门工作人员私人关系协调和部门之间直接协商等。实证调研表明,我国地方政府部门间协调合作最常用的方式是“通过共同上级领导协调”,其次是“通过领导小组等议事协调机构”以及“通过牵头单位协调”。[2] 这表明,仅靠平级部门之间的协作,往往很难达到预期目标,这也为西方国家行政改革的实践所证明。[3] 因此,有必要设立高层级的生态环境保护综合协调机构,并由法律加以明确规定。具体而言,应在中央政府(国务院)层面恢复设立“国家生态环境保护委员会”作为环境保护领

---

[1] 周汉华:《机构改革与法制建设——对“大部制”的不同看法》,载《经济观察报》2003 年 3 月 3 日,B12 版。

[2] 石亚军主编:《中国行政管理体制实证研究》,中国政法大学出版社 2010 年版,第 313 页。

[3] 美国知名行政学者费斯勒指出,只要是需要协调合作的政府成员间相互平等,而且通常未达成一致同意,尽管涉及自身利益,也不可能有解决方案。参见[美]詹姆斯·A·费斯勒、唐纳德·F. 凯特尔:《行政过程的政治——公共行政学新论》,陈振明等译,中国人民大学出版社 2002 年版,第 133 ~ 135 页。

域的综合协调机构,由总理及副总理分别担任委员会主任、副主任,所有承担生态环境保护相关职能的行政部门正职首长担任委员,在生态环境部设立常设办事机构,承担日常事务。为强化综合协调的权威性,需修改《环境保护法》的相关规定,赋予"国家生态环境保护委员会"正式的法律地位及综合协调职责,规定相关部门有予以协作和配合的职责,并明确规定相应的法律责任。同时,编制管理机关需明确"国家生态环境保护委员会"常设办事机构(办公室)的人员编制及具体职责。

在地方政府层面上,为与正在进行的环保垂直管理改革相协调,也为了避免出现新的"职责同构"问题,不宜层层设立高度相似的生态环境保护综合协调机构,而应根据不同层级地方政府的实际情况予以区别对待。实证调研表明,在协调手段选择上,低级别地方政府(县级、乡级)更为认可"通过共同上级领导协调"和"通过部门工作人员私人关系协调"的方式,而高级别地方政府(省级、地市级)更为认可"法定部门协调"和"通过领导小组协调"的方式,原因在于不同政府的职能定位及其掌握的资源。[1] 考虑到行政运作的可操作性及行政成本因素,对上述行政惯例应予尊重。因此,省级政府应当比照国务院设立相应的环境保护综合协调机构,并在本次环保垂直管理改革中予以确认;地市级政府根据所在区域的实际情况,经省政府同意后,可以设立环境保护综合协调机构;县级及以下政府则一般不设立环境保护综合协调机构。如此,就构建了主体多元、层次多样、合理分工的环境保护工作协调体系,共同推进多部门间横向府际关系的完善。

---

〔1〕 石亚军主编:《中国行政管理体制实证研究》,中国政法大学出版社2010年版,第319页。

第五章　中国环境法典编纂的基本功能

理论上讲,法令的疏密与社会进步的程度成正比,"约法三章"只能适用于民俗淳朴、人事并不复杂的古代社会。现代社会的进步与繁荣,势必伴随着法律的精密与细化。魏德士就指出,"法的复杂化趋势是任何法治化的工业国家所不能避免又不能逆转的"。[1] 但是现代社会中法律复杂化问题日益凸显,"渐进立法到了一个阶段,边际效用已经不大,而因为法令之间的漏洞、矛盾,社会付出的成本反而快速增高,这时就到了法典公布的时候"。[2] "环境减法时代"下,环境法典编纂议题的形成,根植于制定法向下演绎模式对演绎推理"大前提"的简约性、适用性、逻辑性和稳定性需求。历史研究也证实,"对复杂法律的厌恶以及对简约法律的偏好,是各国寻求法典化的重要动因"。[3] 可见,法律复杂化既是编纂环境法典的根本动因,也是我国编纂环境法典的核心功能所在。同时,环境法典编纂还有应对生态环境问题、调整生态环境秩序的功能。

---

〔1〕［德］伯恩·魏德士:《法理学》,丁晓春、吴越译,法律出版社 2013 年版,第 21 页。

〔2〕苏永钦:《寻找新民法》,北京大学出版社 2012 年版,第 12 页。

〔3〕Peter H. Schuck, *Legal Complexity: Some Causes, Consequences, and Cure*, Duke Law Journal, Vol. 42:1(1992).

第一节　中国环境法典对法律复杂化问题的消解

“法律复杂化理论”(Legal Complexity Theory)是由耶鲁大学 Peter H. Schuck 教授首先提出的,其核心论点在于:法律过于庞杂、技术化、不统一和不确定现象的出现,标志着法律复杂化问题的形成;法律复杂化的主要危害是提高了政府治理成本和合法性丧失成本;复杂的公共事务并不见得需要构建一个“上下一般粗”的复杂规制体系,相反,高举“奥卡姆剃刀”剔除法律冗余,通过以简驭繁的方式实现善治才是根本的因应之策。[1] 针对法律复杂化问题,学界还存在一些内涵相近但称谓有别的变体,如“过度立法综合症”(Hyperlexis)[2]、“法律污染”(Legal Pollution)[3]等概念;与此相反,“精明规制”(Smart Regulation)[4]、“简约法律”(Simple Rules)[5]等则是求解法律复杂化问题的对立概念。环境法学者也日益关注此议题。例如,我国台湾地区学者叶俊荣教授提出的“大量环境立法”[6]、清华大学王明远教授总结的“环境法律的繁荣与尴尬”[7]等,都属于对环境法律复杂化现象的概括表达。然而,针对环境法律复杂化现象本身及其对整个制度结构和社会系统的影响,尚未得到系统且充分的论证。本章基于法律复杂化的

---

〔1〕 Peter H. Schuck, *Legal Complexity: Some Causes, Consequences, and Cure*, Duke Law Journal, Vol. 42:1(1992).

〔2〕 Bayless Manning, *Hyperlexis: Our National Disease*, Northwest University Law Review, Vol. 71:6 (1977).

〔3〕 Ehrlich, *Legal Pollution*, New York Times, Vol. 8(1976).

〔4〕 张红:《走向“精明”的证券监管》,载《中国法学》2017 年第 6 期。

〔5〕 [美]理查德·A. 爱波斯坦:《简约法律的力量》,中国政法大学出版社 2004 年版,第1～68 页。

〔6〕 叶俊荣:《大量环境立法:我国环境立法的模式、难题及因应方向》,载《台大法学论丛》第 22 卷第 1 期。

〔7〕 王明远:《“环境法学的危机与出路:从浅层环境法学到深层环境法学”研讨会纪要》,载高鸿钧、王明远主编:《清华法治论衡(第 22 辑)生态·法治·文明》,清华大学出版社 2014 年版。

理论框架旨在说明:阻滞我国环境法律功能发挥的,正是日益复杂的环境法律本身。通过法典化编纂,能够厘清特定领域法律制度的内在逻辑,并就其中的冲突部分进行整合调试,因此,以环境法的法典化为手段来消解其复杂化的发展趋势,是一条值得尝试的道路。

一、通过法典简约性化解环境法律过于庞杂的问题

(一)庞杂的立法:"浩如烟海"的环境法

Schuck 教授指出,法律复杂化的首要表征是"庞杂"(Density),[1] 即法律通过大量的细节性规定,来调控事无巨细的微观行为。[2] 基于环境法所关注和解决的问题具有的本源性特征,市民社会和政治国家相对容易地达成了规制共识,并掀起了一场法律供给革命。当立法者尝试统合这些分散各处且交错累积的环境法律时,他们会惊讶地发现,其面对的已经是难以消化的"满汉全席"了。我国环境立法的庞杂问题包括:(1)规范依据稠密化。目前,我国的环境法律已经形成由宪法、14 部法律、26 部行政法规、136 部部门规章、1364 部地方性法规和规章搭建出的气势恢宏的"环境法律金字塔"。[3] (2)规范事项细微化。现阶段的环境立法正通过政府直接参与、命令控制、经济诱因和道德劝说等制度工具,将事无巨细的环境议题纳入法律的规制范围,使环境法律日益威权化、政治化和道德化。(3)相互重叠频繁化。数据表

---

〔1〕 有论者将 Density 翻译为"密集化",参见[德]柯武刚、史漫飞:《制度经济学——社会秩序与公共政策》,韩朝华译,商务印书馆 2000 年版,第 149 页。笔者认为,"密集化"集中指向密度高,而 Schuck 教授所指的更多的是体量大。日本学者盐野宏曾将行政法的膨胀概括为"庞杂",该词较为符合 Schuck 教授之所指,因此笔者用"庞杂"来诠释 Density。参见[日]盐野宏:《行政法总论》,杨建顺译,北京大学出版社 2008 年版,第 7 页。

〔2〕 Peter H. Schuck, *Legal Complexity: Some Causes, Consequences, and Cure*, Duke Law Journal, Vol. 42:1(1992).

〔3〕 检索方法是:北大法宝——高级检索——中央法规司法解释以及地方法规规章——法规类别(环境保护)——法规层级(法律、行政法规、部门规章、地方性法规、地方性规章)。需要说明的是,北大法宝中环境保护项下的法律文件是狭义上的由环保部门主管的环境法律,而资源、林业、水利等部门主管的涉环境法律并未收录其中。考虑到这基本契合当前资源和环保分立的管理体制,同时为了增强数据的可验证性,笔者未根据定性判断予以增加或删减。检索截止日期为 2020 年 6 月 9 日。

明,“《环境保护法》与各单项环境污染防治法,条文重复率均超过30%”。[1] 可见,规范数量的激增无可避免地引发规制重叠,基于相同的手段和同样的治理目的,顶层的制度设计往往重复表述,下位法则在“抄袭”上位法的过程中加剧规制重叠。

太多的法律会造成如下弊端:其一,环境法律庞杂会导致制度性交易成本的增加。制度性交易成本是指为了应对不合理的制度而引起的社会运行成本的增加。“浩如烟海”的环境法会滋生出政府的文牍主义和繁文缛节,培育出庞大的政府机构和暗中敛财的寻租团体,由此带来的成本包括两类:一类是制度供给过剩或过多的管制引起的成本,如过滥的环境审批、检查或评比造成的时间成本和机会成本;另一类是有效制度供给不足引起的成本,如因环境领域“违法成本低而守法成本高”,使污染企业逆淘汰非污染企业而增加的社会运行成本。[2] 其二,环境法律庞杂会造成运动式执法和制度软化。理论上讲,高权行政的社会实效与行政任务的多寡程度成反比。当行政能力不足以匹配事无巨细的规制议程时,就会自然而然地导致两种后果:(1)当忠实地执行立法机关所有意志成为不可能之事,行政机关的议程设定就会更多地被公众的恐惧、政治、历史或偶然因素所驱使,[3] 由此成本应作为权益性举措的运动式执法(如“环保风暴”)被异化为环保系统惯常且必需的选择。(2)法律的膨胀如同通货膨胀一样会带来“贬值”。[4] 部分环境法律将基于政府工作任务和行政能力的不匹配而被束之高阁成为具文,当“有令不行、有禁不止”成为常态,可能诱发法律强制性的系统性崩塌和国家权威的失坠。

(二)强制变迁引发环境法律庞杂

根据供给—需求理论模型,经济学家将制度变迁区分为强制性变

---

〔1〕 吕忠梅:《环境法回归　路在何方?——关于环境法与传统部门法关系的再思考》,载《清华法学》2018年第5期。

〔2〕 卢现祥:《转变制度供给方式,降低制度性交易成本》,载《学术界》2017年第10期。

〔3〕 [美]布雷耶:《打破恶性循环:政府如何有效规制风险》,法律出版社2009年版,第6页。

〔4〕 彭峰:《法典化的迷思:法国环境法之考察》,上海社会科学院出版社2010年版,第47页。

迁与诱致性变迁。[1] 我国的中央政府是决定制度供给方向、速度、形式和战略安排的主导力量,因此我国具备强制性制度变迁的基本特征。[2] 具体到环境事务中,环境的公共物品属性与制度的公共物品属性两相叠加,辅之以高昂的信息成本和相对较小的人均受损额,使环境法律的诱致性变迁难逃时滞或失败的命运。政府作为提供公共物品以获得稳定岁入流的专门性组织,其主导的强制性变迁能够克服"搭便车"引致的规则供给不足缺陷,相对独立、专业的规则"生产者"亦可破解规则供给的不精确问题。[3] 鉴于政府主导的强制性制度变迁在产出环境法律制度上的比较优势,"国家环境保护义务"成为指导和型塑各国环境法律最重要的基础理论,"立法 + 行政"也成为国家兑现环境保护义务的基本路径。[4]

强制性制度变迁为主的制度供给模式埋下了环境法律庞杂的种子。首先,强制性制度变迁会诱发无效法律供给。一方面,为了降低制度的设计和施行成本,统治者不得不采取"一刀切"的方式寻求制度供给的规模经济,由此供给的环境法律制度呈现出一种"放之四海而皆准"的平均化特征;另一方面,基于"事实性知识"的"永恒局限",统治者不可能"拥有全部特定知识并有能力靠指示性命令控制每一个人和每一件事"。[5] 强制供给的环境法律制度在千差万别的"地方知识"面前时常出现适用不能的问题。地方政府、产业界和污染受害人往往采取某种形式的"猫鼠合谋"来规避这些与"地方知识"不兼容的环境法律。当强制供给的环境法律被架空或虚置,又常常反过来强化规则供给者关于制度供给不足、法律责任不够严厉的认识,继而促使他们进

---

〔1〕 林毅夫:《关于制度变迁的经济学理论:诱致性变迁与强制性变迁》,载[美]罗纳德·H.科斯等:《财产权利与制度变迁》,刘守英等译,格致出版社、上海三联书店、上海人民出版社 2014 年版,第 263 页。

〔2〕 杨瑞龙:《论制度供给》,载《经济研究》1993 年第 8 期。

〔3〕 吴元元:《规则是如何形成的——从哈耶克的"自发演化"论开始》,载《西南政法大学学报》2006 年第 4 期。

〔4〕 陈海嵩:《国家环境保护义务论》,北京大学出版社 2015 年版,第 139 ~ 143 页。

〔5〕 [德]柯武刚、史漫飞:《制度经济学——社会秩序与公共政策》,韩朝华译,商务印书馆 2000 年版,第 77 页。

一步增设环境法律制度、严格责任，由此便形成了一个“立法—架空—强化立法—再架空”的循环怪圈。[1] 环境法律则在规则供给者和规则适用者的博弈过程中，不断被细微化、空洞化和无效化。

其次，法律移植会引发制度增生。基于环境问题的无国界性及“政治无涉”特征，我国积极发挥“后发者优势”，频繁通过法律移植来减少制度的设计和试错成本，域外的环境法律文本和法治经验时常成为我国环境法律起草的蓝本和经验素材。然而环境问题的整体性、共同性更多地体现在哲学意义上的抽象、终极层面，在具体、现实层面，环境问题具有强烈的地方性和个殊性。[2] 他国运行良好的环境法律在我国推行时，常出现因水土不服而产生的“南橘北枳”效应。在此情况下，地方政府唯有通过曲解规则、补充规定等方式来“修正”自上而下的父爱主义式的制度供给，环境法律也在地方政府的更新、改造过程中陷入制度叠床架屋的陷阱。[3]

最后，强制变迁容易混入“创租”条款。官僚集团在追求自身利益最大化的过程中，有一种扩大“公共区域”的偏好，斯蒂格勒称之为“管制需求”，[4] 顾培东教授称之为“统治者具有扩展法律评价范围的本能倾向”。[5] “部委供给制度”是我国强制性制度变迁的突出特征，部委之间（如生态环境部、自然资源部、国家发展和改革委员会）以及部委内部的分工往往也是各种环境法律拟定分工的基础。为抢占“权力的空白地带”，或试图就某一交叉领域与其他职能部门“分一杯羹”，这些部门在立法的过程中往往基于本位主义在法律草案中夹杂“私货”，获取相应的机构设置权和财权，进而借法律来巩固部门利益。部委扩大

[1] 巩固：《环境法律观检讨》，载《法学研究》2011 年第 6 期。

[2] 巩固：《环境法律观检讨》，载《法学研究》2011 年第 6 期。

[3] 例如，排污权交易制度的贸然引进在我国遭遇施行难题，企业有偿取得的排污权时常沦为一项“沉睡”资产，地方政府不得不创设出新的环境法律制度——排污权抵押——来减小强制变迁与“地方知识”之间的落差，由此造成中央供给的制度和地方改造制度并存的情形。参见铁燕、何江：《排污权担保贷款制度实证研究》，载《甘肃政法学院学报》2016 年第 1 期。

[4] 卢现祥：《西方新制度经济学》，中国发展出版社 2003 年版，第 137 页。

[5] 顾培东：《社会冲突与诉讼机制》，法律出版社 2015 年版，第 21 页。

管制区域的偏好也就在一定程度上加剧了环境法律的稠密化。

(三)环境立法庞杂问题的法典解决

环境领域的强制性制度变迁与“地方知识”之间的不适调导致环境法律庞杂,其弊端包括制度性交易成本增加与选择性执法泛滥。法典高度的简约性能够化解环境法律的庞杂问题。首先,环境法典有助于消减复杂环境法律附带的制度性交易成本。我国环境法律主要由环境要素保护和污染介质防治为主轴搭建而成,这种立法模式人为地割裂了环境要素和生态系统之间的耦合性,并引发如下问题:其一,污染单位往往基于各环境管制法的规定或管制机关执行的宽松程度,将某种污染转换成另一种污染;其二,随着单一要素的环境问题逐渐被跨要素的环境问题所取代,这一立法模式也就催生出诸多现行环境管理体制鞭长莫及的“管制孤儿”。[1] 环境法典的编纂通过“化零为整”的方式,可以对我国叠床架屋般的环境法律进行整合,并建构出横跨各种环境要素和污染介质的生态环境整全性保护框架体系,从而提升环境法律的制度绩效并削减环境法律庞杂对社会运行带来的不容小觑的制度性交易成本。其次,环境法典有助于缓解因执法能力与执法任务不匹配造成的选择性执法问题。环境法典通过对现行复杂环境法律的精简统合,塑造出一份极具权威的任务指南,一方面基于行政任务与行政能力的高度匹配而增强每个制度的实践性,另一方面也减少了无用制度被“束之高阁”而出现的制度软化问题。

二、借助法典适用性因应环境法律技术化问题

(一)技术化:“威不可测”的环境法

“技术化”(Technicality)作为 Schuck 教授界定的法律复杂化的次要表征,是指法律无法被普通公众所理解,只有职业专家才能解释和适用。[2] 现代工业社会在借助分工提升社会生产力的同时,社会分工引

---

〔1〕 叶俊荣:《大量环境立法:我国环境立法的模式、难题及因应方向》,载《台大法学论丛》第22卷第1期。

〔2〕 Peter H. Schuck, *Legal Complexity: Some Causes, Consequences, and Cure*, Duke Law Journal, Vol. 42:1 (1992).

起的专业化也成为重要的无知之源，由此形成的认知局限与“法治”这一治理手段之间存有张力，因为现代法治达成的一个共识是：“法律只要没有公布，就不约束人”。[1] 新制度经济学也认为，“它（制度）必须是可认识的……正常的公民能够清晰地看懂制度的信号，知道违规的后果，并能恰当地使自己的行为与之对号”[2]。然而公众有限的闲暇、精力和能力，已经不足以用来知悉和掌握日益技术化的复杂法律。这一落差在柔性的民法和刚性的刑法上并不存在适应性难题，因为前者并非行为规范，没有遵守与否的问题，而后者源自伦理，人民只要不逾越道德底线，就不存在触法之虞。[3] 然而在环境领域，基于调整事项的广泛和浓厚的科技关联，环境法律被赋予了形式上和实质上的技术化。形式上的技术化是指由于环境法律调整事项繁多、涉及面广，正式出台的环境法律往往条文烦苛、数量庞杂，造成对“环境法律收信人”的认知能力要求超过必要的限度；实质上的技术化是指由于环境问题所涉及的社会关系甄别、损害评估、生态修复等事项具有浓厚的科技关联，使环境法律充斥着晦涩、艰深的专业术语，非经正式训练的人无法理解和适用，也就无可避免地提升了环境事务法律服务的必要性和价格。形式上和实质上的技术化，使环境法律区别于规制“自然犯”规则的易知性，而向规制“法定犯”规则的专业性无限靠近。

环境法律技术化的弊端不容小觑。其一，环境法律技术化会导致环境执法或判决的可接受性减弱。在形式技术化和实质技术化的共同作用下，环境法律的复杂程度远远超出公众的常识和经验认知。此时，即使所有的环境法律都是公开的，当信息解码费用过高，保持一种对法律的“无知”也是理性的。这种“理性的无知”使环境法律的公开找不到对应的“法律收信人”，由此型塑出一种类似于“刑不可知，则威不可测”的返祖现象。不巧的是，“不知者不罪”的个人主义刑法观，正在被

[1] 张明楷：《刑法格言的展开》，北京大学出版社 2013 年版，第 125 页。

[2] ［德］柯武刚、史漫飞：《制度经济学——社会秩序与公共政策》，韩朝华译，商务印书馆 2000 年版，第 148 页。

[3] 苏永钦：《寻找新民法》，北京大学出版社 2012 年版，第 47 页。

"谁都不能忽视法律"的国家主义刑法观所取代。当缺乏违法性认识不再构成强有力的免责或辩护事由时,环境法律公开所欲实现的"先教后诛"的理想,最终也将演变成"不教而诛"的现实。近年来,河南大学生掏鸟窝案、深圳鹦鹉案引发的舆论沸腾,在某种程度上就源于环境法律技术化附带的"理性的无知"所营造出的动辄得咎的紧张氛围和社会不安全感。其二,环境法律技术化会加剧环境决策中技术理性与公众理性的冲突。环境法律的技术化让技术官僚在环境决策中享有显赫地位,技术或工程层面的考量时常主导环境风险决策。然而,专家天生具有反民主倾向,时常将公众理性视为井蛙之见。但一方面,基于有界理性,专家也可能是错的。另一方面,不能确保专家不会被现有的权力持有者招安或腐蚀从而成为"虚假的旁观者";即使没有被招安或腐蚀,当专家成为社会系统的最终裁判者,他们就不再是社会批评家了,因为其不能既是统治者和立法者,又是秩序的批评者。[1] 此时,环境法律的技术化就陷入两难境地,即当专家理性与公众的"可得性启发"产生冲突,一味地遵从专家理性势必激发环境领域的社会运动,而一味地迁就公众认知又可能动摇环境法律的权威,并造成整个社会的福利净损失。

(二)科技关联带来环境法律技术化

环境法律技术化的形成主要基于主客观两方面的原因。客观方面的原因在于,环境问题及其治理具有浓厚的科技关联,而根据制度经济学理论,制度不均衡会引发制度变迁,技术改变正是造成制度不均衡的主要因素。[2] 在环境议题中,事前的环境影响评价、事中的污染源自动在线监测、事后的因果关系认定、生态环境损害评估和修复等事项,无不与技术挂钩。新的或更为有效的技术一方面会释放出新的收入流,另一方面会使旧的制度安排变得低效或不起作用。趋利避害的本

〔1〕 唐世平:《制度变迁的广义理论》,沈文松译,北京大学出版社2016年版,第117~130页。

〔2〕 林毅夫:《关于制度变迁的经济学理论:诱致性变迁与强制性变迁》,载[美]罗纳德·H.科斯等:《财产权利与制度变迁》,刘守英等译,格致出版社、上海三联书店、上海人民出版社2014年版,第270页。

能会促使第一行动集团改良现有的制度安排，进而吸纳技术革新带来的新的收入流。环境法律在一次次的制度适应技术革新的变迁中，不断地增强了其专业化和技术化。

我国环境法律技术化的形成也受到一些主观因素的影响。其一，借助环境法律技术化规避“可得性启发”造成的社会福利净损失。“可得性启发”是指公众凭经验法则，高估较低风险的盖然性的现象。[1]环境风险决策具有广度的利益冲突，公众受“可得性启发”的影响，时常本能地对环境风险予以抗拒。缺乏技术理性统摄的公众参与，也常常使观点类似的人在商讨后“以接受观点中更极端的看法告终”。[2]根据德国“危险、风险、剩余风险”的三分理论：政府应当对危险进行防御，对风险进行预防，而公众对剩余风险具有容忍义务。缺乏技术理性统摄的环境风险决策，常常无视风险层级而统统在舆论面前“缴械”，形式上看是一场“庶民的胜利”，实际上却是以政府和公众的“双输”收尾。因此适度强化环境法律的技术化，可以起到保障科学决策的效果。其二，专家基于自身利益的考虑，也会推动环境法律的技术化。专家具有“自我赋权的冲动”，有意生成的技术障碍可以为本学科划定“统治”范围。当立法者和行政者不得不借助专家提供环境技术或法律方面的专业知识和分析，环境专家也就找到了自己的市场。基于强化个人满足感和职业前景的考虑，专家会偏好用一种“人民所不了解的语言”撰写环境法律。此时，与立法和行政机关联系更为紧密的技术专家，也就成了加剧环境法律技术化的隐含动因。

(三)法律技术化问题的法典解决

环境问题的高度科技关联与抑制公众“可得性启发”的需要带来了环境法律的技术化，其弊端在于环境执法或判决的可接受性减弱，以及造成环境决策中技术理性与公众理性的冲突。穗积陈重指出：“就法律的文章用语，其意义不甚明了，或者真意难以理会，则人民就不能

---

[1] [美]布雷耶：《打破恶性循环：政府如何有效规制风险》，法律出版社 2009 年版，第 6 页。
[2] [美]凯斯·R. 桑斯坦：《恐惧的规则》，王爱民译，北京大学出版社 2011 年版，第 91 页。

依此保护既有权利,亦不能依此得尽所负义务。"[1]法典具有便捷的适用性,其在化解因认知因素造成法律可获得性弱的问题上具有比较优势。一方面,环境法典的框架结构和语言规范可以增强环境法律的可获知性和易传授性。法典由逻辑严密、体例清晰的篇章结构与通俗易懂、简洁凝练的质朴语言构成,前者有助于公众对法条的搜寻和选用,后者则有助于公众对法条的理解和遵守。另一方面,环境法典在同类法律规范中具有最高法律效力,其神圣外观有助于增强环境法律的权威,进而激发公众对环境法律的学习、信仰和敬畏。环境法典亲民、准确、直观、神圣的品性,将减轻环境法律技术化造成的公众对环境法律理解的怠惰和困难程度,也就相应地增强了公众对环境法律了解的广度和深度,最终有助于在公共精神层面重塑国民性。[2] 这对于增强公众对正确的环境执法和司法的可接受性,以及抑制公众非理性心理带来的不利影响大有裨益。

三、依靠法典的逻辑性解决环境法律不统一问题

(一)不统一:"首尾乖互"的环境法

Schuck 教授定义的法律复杂化"不统一"(Differentiation)表征是指,调整同一事项的不同法律规范之间相互抵牾、龃龉,造成法律适用困难的情形。[3] 为千差万别的社会事务寻找一种"最低限度的道德",是法治肇始的缘由。然而当现行有效的法律文本出现"事类虽同,轻重乖异"的现象时,通过统一尺度规制社会的法治理想就会在"同案不同判"的社会现实中瓦解和动摇,在庞杂的环境法律中出现内容不统一是常见现象。

以供水企业生产供应的饮用水不符合国家饮用水卫生标准的法律责任为例。针对这同一规制事项,中央到地方不同层级的法律规范都规定了罚款的行政责任。然而,《水污染防治法》《城市供水条例》《生

---

〔1〕[日]穗积陈重:《法典论》,李求轶译,商务印书馆 2014 年版,第 6 页。

〔2〕吴飞飞:《论中国民法典的公共精神向度》,载《法商研究》2018 年第 4 期。

〔3〕Peter H. Schuck, *Legal Complexity: Some Causes, Consequences, and Cure*, Duke Law Journal, Vol. 42:1 (1992).

活饮用水卫生监督管理办法》《四川省村镇供水条例》《四川省生活饮用水卫生监督管理办法》等法律法规对于违反这一行为的法律责任规定在处罚主体和罚款数额方面均有不同。执法主体在住建部门（今自然资源部门）、水利部门和卫生部门（今卫生健康委员会）之间来回切换，罚款数额则在20元以上20万元以下上下浮动。（见表5-1）

表5-1　供水企业生产供应的饮用水不符合国家标准的罚款责任规定

相关条款	发布单位	处罚主体	罚款数额
《水污染防治法》第92条	全国人大常委会	城市：住建部门 村镇：水利部门	20,000元以上200,000元以下
《城市供水条例》第33条	国务院	住建部门	处以罚款
《生活饮用水卫生监督管理办法》第26条	建设部 卫生部	卫生部门	20元以上5000元以下
《四川省村镇供水条例》第49条	四川省人大常委会	水利部门	5000元以上20,000元以下
《四川省生活饮用水卫生监督管理办法》第41条	四川省人民政府	卫生部门	2000元以上20,000元以下，情节严重的，20,000元以上30,000元以下

环境法律不统一可能诱发灾难性后果。第一，环境法律不统一会导致环境法治秩序的液态化。当针对同一规制事项存在两个或者两个以上同时有效且相互矛盾的法律规范时，法律不统一实质上就赋予了行政或司法机关有限制的法律适用选择权。虽然基于《立法法》第五章以及"新法优于旧法，特别法优于一般法，上位法优于下位法"的法理，能够推导出相互冲突的条款中个别规定的效力强弱，但基于规范和理论自身的不足、执法者知识水平的差异和现实情境的考察，很难得出简单、妥帖且无争议的法条选用共识。法律规则的选取和适用，最终沦为执法主体基于主观好恶进行"选择性执法"的挡箭牌。由此导致规范效力陷入不确定性之中，"影响到规范的指引、预测作用，从而使得

监管对象无所适从”。[1] 同时,当“同等情况同等对待”的法律准则在选择性执法中遭受动摇,将诱发私主体对其他制度安排、甚至整个制度结构产生不信任,最终撼动法治和法律信仰的根基。第二,环境法律不统一会造成环境行政力量的消解。当针对同一规制事项,法律同时赋予两个或两个以上的行政机关执法权,会不可避免地引发各部门在组织分工、管制行动和法律适用上的诸多障碍,造成环境法律制度资源的耗散与不经济利用,时常引发行政主体之间争权诿责的负面效应。这种内耗使环境执法难以形成合力,甚至可能抵消原本可以从事环境保护的力量。第三,环境法律不统一会加剧环境法律的复杂性。法律制度之间合乎逻辑是法治的最低标准,“逻辑不对,体系就有瑕疵,所有的演绎都会出问题”。[2] 不统一具有自我复制的潜能,因为当法律的不统一带来社会秩序的结构性风险,“相互矛盾的控制的广泛存在意味着需要更多的控制”,[3] 立法机关唯有更加频繁地诉诸“变法”或“造法”,方能减少或规避制度龃龉,环境法律则会在权力机关“查漏补缺”的过程中加剧法律的复杂化。

(二)路径依赖导致环境法律不统一

制度经济学认为,制度系统的演化方式主要有补充式和更换式两类。前者是指在保持原有制度的前提下新设制度,以约束原有制度下不能令人满意的行为;后者是指变动原有制度,以消除原有制度下令人不满意的行为的制度根源。[4] 简言之,为因应 A 制度出现的非均衡状态,在 A 制度的基础上增设 B 制度,则为补充式演化(A + B);相反,如果另起炉灶,从 A 制度整体过渡到 B 制度,则为更换式演化(A→B)。补充式演化在实践中更为常见,原因在于:

第一,补充式演化有助于系统的稳定。权力中心一般抵制采取推倒重来的激进改革,而偏好于“补充式”的渐进改革方式。[5] 因为补充

---

[1] 曹炜:《环境监管中的“规范执行偏离效应”研究》,载《中国法学》2018 年第 6 期。

[2] 苏永钦:《寻找新民法》,北京大学出版社 2012 年版,第 49 页。

[3] 卢现祥:《西方新制度经济学》,中国发展出版社 2003 年版,第 46 页。

[4] 张旭昆:《论制度的均衡与演化》,载《经济研究》1993 年第 9 期。

[5] 杨瑞龙:《论制度供给》,载《经济研究》1993 年第 8 期。

式演化规避了旧制度惯性对新制度安排的排斥，也就不会遭到既得利益格局的竭力阻挠。需要强调的是，虽然补充的制度多数是顺应社会发展的“领头羊”，但也有少数是违背社会发展规律的“害群马”。例如，合肥市为了打造免受环保部门随意“打搅”的投资环境，在《合肥市优化投资环境条例》第29条中违背上位法规定，[1]为环保部门执法检查设置了刻意增加的上报和备案程序，以及一年只许检查一次的限制。这条环境法律是对已有的制度安排进行相反调整，最终造成环境法律不统一的典型案例。

第二，A制度趋于无效的价值判断是相对于社会整体而言的，对制度的受益者而言不存在无效的问题。制度的分配效应包括在产生输家的同时，还会产生一批与其共存共荣的利益团体。依附于无效制度的利益集团往往会对旧制度安排产生寻租上的路径依赖，促使他们运用各种资源捍卫有损社会整体福利的制度安排，这是坏的制度安排能够存续的一个重要原因。[2] 从积极的层面来看，趋于无效的A制度作为一种制度变迁的沉没成本，其存续的收益往往大于成本。公权力可以通过冷落、架空等方式使A制度在B制度施行后“隐退”，从而发挥一种兜底功能，在试验性的B制度遭遇失败时能够重新启用，进而保障制度结构的稳定和安全。

（三）法律不统一问题的法典解决

路径依赖与制度变迁观念的不兼容会诱发环境法律的不统一，其弊端在于：导致环境法治秩序液态化；造成各部门环境行政力量的消解以及加剧环境法律的复杂化。通过法典严密的逻辑性，可以克服环境法律不统一带来的弊端。其一，环境法典的编纂将提升环境法律的执

---

[1] 《合肥市优化投资环境条例》第29条：“市、县（市）区人民政府有关部门依法对企业进行检查，应当事先拟定检查计划，并在实施检查二十个工作日前报同级人民政府监察机关备案。有关部门应当建立检查批准制度，实施检查时应当经有关部门负责人签字批准；对同一市场主体的检查一年不得超过一次，上下级部门对同一市场主体不得重复检查。……”

[2] 例如，能源产业的自由化改革在世界范围的推动均面临重重阻力，一个核心原因就在于，受益于垄断体制的能源企业及其主管部门往往将其自身利益偷换成“国家利益”，进而用游说、贿赂、不合作等方式阻挠、拖延垄断体制的淘汰。

行力。当环境单行法之间存在理念、原则、制度和具体规定上的冲突，且这种冲突仅靠制定新的单行法或修改既有的环境法律难以协调时，环境法就具备了法典化的前提。[1] 法典作为一个将既有规则系统化的过程，一以贯之的逻辑脉络可以型塑出清晰、严谨的制度结构，这一制度结构有利于检视、甄别和剔除既有环境规则中的矛盾、冲突和龃龉之处，由此形成的环境规范体系能够最大限度地保持首尾贯通、前后呼应、协调统一的规范品格。以环境法典为圭臬的环境行政或环境司法正是缺乏"同案不同判"的规范前提。其二，环境法典的制定是在摒弃部门本位主义和"部委供给制度"之上的通盘考虑，通过在同类法律规范中具有最高法律效力的环境法典中构建权责清晰的权力版图，可以消解职能部门之间争权诿责的负面情形，效益最大化地配置和利用现有的环境行政资源。其三，环境法典使众多同类环境法律被统合到一个完整的、唯一的文本中，能够消除旧的环境法律之间的凌乱、歧义和不完善之处，也为检验新的制度安排能否妥帖地嵌进既有制度结构提供了参照，这就从根本上遏制了环境法律复杂化尤其是不统一滋生的土壤。

四、凭借法典的稳定性消解环境法律不确定

（一）不确定："朝令夕改"的环境法

Schuck 教授所言的法律复杂化"不确定"（Indeterminacy）表征是指，法律规则及其适用结果经常是变动不居、难以预测的。[2] 厌恶频繁变化是人的天性，大变革可以为英雄带来快感，但是大多数普通人并不希望自己的生活成为政客施展革新大业的舞台。[3] 然而近年来我国环境法治发展最为明显的一个特征，正是环境法律的频繁修改。笔者列举了在北大法宝环境保护项下法律、行政法规和部门规章的效力情况。（见表 5－2、表 5－3）从理论上讲，环境法律属于环境法治的顶

---

〔1〕 李传轩：《环境法法典化的基本问题研究》，载《华东政法大学学报》2007 年第 3 期。

〔2〕 Peter H. Schuck, *Legal Complexity: Some Causes, Consequences, and Cure*, Duke Law Journal, Vol. 42:1(1992).

〔3〕 ［英］埃德蒙·柏克：《法国大革命反思录》，冯丽译，江西人民出版社 2015 年版，"总序"。

层设计，应当具有相当的稳定性，然而我国环境法律被修改的频次极高。经统计，15 部环境法律的平均适用年限仅为 7.2 年，其中，《固体废物污染环境防治法》累计修改 5 次，平均每次适用期限为 4.1 年；《大气污染防治法》累计修改 4 次，平均每次适用期限为 6.2 年；《海洋环境保护法》累计修改 4 次，平均每次适用期限为 7.3 年；《水污染防治法》累计修改 3 次，平均每次适用期限为 8.6 年。

表 5－2　我国环境法律、行政法规和部门规章效力统计

效力情况	法律/部	行政法规/部	部门规章/部
现行有效	14	26	136
已失效	1	9	61
已修改	12	17	29

表 5－3　主要环境立法修改频率统计

法律名称	生效时间	第一次修改	第二次修改	第三次修改	第四次修改	第五次修改
环境保护法（试行）（已失效）	1979/9/13	—	—	—	—	—
环境保护法	1989/12/26	2015/1/1	—	—	—	—
海洋环境保护法	1983/3/1	2000/4/1	2013/12/28	2016/11/7	2017/11/5	—
水污染防治法	1984/11/1	1996/5/15	2008/6/1	2018/1/1	—	—
大气污染防治法	1988/6/1	1995/8/29	2000/9/1	2016/1/1	2018/12/29	—
固体废物污染环境防治法	1996/4/1	2005/4/1	2013/6/29	2015/4/24	2016/11/7	2020/9/1
环境噪声污染防治法	1997/3/1	2018/12/29	—	—	—	—

续表

法律名称	生效时间	第一次修改	第二次修改	第三次修改	第四次修改	第五次修改
节约能源法	1998/1/1	2008/4/1	2016/7/2	—	—	—
防沙治沙法	2002/1/1	—	—	—	—	—
清洁生产促进法	2003/1/1	2012/7/1	—	—	—	—
环境影响评价法	2003/9/1	2016/7/2	2018/12/29	—	—	—
放射性污染防治法	2003/10/1	—	—	—	—	—
循环经济促进法	2009/1/1	—	—	—	—	—

注:本表统计日期截至2020年12月。
资料来源:北大法宝网。

环境法律不确定带来的弊端是弥散化的。其一,环境法律不确定会影响环境法律的可信赖性。信任是制度运行不可缺少的一种“社会资源”。稳定的制度会提高制度的可信赖性,进而减少制度的施行成本。环境法律的“朝令夕改”使法律文本呈现出一种临时性和过渡性特征,无形中让“法律收信人”学习、理解和信赖现行环境法律成为无意义之事。其二,环境法律不确定会加剧环境法律制度结构的不稳定。经济学研究表明,“理性的个人不仅在既定规则下追求效用最大化,他们还寻求改变规则的、超过原有条件的限制获得更多的产出”[1]。环境法律的“变动不居”在挑战法律安定性原则的同时,也产生出一种负向信息传递,诱使一部分利益集团对立法的“可操纵性”产生认知,促使他们借助媒体话语的渗透、包装和裁剪来影响环境立法,进而达到“公器私用”的目的。[2] 这种背景下开展的环境立法时常沦为利益集团争权夺利的主战场,而出台的环境法律则异化为胜利方的“确权登

[1] [冰岛]思拉恩·埃格特森:《新制度经济学》,商务印书馆1996年版,第15页。
[2] 吴元元:《信息能力与压力型立法》,载《中国社会科学》2010年第1期。

记”。由此形成的环境法律缺乏稳定的社会基础，在下届选举确定出新的利益集团时，会继续上演以环境法律文本为表征、以利益集团实力对比为内核的“辞旧迎新”。

（二）突击立法造成环境法律不确定

突击立法是指立法与媒体之间的关系过于紧密，形成一旦媒体热议、立法即积极跟进的现象。[1] 我国不少环境法律是基于舆论或媒体对某一环境问题的特别关注而临时、临事制定或修改的。典型事例有：(1)2003 年“非典”引发的医疗垃圾处理问题，直接推动了《固体废物污染环境防治法》的修改；(2)2007 年媒体聚焦太湖蓝藻事件，促成了《太湖流域管理条例》的颁布；(3)2014 年“雾霾围城”引发的舆论沸腾，直接促成了对《大气污染防治法》的修订。这样的“膝反射式立法”是导致环境法律不稳定的重要诱因，如果只是一两次，或许可以理解成偶然，但实证数据表明，环境领域的“膝反射式立法”占据我国环境法律的很大份额，说明其背后存在某些比较恒定的发生机理。

笔者认为，我国环境领域充斥突击立法的原因，可以从公权力、媒体和公众三个角度得到解释。从公权力的角度来看，一方面，基于中国特有的威权体制，“任何层级政府的问题和隐患如果处理不好，都有可能演化成为中央政府的问题和隐患，中央政府会成为各种社会和经济问题以及统治风险的最终承担者”。[2] 环境事件引发的媒体报道和舆论关注是影响社会稳定的重要诱因，滞后回应可能引发民众对中央政府和立法机构的合法性和正当性产生质疑，带来政府治理的“危急时刻”。[3] 积极主动、“就事论事”的环境立法可以塑造出政府“勤政”和“执政为民”的公共利益守护者形象，从而型构出社会压力的舒缓机制，进而平息公共事件对公权力造成的负面影响。另一方面，公众（媒体）的议程设置之所以得到立法者的积极响应，与当前环保部门对突击立法“欲拒还迎”的态度有关。部委供给制度的传统使环保部门成

[1] 吴元元：《信息能力与压力型立法》，载《中国社会科学》2010 年第 1 期。

[2] 周黎安：《行政发包制》，载《社会》2014 年第 6 期。

[3] 张欣：《大众媒体、公共事件和立法供给研究》，载《法学评论》2016 年第 5 期。

为左右环境法律调整范围、手段和力度的一股核心力量。借助环境质量下滑和公共事件引发的舆论关注，环保部门往往顺水推舟，在谴责污染或破坏行为的同时，表达心余力绌、职权有限的客观现实，进而响应、支持或倡导由其主导的环境立法来平复舆论、治理环境。

从媒体的角度来看，市场经济下的传媒业有强大动力去关注影响深远的环境公共事件。一方面，改革开放以来，我国的传媒业逐渐从先前的依赖权力加持过渡到尊重市场法则。媒体之间掀起的“注意力争夺战”使传媒业有充分的激励去聚焦舆论关切的社会事件。另一方面，环境问题是媒体能够坦率、直白地对政府进行不留情面批评的少有领域。[1] 媒体往往将一些环境领域存在的制度性、体制性的“抽象”问题，转化甚至“偷换”为个案的具体破解，进而通过制造政治影响和社会影响达到推动制度变革、扩大自身影响力的目的。[2] 市场经济下的传媒业由此成为充当沟通公众与立法者并启动国家立法程序的“意见广场”。

从公众的角度来看，环境领域的社会运动实质上就是旨在改变某项环境法律的集体行动。有论者基于公众参与法律草案征求意见稿的实证数据发现，较之于利益嵌入性更强的民法、经济法的公众参与度，更具公共物品属性的宪法相关法和环境法的公众参与广度和深度均较低。[3] 这说明公众对于自上而下供给的环境立法实际上并不十分关心，而是将其视为政府应当提供的公共产品，全权交由权力机关统筹安排。但是，当权力机关及少数精英分子设置的立法议程与公众关切的环境问题南辕北辙时，公众借助传媒这一“扩音器”将新的立法议程设定的想法和观念向上传导，就成为一种弥补强制性制度变迁弊端的理性选择。在公权力、媒体和公众的共同作用下，就不难理解环境立法与媒体设定的议事日程保持时间上的趋近性、判断上的追随性以及制度

---

〔1〕［美］易明：《一江黑水——中国未来的环境挑战》，江苏人民出版社 2012 年版，第 215 页。

〔2〕马长山：《新一轮司法改革的可能与限度》，载《政法论坛》2015 年第 5 期。

〔3〕张欣：《我国立法电子参与有效性的提升——基于公众参与法律草案征求意见（2005－2016 年）的实证研究》，载《法商研究》2018 年第 2 期。

设计上的单一顺从性的内在缘由。[1] 然而，公众存在一种“过罪化”偏好，往往使诸多原本存在于允许“法律缺失”领域的事务被不当地拉入到法律之中，最终导致“一人一是非，一事一立法”的混乱局面。

(三)法律不确定问题的法典化应对

环境立法议程设定与公众关切的不匹配，是造成环境法律不确定的根源，其弊端包括影响环境法律制度的可信赖性以及加剧环境法律制度结构的不稳定。笔者认为，环境法典实质上和形式上的稳定性可以消解环境法律的不确定问题。一方面，环境法典具备实质上的稳定性。环境法典是对调整环境法律关系的规则进行的系统性重塑，作为一项复杂的系统工程，其出台必定是群策群力的结果。通过行政专家、技术官僚、社会公众构建“相互竞争的理性”，理论上能够得出凝聚共识、逻辑自洽、首尾贯通、体系严谨的环境法律制度结构，为最大限度地规制和解决实践中的环境问题奠定规范基础。另一方面，环境法典具有形式上的稳定性。环境法典关系到国家环境方面的全局性和根本性问题，直接涉及全体公民的切身利益。这种“根本大法”的地位决定了其只能由国家最高立法机关进行制定、修改和废止，这就增加了环境法律规范条文被利益集团任意操纵，以及不顾科技水平和管制成本随意调整的困难程度，进而使环境法典具备了形式上的稳定性。

第二节　中国环境法典对生态环境问题的应对

倘若上文关于环境法典能够消解环境法律复杂化的推论成立，由此衍生的问题是，既然法典的抽象性、普遍性和稳定性特征，与环境问题的具体性、个殊性和速变性存有张力，那么中国环境法典又是否能够以及应如何应对环境问题的上述挑战呢？

一、环境问题的复杂性与法典的简约性的相互协同

法典条文有限，而社会事实无穷，环境法典何以能够囊括并制御纷

---

〔1〕 吴元元：《信息能力与压力型立法》，载《中国社会科学》2010 年第 1 期。

繁复杂且不断翻新的环境问题呢？笔者认为，环境法典在化解环境法律庞杂的过程中，其简约性与适应性之间确实存有张力，但是"内部规范在体例构造上的严密程度影响着法典体系效益在稳定性上的发挥"，[1]选择"总则＋分则"的立法模式，进而借助具有统领性和全局性意义的总则编纂，能够实现二者的适当平衡。一方面，环境法典的总则是破解环境法律庞杂的核心。环境法典的编纂不能是现行环境法的简单整编，否则，环境法律的庞杂问题就会在环境法典中重演。环境法典总则的编纂是通过"提取公因式"的方式，对环境治理中具有统领性和全局性的概念、原则和制度进行的统合。通过总则对普遍性和共同性的内容加以集中规定，可以减少法律条文的编排，进而极大地节约法典的篇幅，使法典在逻辑上大大精练，避免或减少现行环境法律中的冗赘、重复和啰唆之处。[2] 另一方面，环境法典的总则是保障法典适应性的关键。总则的抽象性和概括性为日后的自由裁量和法律解释留下了空间，其具有原则性的、带有某种价值观念倾向的规定，可以预先为将来可能发生的环境问题提供解决的思路和基本框架，进而增强环境法典与时俱进的适应能力。茨威格特教授就指出，《德国民法典》总则"起了一个安全阀的作用，防止了民法典那僵硬但却精确的文体被社会变革的压力所冲破"。[3] 可见，我国环境法典的编纂体例也应当采取"总则＋分则"模式，以实现法典"以简驭繁"之目的。

二、环境问题的技术性与法典的适用性的相互协调

理论上讲，技术性是环境问题和环境立法的内在特质之一，环境法典的编纂亦不能消解条文的技术性及其附带的技术理性与公众理性的冲突。笔者认为，借助法典编纂的民主性，能够最大限度地调和技术理性与公众"可得性启发"之间的矛盾。规避环境风险决策出现"邻避效应"的关键是构建"政治无涉"的科学决策方略。考虑到在具体个案中

---

[1] 李艳芳、田时雨：《比较法视野中的我国环境法法典化》，载《中国人民大学学报》2019年第2期。

[2] 封丽霞：《法典编纂论——一个比较法的视角》，清华大学出版社2002年版，第324页。

[3] ［德］茨威格特、克茨：《比较法总论》，潘汉典等译，中国法制出版社2017年版，第284页。

寻求决策共识的做法并不经济，相反，倘若能够在统摄环境风险决策的环境法律中就今后的个案处理达成程序、偏好等方面的共识，无疑将更具效益。是故，可以将化解实践中的技术理性与公众理性冲突的问题，提前到环境法典编纂阶段来解决。环境法典的编纂主体是国家最高立法机关，较之于一般部门立法和地方立法通行的“部委供给制度”，该机构本身就具有至高无上的地位。加之高水平的立法人员配备、严格致密的程序要求，以及与“官僚理性”具有相互竞争关系的社会力量的广泛关注和参与，环境法典的编纂具有极强的透明度，能够超脱于各种具体的利益冲突，消除一般部门立法和地方立法的偏见和弊端。[1] 由此出台的环境法典能够最大限度地剔除利益集团所欲裹带的技术性规定，而法典保留的技术性内容也将基于其极强的民意基础而具备合法性、正当性和可接受性。可见，环境法典唯有遵循开门立法、民主立法的原则，方能最大限度地抑制环境问题技术性的自我复制，并提高民众对环境法典技术性的接受程度，从而增强环境法典的适用性。

三、环境问题的个殊性与法典的统一性的相互配套

各地不尽一致的自然禀赋、经济水平，以及环境要素、污染介质存在的客观区别，理论上需要“不统一”的环境法律。而环境法典的编纂是针对各行政区域、各污染类型的“共性”环境问题解决方案的高度抽象和概括，也就势必无法对“个性”环境问题进行全面涵摄。因此，统一的环境法典可能存在调整对象不周延、调整手段不妥帖等问题。笔者认为，立法将整体生态环境根据要素和区域的不同进行分割，进而归属于不同部门进行监管的做法，实际上造成生态环境保护权力被分割为部门权力。[2] 这种立法模式人为地割裂了环境生态价值和经济价值的统一性以及生态环境的整体性，由此造成环境法律制度结构有违生态规律，进而注定难以产生令人期待的环境治理效果。尽管环境问题复杂多变，但“总能寻找到合适的方式概括归纳出某些统一的特征

---

〔1〕 张梓太、李传轩、陶蕾：《环境法法典化研究》，北京大学出版社 2008 年版，第 100 页。

〔2〕 吕忠梅、窦海阳：《民法典“绿色化”与环境法典的调适》，载《中外法学》2018 年第 4 期。

作为环境法典的调整对象”。[1] 环境法典的编纂应当以生态环境的整全性保护为宗旨，由民意机关在综合考量自然、经济和社会各种因素的前提下，确立一个最低限度的、普遍适用的且符合生态环境规律的环境保护共识。

此外，关于环境问题的速变性与法典的稳定性难以调和的问题。环境问题极端复杂且不断翻新，环境法律必须适时调整才能适应现实需求，而环境法典的超稳定结构可能无法适应社会的极速变迁。这一质疑极具说服力，法典与社会势必存在疏离之趋势。但一方面，“滞后性是法律的基本特征之一，绝非法典所独有”；[2] 另一方面，认为法典应当是某一领域具有垄断性地位的唯一规范文本的“执念”正在遭遇挑战。各国已不再简单、绝对地将某一领域的法典法和单行法进行严格分离，而是改变以往厚此薄彼或厚彼薄此的极端做法，努力实现二者的相辅相成和相互融合。可见，“只要人们对法典编纂这一概念作出切合实际的界定，便不会对在一个法律领域内进行统一的法典编纂的可能性提出质疑”。[3] 为避免法典的凝固和僵化，法典编纂者应当承认自己的有界理性，放弃制定一部包罗万象的环境法典的企图，进而选择“适度化”的编纂策略，出台具有基础涵盖力与综合协调力的框架体系型环境法典。[4] 这种适度化应当体现在两个方面：其一，在调整范围上的适度化。法典编纂仅是一种系统的制定、划分和发展法律的手段，在调整范围上应当摒弃超出环境法“射程”范围的单行环境相关法，而允许起拾遗补阙、细化说明作用的单行性环境法作为环境法典的“卫星法”而独立存在，从而构建“环境法典＋单行性环境法”并存的立法模式。其二，在编纂程度上的适度化。在环境法典的编纂程度上，应

---

〔1〕 邓海峰、俞黎芳：《环境法法典化的内在逻辑基础》，载《中国人民大学学报》2019年第2期。

〔2〕 王灿发、陈世寅：《中国环境法法典化的证成与构想》，载《中国人民大学学报》2019年第2期。

〔3〕 [德]弗兰茨－约瑟夫·派纳：《公法法典化的思考——以环境法和营业法为例》，范健等主编：《中德法律继受与法典编纂》，史仲阳、乔文豹译，法律出版社2000年版，第257页。

〔4〕 吕忠梅、窦海阳：《民法典“绿色化”与环境法典的调适》，载《中外法学》2018年第4期。

当摈弃极端的革新型实质法典化与汇编型形式法典化思路,而选择介于两者之间的框架性实质编纂模式。环境法典编纂机关应当预留可以改进环境法典文本的空间和机制,进而在“解法典化”与“再法典化”之间搭建制度接口,通过不断地修改、补充和周期性调整来缓和法典的稳定性与环境问题的速变性之间的张力。

第三节　中国环境法典对生态环境秩序的调整

环境法典作为环境法律体系的形式整合,其调整性功能是环境法调整功能的集中体现。厘清环境法典对于生态环境秩序的调整功能,需首先厘定法律功能的内涵与外延。通过分析法律功能的内涵与外延、明确法律具有的功能,进而以此为基础探析环境法典对生态环境秩序调整的功能。

一、环境法典对生态环境秩序调整的理论基础

法律功能研究是法社会学的重要内容,何为法律的功能,法律具有何种功能,法律如何实现期功能等均是法理研究的重要课题。然而,对于法律功能是什么,法律具有何种功能等问题,目前学界并未达成一致,而对于法律功能的研究,法学家也并未给予充分的关注。正如周旺生教授所指出的那样,“法的功能问题,则从未进入国内主流法学理论研究视野,极少有法学著述阐述法的功能问题”。[1] 国外的法理学著作也是如此:“就目前国外法理学著作看,有关法的作用和法的功能主题的研究,也不尽如人意。主要情形在于:不少较为系统的法理学著作没有专门论述法的功能和法的作用。比如,庞德的《法理学》可谓法理学领域尤为系统化的大作,但其中既未专论法的功能,亦未专论法的作用,而是在论述其他问题如法的目的之类时涉及这样的主体。萨尔蒙德的《法理学》也是一本给人印象深刻的比较系统的著作,其中也没有关于法的功能和法的作用的专论。”

---

〔1〕 周旺生:《法的功能和法的作用辨异》,载《政法论坛》2006 年第 5 期。

经笔者检索,仅付子堂教授于1999年出版《法律功能论》一书,[1]专门对法律功能予以论述,从分析法律功能的发生根据入手,主要运用社会学中的功能理论探讨法律功能的内涵。而笔者所检索的关于法律功能论述的文献资料,也多集中于讨论法律功能与其他概念的关系,着重厘清法律功能的内涵与内容。故本部分总结了现有关于法律功能的研究,旨在通过"提取公因式"的方法,厘清法律功能的共性内涵与内容,以期为后续环境法功能研究奠定理论基础。

(一)法律功能的概念

就法律功能的定义与内涵,学界并未形成通说。有学者将法律功能的概念学说分为四类:"导向、趋向说""关系说""法律功能与法律价值等同说""法律功能与法律价值区别说"。[2] 笔者在该总结基础上梳理了学者对于法律功能定义的描述,认为学界对于法律功能的概念主要有以下几类观点:

第一,导向论。"这种观点认为,法律功能是法律作用的导向、趋向。法律是一种社会制度,即一种行为过程和理念的综合模式,它帮助恢复、维持和创造社会秩序。"[3]俄罗斯法学家拉扎列夫认为,"法的职能就是由法的本质和法在社会生活中的社会意义所决定的,对社会关系所施加的法律影响的主要导向"。[4]

第二,工具论。王勇飞先生认为,"法的功能就是指法的自身特有的影响社会生活和社会发展的形式、方法和手段"。[5] 赵之隆也认为,"法的功能指法作为阶级统治的工具,在实现其阶级任务中所起的特殊作用。法的价值则是法通过发挥功能,对于制定和运用它的主人,即这个国家的统治阶级在实现其阶级统治任务中的意义"。[6]

---

[1] 付子堂:《法律功能论》,中国政法大学出版社1999年版。

[2] 郭剑平:《论法律功能的概念与类型》,载《韶关学院学报(社会科学版)》2008年第8期。

[3] 郭剑平:《论法律功能的概念与类型》,载《韶关学院学报(社会科学版)》2008年第8期。

[4] [俄]拉扎列夫:《法与国家的一般理论》,王哲、王成英、刘远生译,法律出版社1999年版,第118页。

[5] 王勇飞:《论法的职能和功能》,载《当代法学》1990年第1期。

[6] 赵之隆:《法的功能与价值》,载《当代法学》1997年第2期。

第三，作用论。这种观点认为，法律功能即法律作用，法律功能的实现即为发挥法律的作用。例如，孙国华教授认为，法的作用与职能（功能）基本是同义的，“作用和职能所表述的意思十分相近，都说明被研究对象的活动、运作和它对外界的影响”。[1] 沈宗灵教授指出，“法的作用，又称法的功能，泛指法对个人以及社会发生影响的体现”。[2]

第四，效果论。这种观点认为，法律功能是法律突出其在社会关系中的重要作用，而发挥出正向的效能，效能可以是凸显法律价值、获得最大效益等。效果论并不直接强调功能即作用，但其内涵的正向效果也是法律发挥作用的一部分。例如，赵震江教授认为，“法律功能，是指法律作为体系或部分，在一定的立法目的指引下，基于其内在结构属性而与社会单位所发生的，能够通过自己的活动（运行）造成一定客观后果，并有利于实现法律价值，从而体现自身价值在社会中的实际特殊地位的关系”。“法律功能是在一定的立法目的指引下基于内在结构与社会单位而发生的能体现社会特殊地位的作用力”，[3]“其意义在于调和和整合社会整体利益，使社会得到最大的利益效果”。[4] 有学者从结构论的视角阐释法律的功能，“英国社会学家布朗结合了功能、结构与过程三个要素，修正了此前将功能理解为对社会环境的适应的学说，提出功能是指‘局部活动对整体活动所做的贡献’。他认为一个社会体系（包括整体和局部）具有一种特定的协调性，即我们所说的功能的协调性。这使得一个社会体系中的所有部分高度和谐或内部一致地共同运行”。[5]

第五，客观独立论。这种观点认为，法律的功能是客观存在的，是从其产生即具备的，不受主观因素影响，且其功能本身没有正负之分。这一观点与“作用论”具有明显的区分。付子堂教授是这一观点的主要倡导者。“法律无疑具有重要的社会功能，然而法律功能只是法律

[1] 孙国华、朱景文：《法理学》，中国人民大学出版社 1999 年版，第 54 页。

[2] 沈宗灵：《法理学》，北京大学出版社 2001 年版，第 82 页。

[3] 赵震江：《法律社会学》，北京大学出版社 1998 年版，第 214 页。

[4] 何国强：《风险社会下侵权法的功能变迁与制度建构》，载《政治与法律》2019 年第 7 期。

[5] 孙岳兵：《结构主义视角下法律功能范畴研究》，载《求索》2016 年第 1 期。

作功之能力,是一种可能性状态。可能性不等于现实性,法律制定出来,不会自动地发挥出自身的功能。"[1]

这一观点持有的学者从"功能"定义的阐述来分析法律的功能。"所谓功能,是指某一事物本身所固有的某种潜在的性能和效能的总称。它全靠赖以产生的条件已具备而存在。也全靠内部因素的协调配合而运作。它不因外部环境的变化而变化。"[2]功能(Function)"在不同学科中有不同含义和用法,在数学中,Function被译为'函数',指两个变量中,一个变量X的值取决于另一个变量Y的值,最早由德国数学家和哲学家莱布尼兹命名。随着西方数学社会学的兴起,'功能'一词被广泛应用于各个学科领域,特别是在社会学中得到最为广泛的应用。英国社会学家斯宾塞将社会学与生物学相类比,最早提出社会是一个有机体,社会上人与人的关系,就像生物体和细胞的关系一样。由此出发,开始把人或事物引起的社会后果称为功能。也就是说,功能是人或事物引起的社会后果,只要人或事物能引起一定社会后果,无论这个后果对人是积极的,还是消极的,都可以称他们具有功能"。[3] 在此基础上,有学者总结"'功能'具有以下特征:(1)功能是一种社会后果。(2)'功能'不一定都是对人有益的,有正功能、负功能,甚至零功能之分。(3)功能的主体是不固定的,具有个体差异"。[4]

总结而言,以上五种观点主要存在两个方面的区分:导向论、作用论、效果论三类观点类似,均是强调法律功能是为社会服务,是服务于社会正常运行的;而工具论与客观独立论则并不直接判定功能的价值属性,认为其是客观独立的,对于社会的影响既有正向的积极的,也有负面的消极的,均可称为法律的功能。可见,两组观点的核心争议在于法律功能是否具有价值取向,是否只有正向的、被人们认可的作用才能被称为功能。

---

[1] 付子堂、胡仁智:《关于法律功能实现的若干思考》,载《法学评论》1999年第5期。

[2] 李力:《论法律的功能》,载《四川大学学报(哲学社会科学版)》1995年第3期。

[3] 陈宜:《法的价值与功能辨》,载《西南民族学院学报(哲学社会科学版)》2001年第4期。

[4] 陈宜:《法的价值与功能辨》,载《西南民族学院学报(哲学社会科学版)》2001年第4期。

(二)法律功能与其他概念辨析

为了进一步厘清法律功能之本质,即是否具有价值取向,还需要进一步厘清法律功能与法律其他概念之间的异同。目前,已有不少学者对此进行了尝试。笔者梳理现有研究成果,对相关概念的辨析进行归纳总结。

1. 法律功能与法律职能

开始法律功能研究之时,学界试图厘清法律功能与法律职能之间的联系与区别,而彼时对于法律功能的认识,还较为浅显,多将其与法律作用等同。例如,王勇飞即将法的功能与作用含义等同。他指出,"法的职能就是指法的社会作用(或法的社会使命)的基本方面",二者有联系,也有严格区别。"法的职能"主要回答法对社会有哪些影响,或影响社会的哪些方面;"法的功能"主要回答法怎样影响社会,即它自己如何实现对社会的影响(作用)。[1] 李力认为,职能是指一定的机构及其工作人员运用职权履行职责的性能和效能的总称,两者并不能混用,因为从概念分析,职能还包含机构或管理的意思,功能包含事物或方法的意思,对法律部门来说,它并没有功能而只有职能。但对法律本身来说,它却没有职能而只有功能。[2]

2. 法律功能与法律价值

我国不少法理学教材将法律功能与法律价值等同,即持"价值论"的观点,但也有不少学者经过比较法律功能与法律价值,认为两者并不能等同。

付子堂教授指出,"法律功能指向于法律价值,但同法律价值终究是程度不等的两个范畴"。法律功能指向法律价值,即法律价值的现实表现主要是通过法律的调控功能显示出来的。[3] "法律价值体现了一种法的取向,说明法'应该是什么'的问题;法律功能则体现了一种法的状态,说明法'是什么'的问题。相对于法律价值而言,法律功能

---

[1] 王勇飞:《论法的职能和功能》,载《当代法学》1990 年第 1 期。

[2] 李力:《论法律的功能》,载《四川大学学报(哲学社会科学版)》1995 年第 3 期。

[3] 乔克裕、黎晓平:《法律价值论》,中国政法大学出版社 1991 年版,第 55 页。

更有动态的意味，体现于法律系统与外部环境的相互作用过程之中。同一种法律价值，可以通过不同的法律功能去实现，反之，同样的法律功能也可能实现不同的法律价值。"进一步阐释了"客观独立论"的观点。孙岳兵也认为，"法律功能体现法的一种状态，说明'是什么'的问题；而法的价值体现一种取向，说明'应该是什么'的问题"。

陈宜提出，"法的价值"和"法的功能"在内涵与外延上均存在明显的区别。他通过总结哲学界对于价值的定义，提出价值应具备四个特征："(1)价值是客体的属性；(2)价值的主体是普遍意义上的人；(3)价值是客体对人的有益性和被人珍视的属性；(4)价值的类型应当是个体的不因主体需求而改变。"[1]

3. 法律功能与法律作用

与法律价值的境遇相似，法律功能与法律作用等同抑或相互区别，也是理论上具有争议的问题。有学者认为法律作用就是法律功能。[2]"有的认为法的作用和法的功能虽然在严格的语义上确有某些细微差别，但其基本意义是无差别的，所以在大多数著作中是通用的。"[3]如张文显主编的《法理学》。[4] 还有学者从西方语言"function"的翻译出发分析认为，该词汇可以译为作用，也可以译为功能，因此，可以将"法的作用和法的功能看作同一概念的不同用词"。[5]

有学者指出二者具有一定的关联，简单地讲，功能表示事物之间的关系。对法律进行功能分析，就是对法律所产生的行动后果在社会整体中所发挥的作用进行认识和评价。[6] "一般法律文献中所常讲的法律社会功能或社会作用其实仅仅是法律功能的一种表现，相互之间有

---

〔1〕 陈宜:《法的价值与功能辨》，载《西南民族学院学报(哲学社会科学版)》2001年第4期。

〔2〕 沈宗灵主编:《法理学》，北京大学出版社2000年版，第72页；李步云主编:《法理学》，经济科学出版社2000年版，第88页。

〔3〕 周旺生:《法的功能和法的作用辨异》，载《政法论坛》2006年第5期。

〔4〕 张文显主编:《法理学》，高等教育出版社2003年版，第349页。

〔5〕 周永坤:《法理学——全球视野》，法律出版社2000年版，第154页。

〔6〕 付子堂:《社会学视野中的法律功能问题》，载《郑州大学学报(哲学社会科学版)》1999年第5期。

外延大小之别。”[1]

但也有学者指出两者并不一样，“法的功能和法的作用作为两个特质有别的事物而不能混同”，法的功能是法所固有的稳定属性，而法的作用则需要常有变动。由于法的功能是法本身所固有的内在的属性，因而它是比较稳定的，只要有法存在，法所固有的调整、指引和保障功能也就会存在。[2] 法的功能是法所固有的应然属性，而法的作用则具有现实的指向。在法的众多属性中，法的功能是具有应然性的属性。在法的属性中，法的功能是同道德和正义之类有更多联系的属性之一。道德和正义之类都属于伦理规范的范畴，自然不同于法这种规范。

综上所述，法律功能的内涵是随着研究的进展而不断从其他概念中脱离和厘清的。但无论如何，法律功能都与法律职能、法律作用以及法律价值具有天然的联系。但法律功能还具有法律作用与法律价值所不能涵盖的外延，即法律功能的应然性是法律本身所具备的；具有客观性，非人为施加的；具有独立性，不受法律规范对象、法律执行对象意志影响。

（三）法律在社会中的功能

虽然法律功能本身具有应然性、客观性、独立性，但基于法律的本质，若将法律置于人类社会之中，其功能内容，抑或法律所呈现出来的功能，都或多或少与人类社会发展相关联，亦即法律的功能与法律的价值、作用以及职能具有一定的联系。因此，笔者着重探讨法律在社会中具有何种功能，即法律功能的内容具体是什么，以为探求环境法之社会功能提供支撑。

1. 核心功能论。核心功能论者认为，虽然法律功能较多，但其具有最为核心的一个功能。例如，卢曼认为，法律的功能，既不是社会控制，也不是惩罚犯罪，法律最为核心的功能，乃是维护社会规范性期望的稳定。[3]

---

〔1〕 付子堂：《社会学视野中的法律功能问题》，载《郑州大学学报（哲学社会科学版）》1999年第5期。

〔2〕 周旺生：《法的功能和法的作用辨异》，载《政法论坛》2006年第5期。

〔3〕 ［德］鲁曼：《社会中的法》（上册），李君韬译，台北，五南图书出版股份有限公司2009年版，第152～193页。

在此基础上，赵之隆也认为，“法的基本功能就是维护社会秩序。法以自身所特有的方式规范人们的行为，确定人们的行为模式”。[1] 并指出，“法作为国家确立维护社会秩序的手段，其功能可分为互相联系的三个主要方面：确定和维护社会秩序，确定和维护社会经济生活有秩序地运行，确立和保护国家机关的组织和活动秩序化。此外，它还有参与建立和维护国际政治、经济生活秩序的功能”。

哈贝马斯认为，法律的主要功能是社会功能。孙国东对哈贝马斯理论进行了如下阐释，“哈贝马斯认为现代法律是集行动系统与知识/符号系统于一身的社会功能系统，并因这种功能上的两重性成为现代社会‘全社会整合’的核心媒介。作为行动系统，现代法律是以金钱为导控媒介的经济系统和以权力为导控媒介的行政系统的制度化组织手段”。[2] 因此，法律是经济系统以金钱为导控媒介、行政系统以权力为导控媒介推进“系统整合”的制度化组织手段。

2. 二元功能论。二元功能论认为，法律功能主要体现为两个方面，即规范功能与社会功能。“英国新分析实证主义法学的代表人物拉兹在 1973 年发表的《论法律诸功能》一文中的观点：把法律的功能分为规范功能和社会功能。”[3]社会功能可分为直接功能与间接功能，而直接功能又被划分为主要功能与次要功能。主要功能有四种：防止不利行为与保障有利行为、为个人间的私人安排提供便利、提供服务和福利分配以及解决无规定的争议。[4] 张文显教授主编的《法理学》教材也将法的功能划分为规范功能和社会功能，前者又被细分为指引、预测、评价，后者又被分为阶级统治功能和社会管理功能。[5]

3. 三分功能论。三分功能论是对二元功能论的发展，也是对法律规范功能与社会功能的进一步划分。例如，孙国华教授认为，法的作用

---

〔1〕 赵之隆：《法的功能与价值》，载《当代法学》1997 年第 2 期。

〔2〕 孙国东：《哈贝马斯对现代法律功能属性的定位及对转型中国法治建构的启示》，载《学习与探索》2018 年第 4 期。

〔3〕 陈宜：《法的价值与功能辨》，载《西南民族学院学报（哲学社会科学版）》2001 年第 4 期。

〔4〕 ［英］约瑟夫·拉兹：《法律的权威》，朱峰译，法律出版社 2005 年版，第 143 ~ 156 页。

〔5〕 陈宜：《法的价值与功能辨》，载《西南民族学院学报（哲学社会科学版）》2001 年第 4 期。

包括“法本身的作用和法的社会作用，而法本身的作用又包括法的思想影响作用和法的调整作用”。[1] 周伟对恩格斯晚年关于法的功能的理论进行总结认为，恩格斯对法的功能理论的新发展，全面系统阐明了“法的政治功能，社会管理功能与意识形态功能”。[2] 其中，孙国华教授认为，法本身的作用即法的政治功能，而法的思想影响作用即为意识形态功能，法的调整作用即为社会管理功能。李力则认为，法律功能包括“规范功能”“导向功能”“保护功能”。[3]

4. 多元功能论。多元功能论者将法律功能进一步细分来阐释其具体的功能。例如，功能主义或功能学理论的掌门人帕森斯把法的功能概括为四种：(1)模式维持功能。即确保社会成员的行为具有一定特征，处理行动者内外部的紧张，同时也维护一定的法律传统、法律体系、法律观念等。(2)整合功能。即促使法律规定和法律程序与其内在原则体系协调一致。(3)求达目的功能。即通过法律的施行来实现社会统治集团的一定立法意图。(4)适应调节功能。[4]

马长山从法的秩序出发提出法的四项功能。他认为，法不仅是统治阶级意志的体现，还必须反映社会的多元利益要求；法不仅是实现阶级统治的工具，也是社会自我管理的重要手段等，[5] 并借用亨廷顿的论述论证社会秩序的重要性，“很显然，人类可以无自由而有秩序，但不能无秩序而有自由。必须先有权威，然后才能对它加以限制”。[6] 进而提出法律具有“多元权利的确认与维护功能”“利益冲突的平衡与协调功能”“自由理性秩序的推进与维护功能”“法律意识及法治观念的确立与强化功能”。[7] 王勇飞将法的功能分为“调整功能、保护功

---

[1] 孙国华：《简论法的作用和职能》，载《光明日报》1986年7月27日，第3版。

[2] 周伟：《论恩格斯晚年关于法的功能的理论》，载《云南教育学院学报》1989年第2期。

[3] 李力：《论法律的功能》，载《四川大学学报（哲学社会科学版）》1995年第3期。

[4] 陈宜：《法的价值与功能辨》，载《西南民族学院学报（哲学社会科学版）》2001年第4期。

[5] 马长山：《多元和谐秩序建构中的法律功能及其实现》，载《学习与探索》2007年第2期。

[6] [美]塞缪尔·亨廷顿：《变革社会中的政治秩序》，李盛平等译，华夏出版社1988年版，第38页。

[7] 马长山：《多元和谐秩序建构中的法律功能及其实现》，载《学习与探索》2007年第2期。

能、教育功能、指引功能、评价功能”。[1]

5. 其他理论。付子堂教授借助社会学的功能理论，认为法律功能可以分为法律的显性功能与隐性功能，以及法律的正功能、反功能与非功能。[2]

由此可见，随着法律在社会中的实施与运行，人们对法律功能的认识更加深入和细致。笔者总结其中部分共性观点认为，法律功能是为了实现对社会秩序维护要求而发展的，进而分化为其规范功能与社会功能。一方面，通过规范功能，即其本身功能对人们的行为进行指引和预测，进而发挥其思想影响功能，对人们行为进行评价，进而实现对人们行为的规范。另一方面，通过对社会的调整，发挥其维护政治统治功能，实现对社会的管理。（见图5-1）

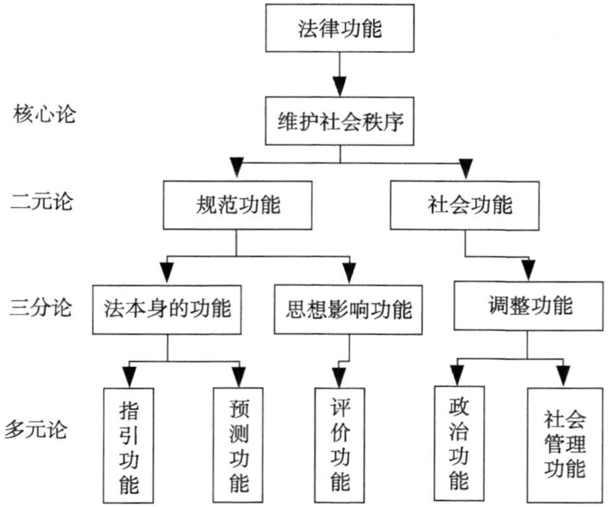

图5-1　法律功能理论梳理

---

〔1〕王勇飞：《论法的职能和功能》，载《当代法学》1990年第1期。

〔2〕付子堂：《社会学视野中的法律功能问题》，载《郑州大学学报（哲学社会科学版）》1999年第5期。

二、环境法典对生态环境秩序调整功能的呈现

由上文可知,法律功能是以法对秩序维护为核心展开的。由于社会对秩序的需求随着社会发展而不断扩充和变化,法律所维护的秩序内容也随之发生改变,法律功能的具体内容亦随着社会的发展而不断细化。具体而言,“法律功能不仅处于变化发展之中,而且法律功能的实现和发挥也不是固定不变的,会因具体的历史条件和社会环境的变化而出现新的情况,同时,法律功能的变化发展还连带着法的其他重要属性以及人们法学观念的发展变化而发展变化乃至更新”。[1] 党的十八大报告指出,建设中国特色社会主义的总体布局,即全面推进经济建设、政治建设、文化建设、社会建设、生态文明建设,实现以人为本、全面协调可持续的科学发展。由此,中国特色社会主义建设扩展到五位一体,生态文明建设提高到前所未有的高度。这意味着法律维护的社会秩序又有了新的内容,法律的功能也应当在维护生态环境秩序上有所发展。因此,以环境法典为形式集成的环境法律体系,其功能集中体现为对生态环境秩序的调整。

法律功能以维护社会秩序为核心,环境法的功能也发挥着维护社会秩序的功能。而随着生态环境恶化以及人们对美好环境需求的提升,法律对生态环境秩序的维护功能应当更加突显出来。随着环境法典编纂的启动,这一重任将更多地落在环境法典上。

目前,对于环境法功能的研究多集中于对其利益调整功能的剖析。罗文君认为,“法律对利益的调整具体表现为三种情况:利益平衡功能、利益表达功能和利益重整功能。环境法利益调控功能也不外乎包括这三方面的内容”。[2] 钭晓东教授对环境法功能有深入研究,其著作《论环境法功能之进化》对环境法功能予以详细剖析和论述。钭晓东教授认为,“法律是利益调整的工具,利益关系既是法律调整的基础,也是法律调整的对象”。[3] 进而以利益为核心对环境法功能予以

---

〔1〕 孙岳兵:《结构主义视角下法律功能范畴研究》,载《求索》2016 年第 1 期。

〔2〕 罗文君:《论环境法的利益调控功能》,载《环境科学动态》2003 年第 2 期。

〔3〕 钭晓东:《生态文明、风险社会与环境法的功能进化》,载《学术月刊》2008 年第 1 期。

解析,认为环境法利益调整功能的运行,实际上是围绕环境法的“利益确认、利益保护、利益限制、利益救济”4 个环节展开,是在环境利益保护基础上的法律权利(利益确认、扩张或救济)、法律义务(利益的限制、剥夺或负利益)、法律制裁(利益的限制或让渡方式)等方面的整合。因此,可以将环境法的利益调整功能的结构简化为“利益确认、利益保护、利益限制、利益救济”4 个环节。[1] 进一步,钭晓东教授结合当前生态文明与风险社会的背景,分析环境法利益调整功能运行的困境,提出了环境法利益调整功能的进化,即“彰显环境法的倾斜保护功能”“深化环境法的利益增进功能”“拓展环境法的互助共赢功能”。[2]

对利益的调整功能是环境法的基本功能,也是其规范性功能的直接体现,而环境法的社会功能,也是维护生态环境秩序的重要组成部分。环境法典的功能是以环境法的社会功能为基础的,环境法的社会功能将集中体现于环境法典上。结合环境法的本质、目的、价值以及生态文明理念与生态文明建设需要,笔者从维护生态环境秩序出发,探析环境法典在社会中的功能。就环境法典对社会秩序尤其是生态环境秩序的调整功能而言,笔者认为,可进一步细分为整合功能、协调功能与修复功能。

(一)环境法典的整合功能

环境法典整合功能,体现在表层与里层两个方面。表层整合功能即通过环境法典将散落于各个领域的生态环境、自然资源相关的法律规范整合在一部法典之中;里层整合功能则是环境法典作为环境法律规范的集合所深层具备的,即环境法对以人为主的社会系统与以自然为主的生态系统予以整合,对人与自然构成的生命共同体进行调整。由上文论述可知,笔者认为,环境法直接调整的是人的行为,环境法的调整对象是人与人之间关于环境的社会关系,进而影响的是人与自然的关系。而法律作为人类中心主义的产物,却诞生了以保护生态治理

[1] 钭晓东:《论环境法的利益调整功能》,载《法学评论》2009 年第 6 期。

[2] 欧阳恩钱:《环境法功能进化的层次与展开——兼论我国第二代环境法之发展》,载《中州学刊》2010 年第 1 期。

环境为主要目的的环境法，是对生态中心主义的部分回应，更是对人类行为的反思。

1. 法律与人类中心主义

人与自然均存在利己主义。从自然法则即自然界规律来看，达尔文的核心自然选择原理的大意如下：生物都有繁殖过剩的倾向，而生存空间和食物是有限的，所以生物必须"为生存而斗争"。物竞天择、适者生存。大自然都是利己主义，人类作出的选择都是从利于自身发展的角度出发，动物和植物亦如此。

由此产生的法律偏向人类中心主义。从大自然的整体来讲，优胜劣汰，通过自然现象如台风、地震、旱涝、甚至气候变化来对其内部进行调整；从生物角度来讲，有食物链，人作为生物的一种，为了在自然中生存而利用工具，扩展领地，最终占领全世界，认为"人定胜天"，毫无顾忌地建造高楼大厦、堤坝、电厂，将耕地铲平、将森林砍伐、肆无忌惮地屠杀动物、利用自然资源。人类的这一行为远远超出了自然的承载能力，破坏了自然界的平衡，破坏了自然法则。最终导致的是什么？重金属污染、大气污染、水污染、全球变暖，最终导致人类健康受损，人类生产遭受威胁。由此，人类认识到，人类的法则必须与自然法则相一致，从"人定胜天"思想向人与自然和谐思想转变，慢慢从环境方面立法规范自身行为，引导自身行为，企图使之符合自然法。这些都是人的利己主义导致的。如此产生的法，也肯定是人类中心主义的。

就法律的本质而言，法律也是人类中心主义的产物。法律是统治阶级意志的体现，如今民主社会，法当然是"人类意志的体现"，只要涉及人的意志，就不能完全做到"非人类中心主义"。环境法作为法律的一种，亦是如此。虽然我们强调人与自然和谐相处、强调处理人与自然的关系，但是归根结底还是为了人类非纯粹的自然利益。我们有时会认为它是非人类中心主义的产物，是因为有时人类利益与自然利益是一致的，比如长久地、高质量地生存在地球上，生产在以人为中心的自然界中。这就促使我们考虑自然法则，将自然法则的某些利于人类生存发展的内容纳入环境法。

人类利用自然资源、破坏环境为了"发展"的行为，引发公害事件等一系列恶果。但随后人类意识到环境对人类生存的重要性,开始有环境保护运动,最终落实到法律。可持续发展最初于 1972 年提出既满足当代人的需求,又不损害后代人满足其需求的发展,是科学发展观的基本要求之一。早期人民认为科学发展观是一种注重长远发展的经济增长模式,但随着发展问题的进一步暴露以及认识的加深,人们对可持续发展的认识已经不仅仅局限于经济的发展(更不是经济增长的意思),提出可持续发展的四大支柱是经济、社会、环境和文化,只有四个方面协调发展,才能实现可持续发展。

但是我们所说的“发展”仍是人类所认为的发展,谁都不能肯定我们所说的“发展”行为就是“进化”。例如,交通工具的发展带来了环境的污染,马车——蒸汽车——汽油车——环境污染、资源枯竭;又如从红衣大炮到炮弹到原子弹再到核弹,这是我们所认为的军事武器发展,但看看日本广岛长崎,这是战争的结果,更是人类的悲剧,是自然的悲剧;再如从火电发展到核电,核电发展带来的俄国切尔诺贝利、日本福岛核泄漏,也是我们所说的发展,是发展带来的悲剧。

所以现阶段法律的本质还是以人为中心,但它也应首先意识到自然法的重要性并将其纳入人类法当中的法律。因此,环境法的伦理基础是自然法,是考虑大自然的权利,但并非仅仅考虑自然权利,而是最终落脚于人类的生存和发展——在大自然中与其他物种和谐共存,相互促进,实现可持续发展。而由此分析,环境法的功能仍以利益调整为核心。

2. 法律与生态中心主义

生态中心主义(eco—centrism)包括“自然价值论”“深层生态学”“大地伦理学”。[1] 罗尔斯顿的自然价值论“是一个开放性的概念,没有完整定义,不依赖于人。自然界的生物都具有自身的价值评价角度,人类对自然价值的评价只能是遵循客观事实,不能以人类自身的利益为依据。自然的价值具有创造性,不以人的意志为转移。生态系统是不同个体的集合,也是支撑个体生存发展的基础,所以生态系统的整体

---

[1] 原华荣:《“生态目的性”与环境伦理》,中国环境科学出版社 2013 年版,第 216 页。

价值高于生命个体的价值”。[1] 阿恩·奈斯的深层生态学“在传统生态学的基础上,进一步从文化价值的角度论证了人类中心主义观点的错误,并深究了生态危机产生的深层次原因,鲜明地反对人类中心主义伦理观、机械论和不加节制地进行经济开发活动等”。[2]

为了补救人类对自然的破坏,解决环境问题,西方兴起了生态中心主义。生态中心主义认为,自然也是主体,应当享有权利,而这直接映射到法律上,则产生了动物、植物的权利问题。然而,由于人类无法真正做到为动物、植物、自然发声,如何在法律中实现自然的主体地位、赋予自然相应权利是法律技术上难以解决的问题。诚然,正如汪劲教授所指出的:20 世纪 50 年代以后,强调人与自然共生平等的生态中心主义伦理观应运而生,它对人类中心主义予以深刻的反省和批判,提出了新的以确立环境和自然固有价值及权利的环境伦理思想;这些思想理论对传统人类中心主义的伦理观提出了新的挑战,不仅动摇了传统部门法的法理学基础,影响当代环境立法和实践,还将对整个传统法律从理论到实践产生重大的影响。[3] 环境法已经具备了协调人与自然关系的功能。

但无论是生态中心主义还是人类中心主义,其强调的只是协调人与自然的关系,人与自然仍是二元割裂的,而法律上发挥的功能仍然限于对人类社会中涉及生态环境部分的秩序予以调整,以及对人类社会生态环境相关利益予以调整。

3. 法律与人与自然生命共同体

习近平总书记提出的人与自然生命共同体理念则突破了生态中心主义与人类中心主义对于人与自然主客二分的局限。2018 年 5 月 4 日,习近平在纪念马克思诞辰 200 周年大会上再次强调,人与自然是生命共同体,必须搞好生态文明建设。[4] 习近平的“生命共同体”概念体

---

[1] 李永峰:《生态伦理学教程》,哈尔滨工业大学出版社 2017 年版,第 113 页。

[2] 李永峰:《生态伦理学教程》,哈尔滨工业大学出版社 2017 年版,第 113 页。

[3] 汪劲:《伦理观念的嬗变对现代法律及其实践的影响》,载《现代法学》2002 年第 2 期。

[4] 张云飞:《“生命共同体”:社会主义生态文明的本体论奠基》,载《马克思主义与现实》2019 年第 2 期。

现的既是生态哲学的理念，又是对马克思主义生态哲学的继承和发展。从生态哲学的理念看，“生命共同体”概念强调了由人类和自然构成的共同体之间的相互联系与相互依赖的关系，强调了维系生态平衡需要树立整体性思维和系统性思维的重要性；从对马克思主义生态哲学的继承看，“生命共同体”概念强调了人类与自然在实践基础上的辩证统一关系。[1]

与西方生态中心论和现代人类中心论的生态文明理论相比，习近平的“生命共同体”概念所表达的人类与自然的和谐共生关系具有自身的特质。生态中心论和现代人类中心论虽然在人与自然关系问题的具体看法上有分歧，但其共同点是割裂二者的辩证关系，只不过生态中心论主张地球优先论，偏执于“自然”的利益；而现代人类中心论主张人类的利益高于自然的利益，生态运动的目的是维护人类的整体利益和长远利益，但他们这里所讲的“人类整体利益”本质上不过是资本的利益。二者在人类与自然关系问题上各执一端，决定了它们不可能找到生态问题产生的根源，更不可能找到解决生态问题的现实途径。[2]

环境法作为专门调整人们之间关于生态环境与自然的法律部门，也应当承袭法律这一功能，去整合人与自然这一生命共同体，实现共生、共存、共控、共荣，在尊重自然规律、保护生态环境的基础上，对人类行为予以调整。而动物、植物、自然在法律中也不仅仅是作为客体而出现。虽然其作为主体的可能性与技术性有待进一步探索，但在对于人类主体（包括自然人、法人以及国家）生产生活等日常行为的规范上，应当考虑到人类与自然的共同体，保护自然就是保护人类。因此，环境法在社会中承担着整合功能，以实现人与自然生命共同体的可持续发展。

（二）环境法典的协调功能

环境法典的协调功能亦可成为绿色保障功能，其核心在于，在人与

---

〔1〕 王雨辰：《习近平“生命共同体”概念的生态哲学阐释》，载《社会科学战线》2018 年第 2 期。

〔2〕 王雨辰：《习近平“生命共同体”概念的生态哲学阐释》，载《社会科学战线》2018 年第 2 期。

自然生命共同体的框架下，对人类利用生态环境与自然资源发展经济的行为予以规范，协调生态环境保护与经济发展之间的关系，最终实现绿色发展。

党的十八届五中全会将绿色发展作为五大发展理念之一。绿色发展理念在20世纪90年代初被我国学者所提倡，2011年被正式写入党中央的文件，但直到2014年《环境保护法》修改，我国才在环境保护全领域内真正吸收现代意义上的绿色发展理念，并将其完整地体现在环境立法之中。绿色发展理念在环境法中的表达集中体现在立法对经济社会发展与环境保护关系的调整上。[1] 协调功能是当今时代赋予环境法的重要使命所在。

但是，从法的本质分析，其从产生之初即对经济产生影响。法律作为上层建筑的制度规范，受到经济基础影响，也对经济产生反作用力。正如恩格斯所言，国家权力对于经济发展的反作用可能有三种：它可以沿着同一方向起作用，在这种情况下就会发展得比较快；它可以沿着相反方向起作用，在这种情况下它现在在每个大民族中经过一定的时期都要遭到崩溃；或者是它可以阻碍经济发展沿着某些方向走，而推动它沿着另一种方向走，这第三种情况归根结底还是为前两种情况中的一种。但是很明显，在第二种情况和第三种情况下，政治权力能给经济发展造成巨大的损害，也能导致大量人力和物力的浪费。[2] 可见，环境法对于经济可以产生积极作用、消极作用或居于选择的状态。

基于法律维护社会秩序的本质，环境法所具备的功能应当是协调功能，即协调环境保护与经济发展之间的关系。而环境法中对于人类环境与资源利用行为的约束、对自然的保护，以及保护优先等原则，均彰显着环境法保护生态环境的决心。当然这一协调功能的发挥，可能会在一定程度上影响经济的发展，且其影响的正负外部性并不确定，这是法律实施的作用所承载的。但不可否认的是，环境法具有协调功能。

---

〔1〕 竺效、丁霖：《绿色发展理念与环境立法创新》，载《法制与社会发展》2016年第2期。

〔2〕 《马克思恩格斯选集》（第4卷），人民出版社1995年版，第483页。

（三）环境法典的修复功能

环境法典的修复功能是对已经损害的人与自然之间的关系予以修复，是对已经失调的环境与经济之间的关系予以修复，其外在表现就是对环境损害的修复。环境法肩负着对已经损害的生态环境予以修复、对可能发生的生态环境损害予以预防的任务，这也是其修复功能的体现。

人类的生态环境开发利用行为，给生态环境带来的最为直接的后果就是生态环境的损害。大气污染、水污染、水资源缺乏、土壤污染、水土流失、森林破坏、物种灭绝等，均是生态环境损害的表现。环境法肩负着其他部门法所无法肩负的重任，其他法律部门，如经济法、民法等虽可以调整人类利用生态环境的行为，民法、刑法等虽可以对损害生态环境的行为，尤其是对人类造成损害的行为予以惩治，对人类因生态环境相关行为受到的损害予以救济，但是均无法实现对生态环境损害的预防与修复。

而生态环境损害的预防与修复，是生态文明建设的核心环节，只有将生态环境损害予以预防抑或对已经造成的生态环境予以修复，才能够实现人与自然的和谐相处，实现人与自然的共生共荣。而法律作为上层建筑约束人类行为的重要工具，具有修复人与自然之间的秩序的功能。因此，环境法作为影响人与自然关系的法律，也当然具有修复功能。

法律功能与法律价值与法律作用相互联系，但并不等同。学者对法律功能内涵的争论，集中于是否具有价值导向，其功能是否有消极意义。因此，法律对于社会的积极作用，即对人们有利的、符合立法者价值判断的部分功能，也是法律功能的重要部分。这是所有学者的共识。而对于法律功能是否具有客观独立性的问题，却仍在争论之中。同时，人们对法律功能的认识，也是随着社会发展而不断发展的。法律功能从最初的维护社会秩序的功能，逐渐扩展到二元论、三分论、多元论等，均源于对社会秩序的细化（除付子堂教授对法律功能从不同校对予以划分外）。因此，集合环境法律规范的环境法典在社会中的功能，是以维护生态环境秩序为核心，具体表现为整合人与自然的功能、协调环境与经济的功能,以及修复生态环境的功能。在环境法独特的社会功能之下,环境法的法典化也可以在中国特色社会主义法律体系中发挥其制度反思、理念创新以及体系发展功能。

第三篇　设　想　篇

第六章　中国环境法典的总则

根据法典文本的结构，法典一般由总则、分则、附则构成或者分成几部分内容并列的篇章。“法典化”这个词尽管已经为人熟知，但是在法律语言中仍有很多定义和阐述。[1] 法典的总则，即专门设定对整部法典具有统领性和全局性意义的基本制度和基本原则的法典组成部分。[2] 在不同法系、不同内容的法典中，总则又被称为“引言”“总纲”“一般性规定”等。法的总则“就是对全法具有统领性的，主要规定或表现立法目的、根据法的原则、有关法定制度或基本法定制度、法的效力、法的适用等内容的，在法的整体中与分则、附则等相对应的法的条文和法的规范的总称”。[3] 所谓总分结构就是指按照提取公因式的方法，分为共通性规则与特殊规则，并将共通性规则集中规定在总则中，作为一般性规定，而将特殊规则规定在分则中，作为特别规则。[4]

第一节　法典总则的规范定位

一、潘德克顿法学体系与法典总则

在18世纪理性主义与历史法学派争鸣中诞生的潘德克顿法学体

〔1〕 Gunther A. Weiss, *The Enchantment of Condificationin the Common－law World*, The Federation Press, 2012, p. 449.

〔2〕 封丽霞：《法典编纂论——一个比较法的视角》，清华大学出版社2002年版，第323页。

〔3〕 周旺生：《立法论》，北京大学出版社1994年版，第593页。

〔4〕 王利明：《总分结构理论与我国民法典的编纂》，载《交大法学》2019年第3期。

系主张个别规则都应当从基本概念中推出并分类。[1] 在这一学说体系下指导的立法技术模式奠定了《德国民法典》的演绎式五编体例,它遵循着从抽象到具体、从一般到特殊的原则,是法典从抽象到具体的显现,运用提取公因式的方法,将分则中的规定抽离出来,形成总则;采用总分的外在框架结构,在体例上采用五编制的模式,共分为总则、债权、物权、亲属和继承。潘德克顿式的法典编纂模式是实现法律内部逻辑自足的方式,是将法律构筑为概念化、逻辑化与体系化的法律形式。卡尔·拉伦茨将《德国民法典》的逻辑化表述为:借着将抽象程度较低的概念涵摄于"较高等"之下,最后可以将大量的法律素材归结到少数"最高的"概念之上。此种体系不仅可以保障最大可能的概观性,同时也可保障法安定性,因为设使这种体系是"完整的",则于法律体系范畴内,法律问题仅借助逻辑的思考操作即可解决。[2]

将潘德克顿法学体系运用到环境法领域,环境法典总则的功能主要体现在两点:一是实现对分则的抽象统摄功能;二是弥补分则在调整对象上的局限性。[3] 环境法典总则与分则是抽象与具体、一般与特殊的关系。法典总则实现对分则的抽象统摄功能,确立整部环境法典的基本理念与价值导向;法典总则规定的内容是笼统的,而分则是对总则的明确化,所规范的内容必须符合总则的精神;环境法典总则抽象地确立了整部法典的价值导向,能够保证整部环境法典的灵活性。由于法典分则部分不可能事无巨细地对社会中全部的社会事实赋予确定性的结果,所以总则部分具有弥补分则的局限性,使整部环境法典保持弹性的功能。当社会中出现分则中尚未规定的情况,又要避免出现无法可依的情况时,环境法典总则便要发挥其价值导向作用,为解决社会问题提供一个原则性框架。因此,环境法典总则弥补了分则在调整空间上的不足。

环境法典总则的规定能够先行规定一些分则中的共同性规定,从

---

〔1〕 高富平:《民法法典化的历史回顾》,载《华东政法大学学报》1999 年第 2 期。

〔2〕 [德]卡尔·拉伦茨:《法学方法论》,陈爱娥译,商务印书馆 2003 年版,第 317 页。

〔3〕 封丽霞:《法典编纂论——一个比较法的视角》,清华大学出版社 2002 年版,第 323 页。

而减小分则的篇幅，节约立法资源。一部成功的环境法典不能仅仅是一部鸿篇巨制，还需要内部体例具有逻辑性，法典总则能够使得环境法典体例以“总则—分则—附则”的形式呈现出来。同时，考虑到环境法典本身的特点，总则的制定能够贯彻环境一体化原则，不会将各项环境要素分割。

在法典开篇设置总则是人类思维能力进步和立法技术高度发展的产物，也是立法者深思熟虑的产物。[1] 有的国家环境法典没有设置总则，如菲律宾。总则的设立，不仅在于精炼的立法技术可以节约法典篇章，还在于可以标示出整部法典的立法导向。[2] 总则是整部法典的风向标，甚至是整个环境法律体系的风向标。此外，有学者从宣示功能、体系效率与实用价值三方面对民法典总则的得失进行了评判。就宣示功能而言，民法总则部分需要宣示的内容可以放在“序编”部分。但就宣誓效用看，总则可有可无。民法典总则能够起到统率引领作用，法典其他部分的内容无法起到这种作用。民法典的模糊性以及笼统性导致法典适用困难，远离人民群众的实际生活，实用价值不强。[3] 因此，有学者对民法典是否设置总则持怀疑态度。[4] 在以成文法为法的主要形式的国家，总则是一般的法及绝大多数法所不可或缺的。[5] 对于环境法典而言，是否编排总则也应该进行深入论证。

二、法典总则的基本框架

根据以上对总则定义、功能以及有无的分析，环境法典应该按照“总则—分则—附则”的体例编写，应该涵盖立法目的、立法依据、适用范围、概念定义、基本原则、基本制度、法律责任、主体权利与义务、组织规范等内容，同时应该包含环境法律规范所特有的内容。首先，就总则的定位而言，总则在整个法典中居于指导性地位，只有在总则中先行规

---

〔1〕 封丽霞：《法典编纂论——一个比较法的视角》，清华大学出版社 2002 年版，第 323 页。

〔2〕 王利明、郭明瑞、潘维大：《中国民法典基本理论问题研究》，人民法院出版社 2004 年版，第 44 页。

〔3〕 尹田：《民法典总则与民法典立法体系模式》，载《法学研究》2006 年第 6 期。

〔4〕 尹田：《民法典总则与民法典立法体系模式》，载《法学研究》2006 年第 6 期。

〔5〕 周旺生：《论法的总则部分构造》，载《政治与法律》1995 年第 3 期。

定立法目的、立法依据、适用范围、概念定义等统领性、普适性内容，才能保证整部环境法典的方向不会出现偏差。其次，就总则与分则的关系而言，总则部分是对分则的统率引领，总则只有先行规定分则的共通性规定，才能使总则的统率性作用明显。如关于法律责任的规定，总则中应该制定共通性规定，分则制定篇章的个性规定。一些共通性规定还会涉及基本原则、基本制度、主体权利与义务、组织规范等。同时，此种方式也能够简化分则规范内容的负担，使分则能够有针对性地制定规范内容。最后，由于环境保护问题需要采取各种自然科学、工程技术、经济手段，因此环境法典中会包含有技术性手段。所以，总则中会规定处理环境问题的特有性规定，尤其是它的特定原则和措施工具，〔1〕如环境质量标准。之所以规定在总则中，是因为环境保护问题具有关联性，各环境要素的质量标准需要相互协调、统一制定。我国诸多学者也提出了法典总则的可行性模式，并提出将以上内容纳入法典总则。所以，以上总则内容具有进步意义。实践操作中，法典总则的编纂也需要对以上内容的顺序进行排列。

1. 立法依据。为了维护国家法制统一和法律的尊严，明确立法权限，法典中应该具有立法依据条款。立法依据条款即规定制定本法所依据的上位法。一般而言，立法依据条款表述成“根据某法的规定，制定本法”。环境法典的立法依据应该是宪法。

2. 立法原则。立法原则是指制定本项法律所要遵循的基本指导思想。法典的制定可能需要经过几代法学家的努力，需要来自不同领域的法学家共同制定。因此，法典开篇需要规定本法的立法原则，以保证法典内容的连续性和规范性。立法原则条款可以表述成“本法坚持……原则”。但是在设置立法原则的时候，也需要清楚立法原则和所立法的基本原则，反映到环境法典中，是指区分环境法典的立法原则和环境保护的基本原则。

3. 立法目的。立法目的条款也称立法宗旨条款，是指本法所旨在

---

〔1〕 Rehbinder, *Point of Referencefora Codification of National Environmental Law*, The Codification of Environmental Law, Vol. 1(2000).

解决的社会问题、所要达成的目标或者所要完成的任务。立法宗旨条文一般应当作为法典总则部分的第1条。[1] 如果规定立法依据条款，应当考虑将立法依据条款置于第一条，将立法目的条款置于第二条。或者可以将立法依据与立法目的条款合并，置于第一条，表述成："为了……，依据……制定本法律。"或者可以考虑将立法目的、立法依据和立法原则条款规定在一个条文中，共同作为第一条，表述成："根据某法的规定，为了……，坚持……原则，制定本法。"

4. 适用范围。总则部分应该包含本法律的适用范围，也即本法的效力范围，包括时间范围、空间范围、对象范围。另外，法典之外如果保留单行法，那么应该在本部分规定法典与单行法的效力界限。

5. 基本概念。定义条款是指对法典中的术语进行规范化。对法律术语概念的准确界定关系着对法律条文的准确理解，因此，基本概念条款适宜放在其他规范性条款之前。

6. 基本原则。基本原则条款是指从事本法律规定的行为应该遵循的规范。基本原则条款不能过于具体，否则会影响其发挥指导作用。基本原则条款是整部法律的纲领性条款，是统领整部法律的抽象性原则。因此，应该置于总则的靠前位置。

7. 基本制度。基本制度条款具有实际操作型，因此是法律条文中不可或缺的条款，因为基本制度是基本原则的具体体现，所以宜放在基本原则之后，但是需要说明的是由于基本制度具有很强的实践性，需要结合具体的环境问题。因此，实践性较强的基本制度也可以在分则中明确。

8. 权利与义务。法典应该明确该部法律的义务主体与权利主体，宣示主体享有的具体权利与义务。权利条款还要明确宣示实体性权利与程序性权利。

9. 组织规范。法典不仅要规定实体性权利，还要规定保障实体性权利实现的组织。明确行政机关的权利义务清单，避免出现争夺权力和推卸责任的情况。

---

[1] 周旺生：《论法的总则部分构造》，载《政治与法律》1995年第3期。

10. 法律责任。法律责任是指违反权利义务条款所要承担的否定性法律后果。总则部分的法律责任应该提取各分则篇相通的责任，置于总则篇章的最后部分。

一部成功的法典是一部鸿篇巨制，且内容全面、结构清晰、逻辑严谨、语言精练。法典的总则、分则、附则可以各为一篇，总则部分在篇的基础上分为若干章，将以上内容各分为一章，章需要设置标题。在章之下可以直接规定条的内容，条文的具体内容直接规定即可，无须设置标题。

三、环境法典总则的核心内涵

（一）基本概念

环境法典中的基本概念，是以法律或法典的形式就环境法律中的一系列基本范畴进行明确的立法构成。就世界各国的立法经验来看，环境法典并没有统一规定基本概念。以环境法典对基本概念规定的有无、强弱来划分，可以将环境法典中直接载入概念定义的立法例划分为广泛模式、简略模式、省略模式。一般认为，对于环境法律概念的广泛规定有助于提升环境法典的完善性。

例如，采取省略模式的瑞典环境法典中并没有规定基本概念；而采取简略模式的法国环境法典在总则部分界定了生物多样性、全民族共同的遗产的概念；运用广泛模式的环境法典在总则部分规定了"环境妨害""环境风险""环境威胁""设备""经营者""排放""排放限值""环境质量之限值""污染行为""污染结果"的概念；又如德国规定了环境、生态系统、环境立法、危险、风险、排放物、空气污染物、最新技术水平、最先进的水平等概念。

（二）立法目的

环境法典的立法目的，从囊括范围来划分，可以归类为狭窄型和广泛型。欧洲主要国家的环境法典都明确载入或体现了"可持续发展原则"。一般而言，这一目的已经成为贯穿整部法典的最高指导原则，这特别体现在法典的立法宗旨、基本原则、基本制度之中。可持续发展理念在当时的时代背景下具有举足轻重的位置，"可持续发展"理念成熟于 1992 年在里约召开的联合国环境与发展大会上，由此，可持续发展的目标得以正式确立。借此“东风”，可持续发展原则成为各国国内环境立法普遍接受的一种社会发展观。

进一步，一些国家的立法例还将更为广泛的社会目的纳入了环境法典。被纳入环境法立法目的的不仅有预防和救济环境损害、保护生物多样性、保护和可持续利用自然资源，德国环境法典草案还将“保护国外和主权地区的环境和人民”作为其国内法的立法目的。

（三）环境保护原则

环境保护原则不仅是当代环境法典规范体系的核心，也是各环境单行法的核心所在。学者总结，外国环境法的基本原则有三个特点，内容上分为价值性和工具性原则、原则规则化趋势、原则共有化趋势。[1] 法典的起草主题首先要确定法典的主义。在编纂法典之际，需要确定是采用依贯穿法典全体的大主义还是采用作为一部基础的小主义等。[2] 环境法典中环境保护原则的规定即是穗积陈重关于法典主义的论述的具体表现，但是需要区分的是环境保护原则与环境法典的立法原则。“法的基本原则体现着法的本质和根本价值，是整个法律活动的指导思想和出发点，构成法律体系中的灵魂，决定着法的统一性和稳定性。”总则中关于环境保护原则的规定体现了整部环境法典的立法导向，是法典中不可或缺的。

主要国家的环境法典都规定了环境保护原则，但是具体的规定内容则有所不同。常见法典共同规定的原则中，属于价值性原则的有可持续发展原则、污染者负担原则和风险预防原则；属于工具性原则的有证明责任转移原则，具备相应知识的原则，预防的原则，最佳适用技术标准、合理选址原则，资源管理和生态循环原则，产品选择原则，成本合理原则，污染者负担原则，停止危险活动原则，环境、农业、水产业和森林可持续管理之间的互补性原则；不退化原则等。

---

〔1〕 李挚萍、叶媛博：《我国环境基本法中基本原则的立法探析》，载《政法论丛》2013 年第 5 期。

〔2〕 ［日］穗积陈重：《法典论》，李求轶译，商务印书馆 2014 年版，第 89 页。

(四)适用范围

基于适用确定性,法律应当写明该部法律的适用范围,但是并非每一部环境法典都载明了环境法典的适用范围。

《瑞典环境法典》的适用范围条款共6条,因为《瑞典环境法典》融合了瑞典已经颁布的环境立法并进行了更新。[1] 所以在适用范围条款中,除了规定本法典部分法条的适用情形,如除规定关于土地和水资源管理的规定应当仅适用于特定事项的审查、审批或者特定法律中以外,还规定了其他法律的适用范围。例如,总则部分第一章第3条规定有"除环境法典的规定外,其他法律的规定也应当适用于可能对人体健康、环境或其他受本法典保护的利益造成损害或妨害的活动";"适用于一切对本法典保护的利益造成损害或者妨害的活动"。《爱沙尼亚环境法典法总则》规定了行政程序法的适用,"在顾及本法特别规定的前提下,行政程序法的规定适用于本法中规定的行政审裁程序"。

(五)法律责任条款

法律责任是对违反权利义务结果的评价,在规定环境权利义务的同时应该相应规定环境法律责任。环境法典总则应该单设一章规定罚则,明确国家、个人、社会、企业和社会组织等主体的法律责任,采用双罚制,细化为行政责任、刑事责任、民事责任。

法国和瑞典环境法典都未规定相应的法律责任,德国和爱沙尼亚环境法典详细规定了承担法律责任的情形以及方式。《爱沙尼亚环境法典法总则》主要规范自然人和法人违法关闭或者阻碍进入河滩或河堤道路等。德国环境法典创新地将环境教育作为一种承担环境责任的方式。总体而言,对法律责任的规定较为模糊,形式单一,处罚力度小。

(六)权利义务条款

权利义务条款应当是环境法典的必备内容。在我国,学术界对国家环境保护义务、公民环境检举义务的讨论方兴未艾,环境权利则更加

---

[1] Marianne Steneroth Sillen, *The Environmental Law System*, in N. S. J. Koeman ed., Environmental Law in Europe, Kluwer Law International, 1999, p. 524 - 525.

长期居于环境法学术讨论的中心。在环境法典中载入权利义务条款具有相当程度的必要性。

法国和爱沙尼亚环境法典中都有关于权利义务条款的规定，并且《爱沙尼亚环境法典总则》规定得较为充分，瑞典和德国环境法典中缺少权利义务条款的规定。法国环境法典粗略地规定了公民享有环境权，而爱沙尼亚对环境权的规定较为细致，可以分为实体性环境权（满足健康和福利需求的环境权利、使用属于他人土地和水体的权利等）和程序性环境权（参与权）。法国和爱沙尼亚在环境法典中规定环境权彰显了国家对公民权利的重视和国家治理环境的决心。

在环境保护义务方面，法国笼统规定了每个人都具有监督环境的义务，而爱沙尼亚分条列举了公民环境保护的义务，任何人都具有注意义务和为预防环境威胁而获取知识的义务，另外还单独规定了经营者在环境保护方面的义务。整体来讲，无论是权利还是义务，爱沙尼亚法典规定得都较为详细，这体现了该国家对公众参与的重视。

第二节　环境法典总则构建的类型化模式

通过类型化方法，可以提炼出四类环境法典总则。以下具体分析：

一、统摄型环境法典总则

统摄型环境法典总则具有突出的抽象化和逻辑性特征，建立在潘德克顿法学体系的基础上，严格按照民法典立法模式，就环境领域法律应当具有的共同特征进行抽象提炼，由环境法典总则规定一系列目的、原则和规则，对环境法典中分则部分具有统摄作用，即提供统一的法律原理和运用方式，典型代表是德国环境法典。该类型环境法典总则的规定包括立法目的和定义、规划、项目、产品、干预和监督、运营环境保护和环境责任及其他经济手段、环境信息、跨界保护。[1]

---

〔1〕《德国环境法典专家委员会草案》中译本（内部资料）。

（一）环境法典总则的一般性规定

总则第一部分规定环境法典的立法目的和基本定义。环境法典的立法目的在于保护环境和人类及其健康和福利；保护自然资源；保护国外和主权地区的环境和人民。[1] 除此之外，环境法典还规定了诸如环境、生态系统、危险、风险、排放物等概念的定义。与其他环境法典不同的是，总则还对“环境立法”下了定义，“本法规及其下达的条例的规定以及与本法规特定领域有关的欧共体法规的规定”。[2]

（二）环境保护原则的规定

总则第一章第二节规定了环境保护原则，环境保护法律原则具有笼统性的特点，不会产生特定的权利与义务，在法律文本中具有重要意义，包括环境责任与环境意识原则、可持续发展原则、预防原则、污染者付费原则、合作原则、公众参与和获取环境信息的原则、全面保护环境原则、财产和环境使用原则。[3] 与其他环境法典不同，德国环境法典将公民的环保责任与环保意识的提高归纳为一项环境保护基本原则，包括公民具有环境保护的责任，国家具有提高公民环保意识的义务。可持续发展原则是指对不会自我更新的环境资源应予以节约或使用，对可更新的公共物品的使用应确保其持续可用性。[4] 合作原则是指国家和公民共同合作保护环境，通常与社会上的有关行为者（例如污染者或受影响的群体）达成共识，更容易实现环境保护。[5] 财产和使用原则是指在符合环境法律法规规定的永久保护自然资源的条件下才能开发自然资源。全面保护环境原则是指在进行环境保护时将环境看成一个整体。

---

〔1〕《德国环境法典专家委员会草案》中译本（内部资料）。

〔2〕《德国环境法典专家委员会草案》中译本（内部资料）。

〔3〕《德国环境法典专家委员会草案》中译本（内部资料）。

〔4〕Christiane TruÈe, *The Drafting of an Environmental Law Code* (*UGB*), European Energy and Environmental Law Review Vol. 4 (2009).

〔5〕Christiane TruÈe, *The Drafting of an Environmental Law Code* (*UGB*), European Energy and Environmental Law Review Vol. 4 (2009).

（三）环境保护法律法规的规定

德国环境法典在总则第三节中梳理了环境保护的法律法规，包括立法决定、行政规定、技术法规、协会的参与、法律保护、公共行政部门的环境管理、组织与责任。其中，立法决定部分主要规定了环境质量标准、宣传政策、法案、定期审查等；行政规定主要指环境质量标准、行政程序的投资活动、行政措施的授权批准、董事会的参与和授权审查；技术法规包括参考技术法规、正式介绍技术法规、技术法规的推定；协会的参与包括公认协会的认可和社团的参与；法律保护主要规定了审查预测和评估、第三方保护、索赔等；公共行政部门的环境管理是指公共行政部门环境管理的原则、企业和国家的基础；组织与责任规定了联邦环保署、联邦自然保护局、联邦辐射保护局、咨询委员会的组织与职责。

另外，德国环境法典教授草案总则部分共分为11章，内容涵盖"一般条款""环境义务和权利""计划""环境影响评价""直接管制和许可""间接管制""环境信息""环境责任和环境损害赔偿""在行政和司法程序中对公众公开的程序以及环保组织的参与的规定""环境法规的规定"。[1]

两部总则草案的规定内容不同，原因在于两部草案的起草主体不同，教授草案是专业的法学教授从学术角度起草的，而专家委员会草案是由律师、环境法教授、企业代表、政府代表等共同完成，由于不同的主体会从不同的角度出发，因此，专家委员会草案在许多问题上都存在争论。

（四）对统摄型环境法典总则的评价

统摄型环境法典是一部实质意义上的环境法典，其编纂意义在于保留已经建立并经过验证的规则，并将保留现有雄心勃勃的目标和标准。[2] 这对德国整合环境法律体系、建立统一完善的环境法律起着积极作用。其总则内容全面、逻辑清晰，既存在可借鉴之处，也存在不足之处。首先，德国环境法典专家委员会草案内容包含较多的组织性规

---

〔1〕 夏凌：《德国环境法的法典化项目及其新发展》，载《甘肃政法学院学报》2010年第2期。

〔2〕 Christiane TruÈe, *The Drafting of an Environmental Law Code* (*UGB*), European Energy and Environmental Law Review Vol. 4 (2009).

范,从总则的规定可以看出德国的环境保护组织机构健全并且各司其职。该部分不仅规定了环境保护的主管部门,还规定了相关机构的组成和人员的任命程序、工作模式等内容。除此之外,还规定了环保组织中工作人员的工作内容和任命程序。

其次,德国环境法典规定了环境信息的知情权,在总则单设了一章规范负责环境信息获取的机构、获取环境信息的程序、环境信息的内容等。环境保护原则的规定与其他环境法典的不同之处在于德国创新地提出合作原则、财产和环境使用原则、全面保护环境原则,对于分则的指导原则性更强、更全面。

再次,德国环境法典有着严格的环境责任和监管篇,总则规定了活动的授权与许可、环境审计、环境保护国际责任、环境行政犯罪等,运用多种经济手段保护环境,如环境税、环境补贴。德国的环境刑事制裁在遏制环境犯罪方面起着重大作用,履行了行政法所不能提供的功能。[1]

最后,德国具有悠久的法典编纂历史,经验丰富,立法技术高超,故德国环境法典草案条文逻辑严谨,立法语言精练,不足之处在于,总则部分内容,如环境法典的适用范围、环境权利与义务、环境保护的基本制度等仍存在缺失。

二、非统摄型环境法典总则

非统摄型环境法典总则体现出与统摄型环境法典突出的不同特征。该类型的环境法典总则篇幅简短,框架清晰,内容简约;但是又因为内容简约的限制,仅仅在总则部分规定了环境法领域中的概念定义以及法律原则,未能将环境法典体系中的大量环境立法分支统摄到总则的法律精神、规则和方法之下,总则在很大程度上仅仅具有宣誓性意义,对环境法典整体上的统帅能力较弱,典型代表是法国环境法典。

(一)非统摄型环境法典总则的内容

采用"卷—编—章—节"的结构,整部法典共三卷,其中,总则部分

---

[1] Christian Aimer & Timo Goeschl, *Environmental Crime and Punishment: Empirical Evidence from the German Penal Code*, Land economics Vol. 4(2010).

规定在第一卷之下的第一编。《法国环境法典》根据条文的渊源不同，分为法律、规章部分。总则部分作为整部环境法典的第一编全部由法律构成，每一条文数字前面标有字母 L。整体上总则部分共有 3 条法律构成，分别为 L110－1、L110－2、L110－3。其中在 L110－1 条下又由 L110－1－1、L110－1－2 并列构成，L110－1 条文本身又有自己的内容。

1. 概念定义

《法国环境法典》总则开篇规定了“生物多样性”的概念、“全民族共同的遗产”的范围。第 L110－1 条指出，全民族共同遗产的范围，包括陆地和海洋的自然空间、自然资源和自然环境、遗迹、昼夜景观、空气质量、生物及生物多样性。[1] “生物多样性指各种活生物体的多样性，包括陆地生态系统、海洋生态系统和其他水生生态系统，以及由这些生态系统所构成的生态复合体。”[2]

2. 立法目的

总则部分第 L110－1－2 条规定本法典的立法目的首先是预防资源的优先使用，其次是推动资源的适度和负责任消费，确保资源的分级使用。L110－1 第 2 条规定了环境保护要实现可持续发展的立法目的，即“满足当代人发展和健康需求的同时，不损害子孙后代回应其发展和健康需求的能力”。[3] 为了实现该目标，该条在最后又明确了具体的承诺。[4] 法国编纂环境法典的目的是澄清和巩固现有法律。[5]

---

〔1〕《法国环境法典(第一至三卷)》，莫菲、刘彤、葛苏聃等译，法律出版社 2018 年版，第 35～40 页。

〔2〕《法国环境法典(第一至三卷)》，莫菲、刘彤、葛苏聃等译，法律出版社 2018 年版，第 66 页。

〔3〕《法国环境法典(第一至三卷)》，莫菲、刘彤、葛苏聃等译，法律出版社 2018 年版，第 43 页。

〔4〕分别为防止气候变化而努力；对生物多样性、环境与资源及其产生的服务和相关使用实施保护；实现社会凝聚力和各地方与各代人之间的互助；使所有人都能得到充分发展；实现向循环经济的转型。

〔5〕Pepe Clarke & Carine David, *New Provincial Environmental Legislation in New Caledonia Continuity and Reform*, Asia Pacific Journal of Environmental Law Vol. 1(2011).

法典的立法目的突出对自然资源的合理利用和可持续发展。法国是农业大国,自然资源种类丰富,自然资源管理体制健全,管理制度较为完善。因此,法国也将对自然资源的保护作为环境法典的立法目的。可持续发展理念于 1987 年被正式提出后,法国将其积极落实到本国国内法中,成立了"可持续发展部际委员会""可持续发展国家咨询委员会"。为了更深入落实可持续发展理念,法国将可持续发展理念通过法典化的形式列为立法目的。

3. 环境保护基本原则

总则部分为了实现可持续发展的目标,规定了完善的环境保护原则,包含谨慎原则,预防行动与纠正原则,污染者付费原则,所有人都有权获取公共机关所掌握的环境信息的原则,参与原则,生态互助原则,可持续利用原则,环境、农业、水产业和森林可持续管理之间的互助性原则、不退化原则。[1]

谨慎原则是指必要情况下以经济上的代价预防对环境造成的损害;预防行动与纠正原则是指以经济上可以承受的代价或者利用最佳技术从源头上预防损害发生;[2]所有人都有权获取公共机关所掌握的环境信息的原则和参与原则体现了法国对公众参与的重视。法国考虑通过法律进一步促进公众参与环境决策,创建公众参与决策的程序。[3] 生态互助原则是指公共决策的制定需要考虑对环境造成的影响。可持续发展作为法典的立法目的,同时也是法典的基本原则。环境、农业、水产业和森林可持续管理之间的互助性原则是指环境、农业、水产业和森林共同维护生态系统的稳定性;不退化原则是指环境保护应该得到持续性的改善。

环境保护基本原则是整部环境法典的基础,环境问题的复杂性以

---

〔1〕《法国环境法典(第一至三卷)》,莫菲、刘彤、葛苏聃等译,法律出版社 2018 年版,第 27 页。

〔2〕《法国环境法典(第一至三卷)》,莫菲、刘彤、葛苏聃等译,法律出版社 2018 年版,第 23 ~ 32 页。

〔3〕Rylander H. , *Integration of Waste Management Processes in Sweden*, Wastes Management, Vol. 25(1997).

及多变性需要凌驾于具体法律规范之上的基本原则。《欧洲共同体条约》对欧盟环境法的原则作了具体规定。[1] 法国作为欧盟国家之一，受该条约影响，法国在环境法典总则部分规定了环境基本原则，且部分原则与该条约原则内容一致。基本原则的共通性也反映了欧盟国家环境基本理念以及环境基本制度的共通性。

（二）对非统摄型环境法典总则的评价

非统摄型环境法典总则部分篇幅较短，内容简单，与分则的抽象统摄功能相比还存在很大差距。法国的目标是制定一部实质意义上的环境法典，但是通过对该部法典的梳理发现总则部分还存在很大的完善空间。第一，总则部分很难发现逻辑严谨的结构层次。现代法典分为编、章、节、分节、条或段和款。除条下各款以外，每一编、章、节或分节均以简短标题或主题词表明中心内容。[2] 所以环境法典总则部分应该以环境保护原则、环境保护基本制度等为标题进行分章节。而《法国环境法典》总则通篇则是进行条文罗列，没有明显的结构。第二，法典总则内容不完善。《法国环境法典》总则宣示了公民的环境权利与义务，是法典的进步之处。但是义务性规定的主体只限于公民，缺少对政府、社会组织等的义务性规定。此外，总则部分还欠缺环境保护基本制度、法典适用范围、环境法律责任等条款，使总则部分无论是内容还是体例都不完善。第三，《法国环境法典》总则内容简短，按照基本定义、环境保护原则、立法目的、环境权利义务的顺序编写。立法目的应该开宗明义置于篇首。《法国环境法典》还规定"向循环经济转型"、生物多样性战略的实施。从法典总则内容上分析，循环经济转型、生物多样性战略的实施不属于基本制度、基本概念、立法目的等条款。所以，向循环经济转型、生物多样性战略的实施等不宜规定在总则中。

---

〔1〕《欧洲共同体条约》第174～176条的规定，基本原则包括可持续发展原则、预防原则、污染者负担原则、高水平原则、一体化原则、源头控制原则、公众参与原则、国际合作原则、风险防范原则等。

〔2〕［意］桑德罗·斯奇巴尼：《法典化及其立法手段》，丁玫译，载《中外法学》2002年第1期。

三、适中型环境法典总则

（一）适中型环境法典法总则的内容

适中型环境法典总则对环境法典整体内容的统帅能力居于统摄型以及非统摄型环境法典之间。作为欧洲环境法治后发立法的代表，适中型环境法典总则的篇幅较长，规定的内容较全面。但与统摄型环境法典相比，其中纳入了大量程序性规范，导致法典总则与分则之间的关系不够明晰，典型代表是爱沙尼亚环境法典。

1. 法典总则的一般性规定

适中型环境法典总则共分为6章，63条，其中，第一章、第二章、第四章各自分为两节，第五章又分为第五章1和第五章2。《爱沙尼亚环境法典法总则》第一章明确了立法目的、适用范围，以及概念性规定，即法典的立法目的在于促进可持续发展、降低环境妨害、保护环境和生物多样性、对环境损害进行救济；基本定义包含对“环境妨害、环境风险、设备与经营者、排放、排放限值、环境质量之限值、污染行为与污染结果”等概念的界定。

2. 环境保护原则的规定

第二章规定了环境保护的原则与主要义务，第一节明确了环境保护需要遵循“高水平和一体化环境保护原则”“融入原则”“预防原则”“风险预防原则”“使用者付费原则”“节约利用自然资源的原则”。“融入原则”指出将高水平的环境保护考量纳入为生活各个领域的发展提供指导。[1]

3. 环境保护权利与义务的规定

第二章第二节提出了两项环境保护的主要义务——“注意义务”和“为预防环境威胁而获取知识的义务”，这两项义务的主体均为“任何人”。

第三章专设一章规定经营者的义务，并且提出经营者必须尽可能合理履行本章规定的义务，包括“预防环境威胁和采取风险防范措施的义务”“节约使用原材料、自然资源和能源的义务”“设备安装地点的

〔1〕《爱沙尼亚环境法典法总则》中译本（内部资料）。

选择”“设施运行人员的环境保护培训”“通知义务”“终止设施运行时的环境保护要求”“义务的履行”。

第四章分两节列举了环境权利,包括环境权与环境程序权、使用属于他人土地和水体的权利。

在本章第一节的最后,即第30条定义了“非政府环境组织”以及其成立目的、评价标准,却没有规定该组织享有的权利。非政府环境组织作为公共服务组织在享有权利的同时,也具有环境保护的义务。所以本条可以考虑修改,明确非政府环境组织享有的权利以及应该履行的义务。

本章第二节规定的使用他人土地和水体的权利,规定了在他人土地上逗留,对位于他人土地上道路的使用,捡拾在野外自然生长的浆果、蘑菇、坚果、枯枝等类似自然产品,在他人土地上短暂宿营和长久停留,在他人土地上生火行为的前提条件、方式、影响、期限等;还规定了对水体的公共利用,明确了对水体公共利用、特别利用的行为方式,包括游泳、水上运动、进行水上和冰上移动、捕鱼、取水等,实施上述行为时应当按照水法规定的条件和程序进行,且河滩或者河堤土地的所有人不得妨碍对水体的公共利用。

第38条规定了河滩或者河堤道路的范围,任何人都可以使用河滩或者河堤道路,以及河滩或者河堤道路不能正常使用时所有人以及地方当局需要采取的措施,还规定了河滩或者河堤道路关闭只能基于公共原因或者特定的私人原因,并且在该种情况下需要对关闭的道路进行标识。

4. 环境许可审裁程序的规定

该部分主要规定了环境许可证的使用范围、实体内容、授权范围、申请条件,环境许可申请的审裁程序,当事人的参与,公开公示,拒绝授予环境许可的理由,修改、暂停、吊销、撤销环境许可证的条件等。

环境保护许可证分为环境许可证和综合环境许可证。法典规定对水的特别利用、将污染物从固定污染源排放到空气中、管理废弃物、开发矿产资源、从事放射性行为需要申请环境许可证,且不得颁发综合环境许可证件。另外,采用列举的方式明确拒绝了授予环境许可证的情形。

环境许可证的实体内容。总则部分规定环境许可证需要包括申请人的信息、计划开展活动的相关信息和法律规定的应采取的措施等。

环境许可证的申请需要提交环境许可证申请书，该申请书需要说明申请人的基本信息、计划开展活动的相关信息以及开展活动可能带来的环境风险等。环境许可证申请书需要征求计划开展活动所在地的地方当局的意见。对环境许可证的申请、审裁、讨论、行政决定强调当事人和公众的知情权和参与权。对环境许可申请书的审议原则上应该公开进行，并且通知可能受授予环境许可证程序影响的人。在不公开审裁的程序中，当事人和公众有参与权和知情权。在公开审裁程序下需要对许可证申请及其行政决定进行公开公示。

环境许可证的授予。环境许可申请书在经过申请、审议、讨论等环节后，发证机关必须在收到该申请书起90日内决定是否授予环境许可证，如果不需要组织公开的审裁程序，则需要在收到申请书之日起20日内决定是否授予许可证。《爱沙尼亚环境法典法总则》还规定了在环境许可证的实体内容确定之前也可以授予环境许可证。总则规定了几种授予的形式，包括需要制订详细强制计划的环境许可、环境许可的部分授予、在最终确定环境许可证之前授予环境许可证，即建设建筑物许可证在颁发之前需要颁发环境许可证，在为建设该建筑物制定详细计划之前，不得颁发许可证。并同时规定，计划开展的活动需要开展环境影响评价时，在环评之前也不可以颁发许可证；如果对于环境许可申请书载明的部分活动，发证机关没有理由拒绝申请人从事该项活动，那么发证机关可以就该部分活动颁发许可证，但在该种情况下，必须听取申请人关于颁发部分环境许可证的立场观点；总则部分还规定环境许可证的实体内容在全部确定之前可以先行授予环境许可证。

环境许可证的颁布。法典规定授予或者拒绝授予环境许可证应该向申请人以及相关人通过邮寄或者电子邮件的方式投递，并且在报纸上、互联网上公布最终决定。此外，爱沙尼亚还规定了环境许可证的修改和撤销。在环境许可证颁发之后，情势发生变化时，许可证颁发机关可以决定不授予、修改、暂停、撤销许可证。

5. 环境保护监督和法律责任的规定

总则规定行使国家监督管理权的机关是环境监察局和地方当局，环境监察局和地方当局行使国家监督管理权特别措施的依据是法律执行法，特别措施主要指法律执行法中的特定措施。国家监督管理权分为三种，环境监察局以及地方当局进入不动产的权利，告知权，破除阻碍进入的构筑物及使用交通工具进入的权利。另外，环境监察局有权采取人身强制措施。

法律责任主要针对非法关闭河滩或河堤道路以及在其上设置障碍的违法行为。该违法行为由环境监察局、农村市政府或者城市市政府启动非司法程序进行罚款。法典总则最后一章对本部法典的生效时间和程序进行了规定。

（二）对适中型环境法典总则的评价

1. 适中型环境法典总则的优点

《爱沙尼亚环境法典法总则》相对于其他 3 部环境法典而言，总则部分规定得较为详细，涵盖内容较为全面，有一些比较突出的优点。

首先，《爱沙尼亚环境法典法总则》结构上条例清晰、逻辑严谨、内容全面，为分则的编纂搭建了立法框架，能够较好地起到法典总则的指导引领作用。总则部分在 2011 年通过后，经过数次修正，保持了总则部分的弹性。爱沙尼亚对环境法典法总则的修改反驳了“环境法进行法典化恐将阻碍环境法理念的及时更新”。

其次，关于《爱沙尼亚环境法典法总则》中对权利与义务的规定，尤其是环境权独立成章。

最后，《爱沙尼亚环境法典法总则》部分规定的内容充分考虑了该法典在实践中的效率。例如，“许可审裁程序”一章允许在环境许可证实体内容全部确定之前授予环境许可证，允许就部分活动颁发环境许可证，对发证机关决定是否授予环境许可证时间作出了严格的限制。

2. 适中型环境法典总则的不足

《爱沙尼亚环境法典法总则》还存在一些不足之处。

首先，《爱沙尼亚环境法典法总则》内容全面翔实使整部环境法典法总则充实，但是实践中可能会带来不便，致使总则部分失去了提纲挈领的作用。例如,环境许可审裁程序的内容涵盖环境许可证的申请(申请书的实体内容)、审查、讨论、告知、结果的公开公示,许可证的宣布、修改、撤销、暂停,环境许可证的实体内容等诸多程序。这样的规定增加了总则的篇幅并且模糊了总则和分则的功能和定位。环境许可审裁程序作为一项程序性保障,在总则部分不宜将各项程序细化,同样应该作以宣示性条款说明,明确环境许可审裁程序是环境许可证申请的一项规定。

其次,总则部分缺少关于该部环境法典适用范围的规定以及环境法律责任的宣示性条款。对适用范围的规定("在顾及本法特别规定的情形下,行政程序法的规定适用于本法中规定的行政审裁程序")不是对该部环境法典本身的规定。环境法典适用范围应该规定文本的适用边界,包括时间边界和空间边界。《爱沙尼亚环境法典法总则》第六章只规定了总则生效的时间和程序,总则部分关于法律责任的规定只限于对违法关闭河滩或者河堤道路或在其上设置障碍,法律责任的承担方式限于罚款。

最后,法典总则缺少对基本制度的明确规定。从总则的条文表述中可以总结出总则部分规定了相关的环境保护制度,[1]但都是模糊的规定,制度缺少系统性和规范性。环境保护基本制度是在环境保护理论与实践中不断探索出来的,在环境保护领域中具有重要意义。因此,环境基本制度具有很强的实施性和可操作性,是环境保护基本原则的具体化。环境法典总则中可以对各项基本法律制度进行系统且明确的宣示,而不是依靠法学家或者法官推断。

四、开放型环境法典总则

(一)开放型环境法典总则内容

开放型环境法典具有一个突出特征,即虽然制定了形式上完整的环境法典,但同时不排斥环境单行法的存在。因此,该类型的环境法典总则规定具有开放性,能够将独立指定的环境单行法纳入自己的体系

[1] 如环境影响评价制度、环境许可制度、环境税费制度、公众参与制度、信息公开制度、环境标准制度。

之内。开放型环境法典以《瑞典环境法典》为代表,总则部分包含的主要内容有:环境法典立法目的、适用范围、关于土地和水资源管理的规定、环境质量标准和环境影响报告等。[1]

1. 开放型环境法典总则的立法目的和适用范围

《瑞典环境法典》总则规定:本法典的立法目的是促进可持续发展。环境法典适用于一切可能对人体健康、环境或其他受本法保护的利益造成损害或妨害的活动。同时,为了加强特殊情况下的国防防备,中央政府可以通过克减本法典来发布全面防卫的规则。因为《瑞典环境法典》是通过整合多部单行立法来进行编纂,所以第一章中关于适用范围的条文,规定了许多单行立法的适用范围。其中,关于土地和水资源管理的规定适用范围有限,只适用于对特定活动的审查以及特定的法律。[2] 其他单行立法如《工作环境法》适用于工作中疾病和事故的预防以及其他主要与工作环境相关的事项;《瑞典与芬兰之间于1971年9月16日达成的关于边界河流的协定》适用于特定环境危害活动和特定水务作业。还包括其他单行立法中某个特定条文的适用范围。[3]

《瑞典环境法典》的突出贡献是将可持续发展规定为法典的立法目的,整部环境法典围绕可持续发展的目标展开。[4] 可持续发展理念的发源地在欧洲,故该理念顺理成章地对瑞典的影响较大。

2. 环境保护的基本原则

《瑞典环境法典》规定从事活动应当遵循一定规则,有学者将法典规定的环境保护原则归纳为证明责任转移原则、具备相应知识原则、预防原则、最佳适用技术标准、合理选址原则、资源管理和生态循环原则、

---

[1] Marianne Steneroth Sillen, *The Environmental Law System*, in N. S. J. Koeman ed., Environmental Law in Europe, Kluwer Law International, 1999, p. 524 - 525.

[2] 包括《民用航空法》《大陆架法》《道路法》《特定管道法》《特定泥炭沉积物法》《规划与建筑法》《铁路建设法》等。

[3] 《瑞典环境法典》,竺效等译,法律出版社2018年版,第4页。

[4] S. Breiting & W. Pre, *The Progressive Development of Enviromental Education in Sweden and Denmark*, Enviromental Education Research Vol. 16(2010).

产品选择原则、成本合理原则、污染者负担原则、停止危险活动原则。[1] 具体是指某项活动的实施者有义务证明其履行了本章规定的义务,具备所从事活动所需要的知识;在从事具有风险或者危害的活动时,应当实施保护性措施或者遵守限制条件,使用最佳技术,以预防可能造成的损害;某项活动需要使用土地和水域的,应当选择合适的场所。对人体健康和环境的损害或妨害最小化;从事某项活动应该节约原材料并循环使用;选择性地使用危险较小的替代化学品或生物技术有机体;某项活动必须衡量成本和效益,尽量以低成本来获得较佳的治理效果;某项活动对环境造成损害或者妨害,行为人应该承担损害或者妨害赔偿责任;某项活动可能引起人体健康或者环境的重大损害或者妨害的,应当停止该项活动。

3. 环境保护基本制度

《瑞典环境法典》引入了环境质量标准制度和环境影响报告制度。环境质量标准制度是随着环境问题发展起来的,是环境执法的依据。总则部分规定了环境质量标准的内容、遵守方式、检测和检查以及因为遵守环境质量标准而制定的行动方案和行动方案的审查等,并没有规范出具体可行的环境质量标准,虽然符合总则的基本定位,但是研究瑞典的环境法律,可以看出环境质量标准制度并没有统一的环境标准体系。

环境质量标准作为一项技术规范,是对企业排污行为和自然资源开发行为进行定量分析。[2] 《瑞典环境法典》通过立法的手段将其纳入环境法典,使环境质量标准具有普遍约束力。瑞典曾经是一个贫穷落后的国家,后来走上工业化道路,但是工业发展严重破坏了生态环境,使得瑞典的森林面积锐减、生物多样性破坏、酸雨严重、土壤污染问题严重。因此,环境污染问题迫不及待需要解决。环境质量标准为污

---

〔1〕 李挚萍:《可持续发展原则基石上的环境法法典化——〈瑞典环境法典〉评析》,载《学术研究》2006 年第 12 期。

〔2〕 Rylander H. , *Integration of Waste Management Processes in Sweden*, Wastes Management, Vol. 25(1997).

染物的排放提供了科学合理的依据，起到了污染防治、保护环境的作用。而可持续发展理念作为《瑞典环境法典》的立法目的，在支持经济发展的同时，还要求保护自然环境。在保护本代人利益的同时，还需要维护子孙后代的利益。环境质量标准不只是针对污染防治，瑞典作为资源大国，自然资源保护同样需要环境质量标准制度。自然资源保护只有有了切实可行的标准，才可以为自然资源的利用、开发、保护提供具有操作性的方案。可持续发展和环境质量标准制度互为支撑。可持续发展理念要求制定严格规范的环境质量标准制度，环境质量标准制度的切实执行才能保障可持续发展理念的落实。环境质量标准的制定和实施与可持续发展理念具有相同的出发点。

美国于 1963 年在《环境政策法》中正式提出环境影响评价制度，之后被欧盟以及其他国家引入各自国内法。为了确定和描述某项计划活动和措施造成的直接和间接影响以及全面评价上述计划活动和措施对人体健康和环境的影响，需要制定环境影响评价报告。总则规定了完善的环境影响报告制度，包括环境影响评价报告的适用条件、环境影响评价报告的具体内容、批准与审查、环评报告的费用承担等。

（二）对开放型环境法典总则的评价

1.《瑞典环境法典》总则的成就

《瑞典环境法典》与时俱进，将国际社会主流的可持续发展理念作为整部环境法典的理论支撑，将之贯穿于整部环境法典，推动了可持续发展理念在各国国内法的确立。从立法目的到一般原则，再到质量标准与环境影响评价制度，都充分彰显了可持续发展、生态保护优先等先进的环境立法理念。[1]

《瑞典环境法典》规定了完善的环境保护原则。环境保护原则是对当事人义务的间接性规定，从事有关行为需要遵守相应的规则。该原则具有很强的指导性和抽象性，奠定了整部环境法典的内在价值体系。既能够为分则的制定提供基本理念，作为分则的补充性规定，实现总则的统摄功能，也能在司法实践中提供抽象的指引，弥补分则的不足。

---

〔1〕 竺效、田时雨：《瑞典环境法典化的特点及启示》，载《中国人大》2017 年第 15 期。

《瑞典环境法典》总则从实际国情出发，构建环境法典总则的体系，第三、四章专门规定了对土地和水资源的管理。瑞典是北欧地区的资源大国，人均自然资源丰富，环境污染问题不是很严重，所以在法典总则中单列两章对土地和水资源进行保护。不仅如此，第四章还规定了要对瑞典特定区域的水资源和土地资源进行保护。

瑞典虽然出台了环境法典，但是仍然保留环境单行立法，环境单行立法与环境法典并行适用，第一章总则规范了环境单行法的适用范围，此种方式强化了环境法典的弹性，增强了环境法典的开放性。这种在环境法典外保留单行法的方式可以作为一种由环境单行法向环境法典过渡的方式，也为中国编纂环境法典提供了一种可供借鉴的模式。

2. 开放型环境法典总则的不足

开放型环境法典的总则还有诸多待完善之处。

第一，法典总则第二章以环境保护原则的形式间接规定了当事人的义务，缺少环境权的宣示条款。1992 年联合国人类环境会议通过的《人类环境宣言》中明确规定："人类有权在一种能够过尊严和福利的生活环境中，享有自由、平等和充足的生活条件的基本权利。"环境权作为公民的一项基本权利，自 20 世纪 70 年代以来，陆续被一些国家载入宪法。可持续发展理念同样源于 20 世纪 70 年代，并成为《瑞典环境法典》的引领性原则。但瑞典作为欧洲环境法法典化的先驱，在总则中只规定了公民的环保义务，而未宣示公民的环境权。在环境权日益重要的时代背景下，在总则中宣示公民环境权利于公众参与环境保护。

第二，《瑞典环境法典》总则欠缺对基本概念的定义。随着时代的变迁以及在不同语境下法律术语的频繁使用会使得法律术语的内涵和外延发生变化。并且，环境法典并不是环境法律体系的全部，在不同的法律文本中，同一概念的内涵可能存在差别。因此，不能脱离对基本概念的规定而空谈法典条文。"对术语和概念进行定义通常是十分必要的，但也是危险的。"[1] 所以在明确概念定义的时候，立法者应该做到

---

〔1〕 Mateut Gheorghita & Mihaila Arthur, *Logica Juridica*, Lumina Lex Publishing House, 1998, p. 54.

谨言慎行,尽管十分危险,但是需要通过对法律术语的精确表述降低其危险性。

第三,总则中缺少对环境法律责任的规定。有学者在论述民法典的立法思路时,针对民事责任的规范指出,分则在规定具体的权利与义务后应该详尽规定违反权利义务规范的否定性结果。各种法律责任应该提取共同性规则在总则中加以规定。[1] 环境法典应该明确规定个人、政府、国家、社会的环境法律责任,采用"双罚制",将之细化为民事责任、行政责任、刑事责任。相应地,《瑞典环境法典》也缺乏相应的组织性规范,一部环境法典应该全面规定实体性规定、程序性规定和组织性规定。

第三节 环境法典总则构建的基本路径

一、从"环境加法"走向"环境减法"

因为我国仅用改革开放以来的几十年时间走完了西方国家历时数百年的现代化历程,所以我国的现代化被学者冠以"压缩的现代化"之名。"这种现代化既加强了风险的生产,又没有给风险的制度化预期和管理留下时间。"[2] 反映到我国的环境议题中,则体现为西方各国"历时态"出现的生态环境问题"共时态"地存在于我国,辅之以我国薄弱的经济基础和落后的环保意识,其遭受的环境风险及其附带的结构性风险显得更加严重和难以治理。环境法治作为制度向度上对环境危机的具体求解,在我国"压缩现代化"背景下应运而生,环境法也由此成为十一届三中全会之后最早得到重视和发展的部门法之一。[3] 自1979年我国第一部环境法律《环境保护法(试行)》颁布和施行起,我

---

[1] 王利明:《民法总则的立法思路》,载《求是学刊》2015年第5期。

[2] [德]贝克、邓正来、沈国麟:《风险社会与中国——与德国社会学家乌尔里希·贝克的对话》,载《社会学研究》2010年第5期。

[3] 可见,我国的环境法治与现代化进程有着"相伴相生"的内在逻辑和外在表现,使其在形式上区别于西方国家"先污染后治理"的发展模式,而呈现出"边污染边治理"的特征。

国正迎来环境法治的“不惑之年”。借此承前启后之际,本研究提出一对范畴——“环境加法时代”和“环境减法时代”,以期对环境法治四十年以来的环境法律制度变迁作一个粗线条梳理,分析环境法典总则的构建问题。

所谓“环境加法时代”,是指在中国环境议题形成和爆发之初,为因应纷繁复杂、规模浩大的环境问题,权力机关通过制度学习、制度继受和制度创制等方式,不断在环境法律制度上做“加法”的时代。此一阶段的突出表征是环境法律的“批量产出”。改革开放初期,环境治理任务的艰巨和紧迫,与我国立法经验和法治实践的匮乏形成强烈反差。权力机关不得不在缺乏统筹考虑的情况下,采取功利主义和“拿来主义”的态度进行环境立法。在环境法律体系形成前,“头痛医头,脚痛医脚”是环境立法议程设定的隐含逻辑,“宜粗不宜细,有比没有好”则是环境法律制度建构的现实立场。这场颇为壮观的立法热潮使环境法律“赤字”现象得以大幅消解,客观上推动了我国环境法治从无到有、由点及面的实质转变。然而在环境与资源保护法律“约占国家全部法律的1/10”的当下,[1]我国生态环境总体恶化的趋势却并未得到根本遏制,这说明我国“环境立法的表象繁荣实际上是以牺牲实效的惨重代价所换来的”。[2] 为了提高环境法律的制度绩效,化解环境法律越来越“厚”而环境秩序越来越“薄”的局面,环境法治的“减法时代”悄然而至。

所谓“环境减法时代”,是指在我国环境法律体系形成之后,为消除制度龃龉、减少制度性交易成本,权力机关通过制度提炼、制度统合和制度扬弃等方式,在环境法律制度上做“减法”的时代。此一阶段的突出表征是初阶层面的制度清理、进阶层面的制度统合以及高阶层面的法典化。首先,环境审批职权的删减和调整构成初阶层面的“环境减法”实践。2002~2019 年,国务院先后发布 15 批《关于取消或调整

〔1〕 汪劲:《环境法学》,北京大学出版社 2014 年版,第 34 页。

〔2〕 巩固:《激励理论与环境法研究的实践转向》,载《郑州大学学报(哲学社会科学版)》2016 年第 4 期。

行政审批项目的决定》,其中,12 批涉及环保部门行政审批职权的删减和调整。经统计,国务院累计取消环境保护审批事项 27 项,由生态环境部下放至省级生态环境主管部门统管的 10 项,由行政管理过渡到自律管理的 5 项。目前,生态环境部的行政审批事项仅剩 27 项。虽然此一阶段的环境"减法"实践是我国行政管理"放管服"改革在环境领域的延伸,但其并不妨碍环境领域出现制度"减法"这一现象本身被证成。

其次,对现行环境法律制度进行精简统合是进阶层面的"环境减法"实践。国务院和原环境保护部为整合我国叠床架屋般的环境法律制度,陆续发布了《控制污染物排放许可制实施方案》《排污许可证管理暂行规定》《排污许可管理办法(试行)》等行政法规、部门规章,用以建构以排污许可制为主轴的固定污染源环境管理体制,旨在简化环评制度,弱化三同时制度,同时盘活总量控制和排污权交易等相关制度。根据协同学理论,对关联制度的系统化整合的效用,将大于单项制度简单叠加产生的效用总和。[1] 在提高制度绩效方面,环境法律制度间的精简统合较之于无效制度的清理是更为根本的举措,因此关联制度统合就构成了进阶层面的环境"减法"实践。

最后,当前我国环境法典编纂议题的形成和推动源头是高阶层面的"环境减法"实践。2017 年,第十二届全国人大第五次会议主席团提交了"关于制定环境法典"的议案,经审议,环境法典被纳入"抓紧进行立法前调研,待条件成熟时列入今后的立法规划"的项目。法典在宣示立法目的、彰显基本政策、概括法律原则、调和关联制度和完善法律体系方面具有比较优势,是较之于关联制度统合更为有效的提升制度绩效的手段,因此,环境法法典化议题的形成和推动就构成了高阶层面,也是根本意义上的环境"减法"实践。有论者就此指出,"以法律简化为目的的法典化成为矫正我国环境领域过度法规化弊端的一种技术手段"。[2]

---

〔1〕 王贵友:《从混沌到有序——协同学简介》,湖北人民出版社 1987 年版,第 3 页。

〔2〕 彭峰:《法律进化与环境法法典化的未来》,载《东方法学》2010 年第 6 期。

“环境加法时代”向“环境减法时代”的转向属于制度经济学中制度变迁的一种表现形态，其实质是在构成社会系统的行为体系统、制度结构和物理环境之间的均衡状态被打破之时，由具体的制度安排组成的环境法律制度结构对其自身的规则、原则和实施组合进行的一种边际调整。[1] 问题在于，法典的抽象性、普遍性和稳定性特征，与环境问题的具体性、个殊性和速变性存有张力，因此环境法法典化是否构成“环境减法时代”简化环境法律、提升制度绩效的根本手段，就并不是不证自明的。

二、环境法典总则的可行性分析

随着民法典从拟议、制定到发布的整个过程，我国理论和实务界也掀起了关于环境法是否需要法典化的讨论。从既有的讨论来看，大致可以将其分为支持环境法法典化[2]与反对环境法法典化[3]两派，其中，支持环境法法典化的学者又可以细分为“即刻编纂派”[4]和“延期编纂派”[5]。由于绝对的环境法非法典论甚少，“延期编纂派”所持的暂不宜编纂环境法典的观点实际上充当了反对环境法法典化的角色。因此笔者将“延期编纂派”与反对环境法法典化派的观点进行适度整合，形成支持环境法法典化以及反对即刻编纂的环境法非法典化两派。

---

〔1〕 由于制度非均衡状态既表现为无效制度供给过剩，也表现为有效制度供给不足，因此，“环境减法时代”并不全然排斥制度“加法”，新的环境法律制度只要能够妥帖地嵌套进既有的制度结构，仍然构成对环境法律制度非均衡状态的消解。

〔2〕 具有代表性的文章可参见［德］弗兰茨－约瑟夫·派纳：《公法法典化的思考——以环境法和营业法为例》，载范健等主编：《中德法律继受与法典编纂》，史仲阳、乔文豹译，法律出版社2000年版，第253～260页；黄锡生、史玉成：《中国环境法律体系的架构与完善》，载《当代法学》2014年第1期；张梓太、李传轩、陶蕾：《环境法法典化研究》，北京大学出版社2008年版，第151～261页；彭峰：《法典化的迷思：法国环境法之考察》，上海社会科学院出版社2010年版，第237～261页；吕忠梅、窦海阳：《民法典“绿色化”与环境法典的调适》，载《中外法学》2018年第4期；党庶枫、郭武：《中国环境立法法典化的模式选择》，载《甘肃社会科学》2019年第1期。

〔3〕 赵传朋：《论中国环境法的非法典化》，山东师范大学2007年硕士学位论文，第20～34页。

〔4〕 吕忠梅、窦海阳：《民法典“绿色化”与环境法典的调适》，载《中外法学》2018年第4期。

〔5〕 黄锡生、史玉成：《中国环境法律体系的架构与完善》，载《当代法学》2014年第1期。

检视当前的讨论，环境法非法典化论的核心观点包括：(1)法典的刚性与环境法律体系的模糊性、动态性和不确定性难以调和，在环境法律体系仍然处于动态变化、自我整合的情势下，环境法典编纂议题的形成为时尚早；(2)环境法学知识体系和范畴体系仍然处于形成阶段，[1]目前的理论储备和研究队伍尚不足以支撑环境法典的编纂；(3)环境法体系庞杂且与传统法律学科多有交叉，在分散性的行政体制下，环境法典编纂所附带的"牵一发而动全身"特性将带来巨大的协调和统合成本；而且环境法律规范的体系化可以通过法律整理等立法技术实现，编纂环境法典并非唯一手段，继续维持"基本法+单行法"模式无疑是更理性、更经济的选择。

针对上述观点，支持环境法法典化的论者展开了反驳：(1)从世界范围来看，人们已经总结出环境法的作用、结构和原则，并勾勒出环境法的轮廓与特征，[2]使环境法发展成了一个稳固的法律领域。我国也基本形成了以《环境保护法》为核心，以污染防治法、自然资源法和生态保护法为主体，专项立法并行的环境法律体系。将上述繁杂、重复、冲突的环境法渊源进行体系化、统一化和综合化，正是环境法典议题形成的出发点和归宿。(2)我国环境与资源保护法律已占国家全部法律的十分之一，"若没有环境与资源保护的急迫需求和环境法学理论成果的大量跟进，环境立法的这种'繁华'是不会存在的"。[3] 我国环境法学共同体既然有能力支撑起单行环境法律的繁荣，也势必能够为环境法典的编纂保驾护航。(3)"基本法+单行法"模式有其自身优势和历史贡献，但在结构上仍然处于零散状态，单行法不断修订的过程中将产生规则"逸出"、逃离基本法约束等弊端，而且将《环境保护法》与各单行法及法规、规章进行"包裹立法"的工作量和难度也并不亚于编纂

---

[1] 张文显：《迈向科学化现代化的中国法学》，载《法制与社会发展》2018年第6期。

[2] [德]弗兰茨-约瑟夫·派纳：《公法法典化的思考——以环境法和营业法为例》，载范健等主编：《中德法律继受与法典编纂》，史仲阳、乔文豹译，法律出版社2000年版，第255页。

[3] 汪劲：《环境法学的中国现象：由来与前程——源自环境法和法学学科发展史的考察》，载《清华法学》2018年第5期。

法典。[1]

在驳斥环境法非法典化的观点基础上，法典化论者还提出了支持编纂环境法典的其他理由：(1)法典化程度是衡量一个国家法律制度成熟与否的重要指标，法典编纂又恰是我国法律制度文明中最大的本土资源，[2]因此编纂环境法典能够契合国人"盛世编典"的法典化情结。(2)法典化是社会政治改革的象征，作为推进生态文明体制改革的工具，环境法法典化能够提升环境法律规范的政治影响和实际效用，也能在环境法典编纂方面为世界提供中国方案。

笔者认为，当前支持环境法法典化的论者对非法典化论者的观点进行了反驳，这些反驳能够得出"反对观点不成立"的结论。应当看到，编纂环境法典可以满足国人的法典化情结、契合生态文明建设的政治需求等因素，这些是推动环境法法典化的外源性动因；针对环境法律内部存在的体系化需求及碎片化弊端，肯定论者尚未给出有说服力的解释。究其根源：(1)现有支持或反对环境法法典化的观点多是基于论者的直观经验判断，而未能提供一个系统的分析框架，从而使当前的讨论缺乏系统性和解释力。(2)现有的讨论很少结合我国现有的环境法律法规及其施行情况进行实证推演，使支持或反驳环境法法典化的观点缺乏数据支撑和应有的说服力。在此，环境法由单行法模式向法典法模式的贴近和转化，是"环境减法时代"环境法治发展完善的路径选择，上述综合因素共同决定了中国环境法典总则具有必要性和可行性，更深层次地体现从"环境加法时代"向"环境减法时代"转向的时代需求。

---

〔1〕 吕忠梅、窦海阳：《民法典"绿色化"与环境法典的调适》，载《中外法学》2018年第4期。
〔2〕 周旺生：《法典在制度文明中的位置》，载《法学论坛》2002年第4期。

第七章　中国环境法典的环境权

第一节　环境权应当纳入环境法典

一、环境权纳入环境法典的实践现象

20 世纪 90 年代是环境权入宪的高潮时期,[1]有学者将 20 世纪 90 年代形象地称为环境权入宪的“黄金十年”。[2] 环境法典也同样反映出这一趋势。当前,已经有相当域外环境法典规定了环境权,即满足健康与福利需求的环境权利,典型代表是爱沙尼亚。《爱沙尼亚环境法典法》总则部分于 2011 年 2 月 16 日通过,将环境权写入环境法典,充分彰显了国家对公民环境权的重视。《爱沙尼亚环境法典法总则》将环境权的规定单到一章,囊括了对公民的实体环境权、程序环境权、知情权、参与权、使用他人土地和水体的权利;权利客体涉及他人土地、河滩、河堤道路、土地上的浆果、蘑菇、坚果等类似自然产品,水体以及在他人土地上生火等;环境权受到侵犯时的救济方式。其规定,环境权利的主体是任何人,并且该条定义了“直接相关的环境”,明确了环境是否满足人们的健康和福利需求的标准。为了充分保障公民的环境权不受侵害,明确了行政当局具有保护环境、采取措施的义务。

爱沙尼亚在国家宪法中也明确了公民的环境权,公民可以要求国

---

〔1〕 David R. Body, *The Environmental Rights Revolution*:*A Global Study of Constitutions*,*Human Rights*, *and The Environmental*, UBC Press, 2012, p. 279.

〔2〕 吴卫星:《环境权入宪的比较研究》,载《法商研究》2017 年第 4 期。

家在不依赖现有法律的情况下保护环境。[1]《爱沙尼亚环境法典法总则》规定了公民请求获得环境信息的权利,还包括相应的参与权,救济权。环境知情权条款明确规定了请求获得环境信息权的依据是备忘应对和解释申请法、公共信息法或者其他法律,并且以列举的方式规定了"环境信息"的范围,包括环境要素的状况、影响环境要素的事实、环境立法实施情况的报告、人体健康和安全状况等。该条同时指出,环境信息的获取不需要说明请求该信息的原因或者目的,但是信息持有人可以有条件地指定某些环境信息仅供内部使用。并且当信息持有人拒绝披露该信息时,必须衡量拒绝披露该信息所保护的利益是否超过决定披露该信息所保护的利益,具体包括:作出具有重大环境影响决定时的参与权,起草普遍适用且具有重大环境影响的文件时的参与权以及有关环境事务的诉诸司法权。其中,行使环境救济权的途径有两条,包括向行政机关提起行政机关内部申诉和向行政法院提起诉讼。

二、环境权纳入环境法典的理论分析

环境权理论发端于国外,但我国对环境权的热情有过之而无不及。蔡守秋教授在1982年发表的《环境权初探》拉开了中国环境权研究的序幕。20世纪90年代中期至21世纪初的十年,环境权成为我国环境法学的最热门话题之一,论著数量、质量大幅攀升,以至于宪法、民法、诉讼法、国际法、法理学等学科也纷纷参与环境权的讨论。环境权一度被誉为环境法学的"皇冠上的明珠""环境法之魂"。近年来,环境权的热度虽有所减退,但依然是环境法学重点关注的话题。

编纂中国环境法典的相关准备工作正紧锣密鼓地开展。[2] 人们

---

〔1〕 Tim Kolk & Airi Andresson, *The Role of Basic Rights in Environmental Protection*, Juridica International, Vol. 34(2003).

〔2〕 如吕忠梅组织国内环境资源法学学者组编"绿典之路"系列丛书。参见孙梦凡:《开启中国环境法典探索之路》,载《民主与法制时报》2018年9月13日,第5版。"环境立法法典化高端研讨会(2017年2月,北京大学)""各国环境法典翻译出版国际研讨会(2017年10月,中国人民大学)""环境法学前沿高端论坛暨环境法与生态法治高级研讨会(2018年12月,福州大学)"等一系列环境法法典化的理论研讨会召开。此外,以"环境法典"为主题的学术论文也得以发表。

对中国环境法典的必要性、可行性、框架结构、思路方法等问题进行了讨论,但是未来中国环境法典如何看待环境权这一话题,似乎被有意无意地过滤掉了。不仅官方未就此问题发表意见,学术界也鲜有关心。笔者认为,未来中国环境法典无法绕过环境权,其原因在于:经过近四十年的研究,虽然环境法的理论体系尚未建立,实践成果也未必丰硕,但其观念已经浸润人心。也就是说,对于环境权,学者可以基于各种理由支持或者反对,但不能忽视。

在法典编纂问题上,民法是环境法的"老师"。民法调整平等主体的财产关系和人身关系,然而在民法典制定过程中,环境保护问题乃至于环境权的讨论不绝于耳。早在《物权法》(已废止)制定之际,就有人提出增加自然资源利用权条款(享有权、使用权、特别物权等),[1]此类观点得到了立法的回应。《物权法》第 123 条规定:"依法取得的探矿权、采矿权、取水权和使用水域、滩涂从事养殖、捕捞的权利受法律保护。"后来《侵权责任法》(已废止)一经制定,就有主张将环境权列入民事权利的范围(原《侵权责任法》第 2 条对于民事权利的列举)。虽然这种观点最终并未被立法者所采纳,但《侵权责任法》第 2 条对民事责任的不完全列举("等"字)也给人们留下了广阔的解释和争鸣空间。最新一轮民法典编纂过程中,有学者大胆提出:"环境权应在民法典中独立成编。"[2]还有学者提出:"可以在总则编、物权编、侵权责任编的章节中,分散规定环境权。"[3]《民法总则》(已废止)出台之后,虽然环境权并未被纳入民事权利谱系,但是由于第 9 条(绿色原则)的存在,

---

〔1〕 吕忠梅:《关于物权法的"绿色"思考》,载《中国法学》2000 年第 5 期;高利红:《自然环境理念与民法典制定——物权法的环境保护功能:理念与模式》,载《法学》2003 年第 9 期;孙佑海:《物权法与环境保护》,载《环境保护》2007 年第 5 期;王利明:《物权法与环境保护》,载《河南财经政法大学学报》2008 年第 4 期。

〔2〕 刘牧晗、罗吉:《环境权益的民法表达——"环境权益与民法典的制定"学术研讨会综述》,载《人民法院报》2016 年 2 月 17 日,第 8 版。

〔3〕 钭晓东、刘晓华:《推动环境权的私法保护——以民法典的制定为契机》,载《法治社会》2016 年第 6 期。

一些人认为,民法典仍然有可能且应当将环境权纳入其中。[1]

以上罗列意图说明,纵然如民法这般并非专门调整环境社会关系、解决环境问题的法律,也在法典中积极考虑环境权。环境法作为调整人们在开发、利用、保护和改善环境中形成的社会关系的专门性规范,是无法绕过环境权话题的。虽然环境权的理论存在诸多不足,但环境权作为环境法之"魂",仍然是学人的理论寄托,是回应社会需求的法律之"道",也是环境法区别于环境政策并得以蜕蛹化蝶的关键。民法学者孟勤国说:"没有环境权的民法典是一个瘸腿的贵族,没有民法家园的环境权是一个流浪的孤儿。"如果将此论中的"民法典"用"环境法典"加以替代,无疑更加贴切,因为环境权是环境法的。没有环境权的环境法典,就如同丧魂失魄的木偶;而没有环境法典的环境权,恰恰如同无家可归的弃儿。

当前中国环境法典如何对待环境权的问题讨论甚少,可能的原因是:编纂中国环境法典虽早已有学者呼吁,但直至最近才正式起步,其标志便是"适度法典化"这一立法思路得以形成并获得较为一致的认可。对中国环境法典编纂的讨论目前仍然集中于编纂方式方法等方法论层面,至于法典内容大多还未涉及。因此,与其说是回避环境权,毋宁是环境法典编纂工作的"九层宝塔"目前仅在低层。基于人民群众对良好环境的热烈期盼和党中央加强生态环境保护的坚定意志,未来中国环境法典不可能绕开环境权问题。

第二节　中国环境法典的环境权设置

一、中国环境法典环境权设置的若干方案

我国环境法典编纂尚处于起步阶段,其具体内容难以确知,但中国

---

[1] 崔建远:《我国〈民法总则〉的制度创新与历史意义》,载《比较法研究》2017 年第 3 期;王宏:《论民法总则制定后环境权在民法典中的建构——从作为请求权的新型基础权利出发》,载《法学论坛》2017 年第 6 期;刘士国:《绿色化与我国民法典编纂》,载《社会科学》2017 年第 9 期;张震:《民法典中环境权的规范构造——以宪法、民法以及环境法的协同为视角》,载《暨南学报(哲学社会科学版)》2018 年第 3 期。

环境法典编纂绕不开环境权问题。退一步说,纵然中国环境法典彻底否定环境权,或者是对环境权故意回避,理论研究也必须考虑环境权与环境法典的问题。未来中国环境法典规定环境权,可能有以下几种方案。

(一)程序性环境权模式

在此种模式中,未来中国《环境法典》可能会类似于目前的《环境保护法》,即仅专门规定环境信息公开和公众参与的程序性权利。

2014 年修订《环境保护法》的重要成果之一就是增加了第五章“信息公开和公众参与”,其第 53 条第 1 款规定:“公民、法人和其他组织依法享有获取环境信息、参与和监督环境保护的权利。”该规定是我国迄今唯一规定公民的环境保护权利的法律规范。未来中国环境法典编纂也存在按此思路规定环境权甚至直接沿用此规定的可能性。

此种方式之所以被视为环境权入中国环境法典的可能方案之一,理由是:第一,《环境保护法》在我国被赋予了环境基本法的使命。2014 年修改《环境保护法》正是沿着基础性、综合性的方向进行。因此,《环境保护法》的修改体现了我国环境保护立法的共识,是判断今后相当长一段时间内我国环境立法走向的权威依据。更加具有基础性、综合性的环境法典,就极有可能延续《环境保护法》的立法方式。第二,从已有的环境权立法基础来看,我国实体性环境权立法几乎没有进展,但程序性环境权如环境信息知悉权(《环境保护法》及有关污染防治法、《环境信息公开办法》)、环境决策参与权(《环境影响评价法》及有关环境保护单行法、《公众参与环境影响评价办法》)、环境诉权(《民事诉讼法》《环境保护法》《行政诉讼法》)等取得了明显进展,司法实践中,环境信息公开案件、环境公益诉讼案件、环境影响评价公众参与等案件如火如荼地开展。因此,将程序性环境权纳入环境法典具有坚实的立法基础。第三,从对环境权的理论认识来看,虽然一些学者否认“程序性环境权”这一概念,但并不否认环境信息公开、环境决策参与、环境诉讼等程序性机制本身的价值,而是质疑它们作为环境权的逻辑正确性。环境信息公开、环境诉求表达、环境决策参与、环境组织缔结和参加、环境诉讼等对于推动环境民主,提高环境治理水平具有巨大作用。因此,类似于目前《环境保护法》的立法方式,将“程序性环境权”纳入未来中国环境法典也具有认识基础。

(二)环境权宣示性条款模式

宪法规定环境权是世界环境权立法的最主要成果。宪法环境保护条款大致包括两大类型:一是环境基本权利条款;二是环境基本国策条款。[1] 前者的经典表述方式是:公民有在良好/适宜/健康/清洁的环境中生存的权利,有获得环境信息、表达环境诉求、参与环境决策的权利,当上述权利受到侵犯时,有权向法院起诉。后者的经典表述方式是:国家有保护环境的义务(责任)。我国宪法虽然没有规定环境权,但是十三届全国人大第一次会议修宪时将生态文明写入宪法,从而为环境法典规定环境权提供了政治支持和根本法依据。

未来中国环境法典规定环境权的第二种方式是类似于多个国家宪法中的环境权条款,即环境权的宣示性规定。其较为可能的方式又分为三种:一是规定公民的环境权受到保护;二是规定国家保护公民的环境权;三是规定每个人都有在良好的环境中生存的权利。当然,环境权也可能会以环境权利、环境权益等更加隐晦的字眼出现,但不妨碍其作为宣示性权利。

环境法典规定宣示性环境权的立法特征是:第一,正面承认环境权,而不再是犹抱琵琶半遮面。第二,仅是原则性宣示,缺乏系统性特别是实体性规定。这种立法的动因是:既想在环境权立法上有所进步,又不能步伐太大,体现出一种强烈的折中意味。

以上设想之所以成为将环境权纳入中国环境法典的可能方案,其原因是:第一,如前所述,环境权的宣示条款是众多国家环境权立法的选择。面对人民群众对良好生态环境的迫切需求,政治层面对生态文明和环境保护的高调立场,立法正面承认环境权,即使是一项立法创举,也是符合民心和政治需求的极大可能选择。第二,理想与现实的交错、理论与实务的衡平、公众与企业的折中。环境权立法是多年来环境

---

[1] 蔡守秋:《从环境权到国家环境保护义务和环境公益诉讼》,载《现代法学》2013年第6期。

法学者的理想，但是实务界对此有较大的抵制，这不仅是由于环境权的理论存在诸多不足，更是因为环境权一旦为法律所承认，势必引发援引环境权的诉讼大潮。被诉对象既有可能是企业（排污者），也有可能是政府机关。这些可能的被诉者在环境权入法的态度上自然不会积极甚至抵制。这种力量与上述环境权入法的趋势较量与合力，就形成了立法虽然肯定环境权，但却是以宣示性条款的方式规定的局面。这种中庸的表述符合中国人的处事方式。第三，前期的政策铺垫。实际上，我国已经有较高级别的文件规定了公民的环境权利。2009 年 4 月，经国务院授权，国务院新闻办发布的《国家人权行动计划（2009～2010 年）》将环境权利作为经济、社会和文化权利的第 7 项予以规定。其规定："加强环境保护，着力解决重金属、饮用水源、大气、土壤、海洋污染等关系民生的突出环境问题，保障环境权利。"这既可以看作宣示性环境权进入环境法典的铺垫，也可以看作思维延续的证据。

（三）环境权系统规定模式

环境权入中国环境法典的第三种可能方式是系统规定环境权，即不仅有环境义务、环境信息公开和公众参与、环境权的宣示，还有对环境权的系统规定，其中又以在总则部分规定环境权专章最为典型。

环境权在未来中国环境法典独立成章之所以会成为一种可能的方案，原因在于：第一，环境权具有庞大的理论体系，包括如主体、客体、内容、效力、限制、保障、救济等。关于它们的研究已经取得了丰硕的成果，达成了若干理论共识。环境权自成体系，一旦环境法典对环境权进行系统规定，就很容易形成环境权章。第二，从现实需要来看，仅仅有环境权宣示性规定却没有可实现的内容，对于公众而言不解渴，其立法价值大打折扣。希冀以环境权为核心构建起环境法典体系，让环境权成为环境法典灵魂的愿望也必将化为泡影。更为严重的是，宣示性环境权的立法极有可能重蹈四十年来我国环境立法的旧路——既无大错、又无大用（汪劲教授语）！第三，我国公众对良好环境的需求越来越迫切，政治上对于生态环境保护进一步升格，环境权立法会走到哪一步，能否实现跨越性突破，谁都不能轻易下结论。第四，环境法典作为环境立法中最基础、最具有综合性的法律，其条文众多、内容庞大，但层次分明、章节安排井然有序。环境权这样一个举足轻重的内容，又拥有庞大的内容体系，在环境法典中独立成章完全可能。与我国《环境保护法》以及美国《国家环境政策法》、日本《环境基本法》等不同，环境基本法定位于指导性、方向性、基础性，环境法典则强调综合性、体系性，环境权进入环境基本法，较为适宜采用宣示性规定，因为环境基本法具有框架性，条文不会太多；而环境法典则具有综合性，条文众多，环境权独立成章具备可行性。

二、中国环境法典中环境权的功能和定位

（一）回应和满足公众环境健康需求

中华人民共和国成立以来，特别是改革开放四十多年以来，我国经济社会迅速发展，取得了 GDP 总量跃居全球第二的伟大成就，但也带来了严重的生态环境问题。随着物质生活水平的提高，公众对美好生活的需求越来越强烈。党的十九大曾指出："中国特色社会主义进入新时代，我国社会主要矛盾已经转化为人民日益增长的美好生活需要和不平衡不充分的发展之间的矛盾。我国稳定解决了十几亿人的温饱问题，总体上实现小康，不久将全面建成小康社会，人民美好生活需要日益广泛，不仅对物质文化生活提出了更高要求，而且在民主、法治、公平、正义、安全、环境等方面的要求日益增长。"[1]立法正面肯定环境权，回应了人民群众对良好环境的需求，符合政治上对于生态文明建设和生态环境保护工作的定位。

（二）避免宣誓性环境权规范

宣示性条款虽然肯定了环境权，但并没有就环境权的主体、客体、内容、效力及其保障、救济进行规定，使其停留于纸面。这种宣示性环境权是很难实现的，尤其是难以得到司法机关的支持。我国法律实际上早已规定了国家的环境保护义务、地方人民政府对本区域环境质量负责、公民的环境保护义务、公民的环境权利等与环境权直接相关的内容，但是对环境权的司法诉求或者以环境权为依据的案件，如东南大学

---

〔1〕 习近平：《决胜全面建成小康社会　夺取新时代中国特色社会主义伟大胜利》，载《人民日报》2017 年 10 月 28 日，第 1 版。

两教师诉紫金山观景台案、北大六师生诉吉林石化案等，却无一获得法院的支持。“口惠而实不至”的环境权其不足之处不止这些，还在于在当前的社会环境和政治、舆论背景之下，政府公信力下降，对官方文件的不信任感增强，尤其是对愚弄人民的行径深恶痛绝。而这种“口惠而实不至”的环境权立法，很可能就被归入政府愚弄人民、糊弄老百姓之列，从而损害执政党和政府的威信。

（三）环境权应当成为环境法的灵魂

从世界范围内的立法史来看，一部有生命力的法典，必定是有灵魂的。而市面上充斥的各种法律汇编、“法律一本通”，甚至被命名为“法典”的法律工具书，[1]其生命往往只有短短几年。何以如此呢？因为法律汇编或者说形式上的法典，只具有形而无魂，一旦法律被修改，这些形式化的法典就会变成一堆废纸。有生命力的法典，不会因为部分条文的修改而被废弃，乃是由于该法典是具有灵魂的，而法典的灵魂则是建立在厚实的理论基础之上，围绕核心概念而展开的规范体系。部分规范会随着时代的变迁而修改，但是核心概念却因为其强大的法律技术因素或者法律理念价值而根深蒂固，从而保障法典生命的延续。民法抽象出“法律行为”这一核心，成为民法之魂；刑法抽象出“犯罪构成”这一核心，成为刑法典之魂。正是由于“灵魂”的存在，才使民法典、刑法典能够历经百年而不倒。我国环境法典意欲成为具有持久生命力的法典，也必须有灵魂，而不仅仅是一个汇编式的法典、形式上的法典。虽然我国确定了“环境法适度法典化”的立法思路，但适度法典化并不等于形式法典化。

环境法典需要灵魂，但是这个灵魂是什么呢？从目前来看，只有环境权。一是经过近半个世纪的发展，环境法与环境法学曾经出现环境保护、可持续发展、只有一个地球、环境正义、绿色、生态文明等众多“精神气质性”的名词或者概念，但是这些概念不仅具有模糊性，而且涵盖范围远远超出环境法，并非环境法所能把控与实现，更进一步讲，

---

[1] 国务院法制办公室编：《中华人民共和国环境法典》，中国法制出版社 2012 年版；法律出版社法规中心编：《中华人民共和国能源环境法典》，法律出版社 2011 年版。

核心概念只能是法律所能借助并予以实现的。因此,上述概念不宜成为环境法之魂。以环境正义为例,环境正义成为西方环境运动的重要口号,并迅速蔓延到环境伦理、环境法领域。所谓“环境正义”(environmental justice),是指人类社会在处理环境保护问题时,各群体、区域、族群、民族国家之间所应承诺的权利与义务的公平对等。环境正义论认为,强势族群和团体能够几乎毫无阻力地对弱势者进行迫害是造成自然环境破坏的主要原因。[1] 然而,正义、环境正义同样具有极强的模糊性,它可以被称为环境法的价值,但不具备称为环境法的核心概念的条件。二是环境权曾被誉为“环境法的灵魂”,它是一个可以被法律化的概念,也是可能实现的目标。法律最终表现为权利、义务和责任。通过环境权,足以将环境法的各主体关联起来,并构建起环境法的规范和制度体系——环境法就是围绕如何实现自然人的环境权而展开的。只是由于环境权理论的缺陷,使其“环境法的灵魂”之喻被弃而不用,颇有些“倒洗澡水连孩子一起倒掉”的遗憾。为了编纂出一部具有生命力的环境法典,我们必须重拾环境权,反思其不足与漏洞,进行弥补和完善,从而使其真正成为中国环境法典之魂,成为中国环境法典屹立于世界环境法典之林的关键要素。

三、中国环境法典中的环境权规范

(一)完善由虚入实的环境权规范

环境权如何由虚入实,由空洞的理论变成现实的权利,既是环境权理论得以成功的关键,也是环境权入环境法典的前提。例如,环境法中的公众参与原则。我国环境保护公众参与早已起步。1973 年第一次全国环境保护工作会议提出的三十二字方针中就有“依靠群众、大家动手”的表述。发展至今,我国《环境保护法》(信息公开和公众参与)、《政府信息公开条例》、《环境信息公开办法》、(环境信息公开)、《环境影响评价法》《建设项目环境保护管理条例》、《规划环境影响评价条例》、《公众参与环境影响评价办法》(环境影响评价公众参与)、《行政

[1] 王韬洋:《有差异的主体与不一样的环境“想象”——“环境正义”视角中的环境伦理命题分析》,载《哲学研究》2003 年第 3 期。

诉讼法》、《民事诉讼法》(环境公益诉讼)以及《环境保护公众参与办法》等规范性法律文件对于环境信息公开、环境决策参与、环境公益诉讼等都进行了规定,但从现实情况来看,我国环境保护公众参与效果较差,公众参与的积极性较差,出现了学者一方面积极鼓吹"公众参与",而另一方面实践却是"公众参与"门可罗雀的景象。中国环境法的症结正是如此:公众的缺位。被称为"环境公益诉讼"的这套机制,在原告问题上,甚至首先就将公民(自然人)这一主体排除,环境公益诉讼的走向中,原告越来越"公"。

是何种原因导致我国公众参与环境保护的积极性差呢?从法律角度来看,乃是由于公众难以从公众参与活动中获得利益。因此,确保公众从公众参与中获得一定的利益,乃是解决公众参与不足的根本之策。环境权恰恰是每个人的权利。如若法律正面承认环境权并维护每个人的环境权,那么公众参与的积极性问题便自然得到解决了。此前人们对环境权的理论研究,最突出的问题之一是华而不实,既难以入法,更无法为诉讼提供理论支撑。正是如此,才有人说:"环境权仅仅是一个虚幻的意念,这种权利的获得需要有自然环境条件作为前提和保障,而当自然条件具备的时候,不会有人提出环境权的诉求;当自然条件不具备的时候,环境权的诉求也无实际意义。环境权因为环境污染而提出,也应当从控制污染行为、赋予污染者保护环境的义务入手而实现,空洞的环境权最终仅仅会成为一种无意义的诉求。"[1]

(二)建立领先的环境权规范体系

我国现代环境法的起步受到了1972年斯德哥尔摩人类环境会议的强烈影响。[2] 但我国环境法的发展,不仅起步并不算晚,而且在发展过程中几乎与世界同步——不仅制定了大量的环境保护法律法规,还参与了国际环境保护事务,生态文明建设也受到了国际社会瞩目。

---

〔1〕 翟勇:《构建我国生态文明建设法律体系》,载《社会科学报》2017年12月14日,第3版。

〔2〕 曲格平、彭近新:《环境觉醒——人类环境会议和中国第一次环境保护会议》,中国环境科学出版社2010年版。

英国哲学家、预言家汤恩比说："二十一世纪是中国人的世纪。"[1]应该说，中国的环境法与世界相比，其差距远远小于民法、刑法、刑事诉讼法等法律规定，中国环境法要想实现从跟跑到并跑、领跑，环境法典编纂是一次绝佳的机会，也是责无旁贷的使命。

基于上述论断，中国环境法典不能继续延续欧陆汇编式、形式化的环境法典，而必须有所创新，有所超越。而这种创新和超越，就要打破形式法典化的窠臼，进行实质化的法典编纂。实质法典化的编纂，根本来说就是围绕核心概念而展开规则。从目前环境法和环境法学来看，唯有环境权能够担当起这一角色和使命。因此，环境权独立成章是基础，环境法典的其他规则都围绕环境权的保障与实现而展开。

应该回答的问题是，如何使环境权摆脱华而不实的理论"乌托邦"，成为触手可及的抵御污染侵害的武器。因此，环境权不能大而无当，必须有所收敛，有所限制。环境权具有效力体系，能够得到司法的救济。环境权应当能够让权利主体获得切实的利益，而不是"皇帝的新装"。为实现环境权，人们一直孜孜以求。"通过具体的立法确认界限和内容清晰的环境权，可以激发公民个体保护自己环境权益的行动，通过这种为自己权利而斗争的行动推动环境保护的发展。"[2]

环境权的理论虽发端于域外，但老中青年环境法学者乃至于环境法之外的学者三十多年来仍不断向它倾注研究心血。中国对环境权的理论研究有了长足的进步，一些基本共识已经或者正在形成，[3]这就为环境权在我国环境法典独立成章奠定了基础。有学者说："（环境法学）站在当代法学范式转向'后现代'的路口，捕捉到了时代转变的风尚并将其传播给整个法学领域。事实上，它将继续引领当代法学向后现代转向这一历史进程，从工业文明时代的法律，走向生态文明时代的

〔1〕［英］阿诺德·汤因比：《历史研究》，郭小凌、王皖强译，上海人民出版社2010年版。

〔2〕徐以祥：《环境权利理论、环境义务理论及其融合》，载《甘肃政法学院学报》2015年第2期。

〔3〕杨朝霞：《论环保机关提起环境民事公益诉讼的正当性——以环境权理论为基础的证立》，载《法学评论》2011年第2期。

法律。"[1]要认真研究环境权的理论与实践,环境法典不可能绕开环境权。要将环境权在环境法典中独立成章提上议事日程,立法不是儿戏,不能说立就立,但是也不能以"条件、时机不成熟"而久拖不决,总得有个开端。方法决定成败。诚如有学者指出:"未来的公民环境权论者应当摒弃这种'先验的概念思辨',走出书斋或者从事实证主义研究,或者进行经验主义考察,或者切实将中国公民环境权益问题做理论化处理。"[2]环境权在环境法典中独立成章,将会给法律、权利体系带来整体性变化,因此它不仅仅是环境法学界的事情,更是中国乃至世界立法史、法治史上的大事。不仅是立法者,关心本法典的人也要虚心学习,善于比较、借鉴,广泛听取意见和建议。

(三)类型化的环境权规范

1. 宪法和环境基本法中的环境权规范

在宪法、环境基本法以及国际环境法律文件中,有大量关于环境权的条款。美国学者萨克斯指出:"甚至修订联邦宪法,增加赋予人对良好环境的权利之条款的建议也已被一些严肃的立法者提出。"此类条款多为宣示性、授权性、原则性规定:一方面,此类条款需要环境法典加以确认,将它们纳入环境权的范畴内并确立为环境法领域的基本权利和原则;另一方面,这些原则性规定需要通过环境法典中的其他类型规范进行落实。

2. 程序性环境权规范

程序性环境权规范即避虚就实,对所谓的"程序性环境权"如环境信息知悉权、环境决策参与权、环境诉权等进行立法。[3] 中国《环境保护法》"第五章　信息公开与公众参与"、《民事诉讼法》、《环境保护法》和相关司法解释共同形成的环境公益诉讼立法,以及原环境保护部制定的《环境信息公开办法》《环境保护公众参与办法》等,皆属

---

〔1〕 侯佳儒:《环境法学,什么是你的贡献》,载《清华法治论衡》2010年第1期。

〔2〕 王小钢:《近25年来的中国公民环境权理论述评》,载《中国地质大学学报(社会科学版)》2007年第4期。

〔3〕 陈海嵩:《论程序性环境权》,载《华东政法大学学报》2015年第1期。

此类。

3.“具体环境权”规范

“具体环境权”规范是指与某些“具体环境权”（如清洁水权、清洁空气权、静稳权等）有关的立法，如我国已经制定的清洁水法、清洁空气法、噪声防治法等。[1] 在环境法典制定过程中，需要对此类环境权进行重新确认，如可以采取在总则中规定环境制度和环境责任的方式确认这些权利。

4.环境权的救济性规范

此类立法一般包括在实体立法之中，也有少数包含于程序法之中。然而，上述方式均存在一个共同的问题：人们不知道环境权究竟为何物，环境权对他们有何价值，即环境权本身实际上被虚置。基于此，法律必须正面、系统地回答何为环境权、环境权对自然人而言有何价值以及如何实现环境权等问题，并通过我国环境法典编纂正式确立环境权规范。

---

〔1〕 韦联春：《环境权的立法保护》，载《法学》1994年第6期。

参 考 文 献

一、中文文献

(一)著作

1. [奥地利]凯尔森:《纯粹法理论》,张书友译,中国法制出版社2008年版。
2. [冰岛]思拉恩·埃格特森:《新制度经济学》,吴经邦等译,商务印书馆1996年版。
3. [德]K. 茨威格特、H. 克茨:《比较法总论》,潘汉典等译,贵州人民出版社1992年版。
4. [德]伯恩·魏德士:《法理学》,丁晓春、吴越译,法律出版社2013年版。
5. [德]茨威格特、克茨:《比较法总论》,潘汉典等译,中国法制出版社2017年版。
6. [德]弗兰茨-约瑟夫·派纳:《公法法典化的思考——以环境法和营业法为例》,载范健等主编:《中德法律继受与法典编纂》,史仲阳、乔文豹译,法律出版社2000年版。
7. [德]古斯塔夫·拉德布鲁赫:《法律的不法与超越法律的法》,舒国滢译,载郑永流主编:《法哲学与法社会学论丛》,中国政法大学出版社2001年版。
8. [德]黑格尔:《法哲学原理》,范扬、张企泰译,商务印书馆1961年版。
9. [德]柯武刚、史漫飞:《制度经济学——社会秩序与公共政策》,韩朝华译,商务印书馆2000年版。
10. [德]卡尔·拉伦茨:《法学方法论》,陈爱娥译,商务印书馆2003年版。
11. [德]鲁曼:《社会中的法》(上册),李君韬译,台北,五南图书出版股份有限公司2009年版。
12. [德]罗伯特·阿列克西:《法律论证理论——作为法律证立理论的理性论辩理论》,舒国滢译,中国法制出版社2002年版。
13. [德]马克斯·韦伯:《儒教与道教》,王容芬译,商务印书馆1995年版。
14. [德]马克斯·韦伯:《法律社会学》,康乐、简惠美译,广西师范大学出版社2005

年版。
15. [德]马克斯·韦伯:《论经济与社会中的法律》,张乃根译,中国大百科全书出版社1998年版。
16. [德]萨维尼:《当代罗马法体系Ⅰ:法律渊源·制定法解释·法律关系》,朱虎译,中国法制出版社2010年版。
17. [法]勒内·达维德:《当代主要法律体系》,棋竹生译,上海译文出版社1984年版。
18. [美]E.博登海默:《法理学、法律哲学与法律方法》,邓正来译,中国政法大学出版社2017年版。
19. [美]埃尔曼H.W.:《比较法律文化》,贺卫方、高鸿钧译,三联书店1990年版。
20. [美]M.D.贝勒斯:《法律的原则——一个规范的分析》,张文显等译,中国大百科全书出版社1996年版。
21. [美]W.理查德·斯科特、杰拉尔德·F.戴维斯:《组织理论:理性、自然与开放系统的视角》,高俊山译,中国人民大学出版社2011年版。
22. [美]彼得·G.伦斯特洛姆:《美国法律辞典》,贺卫方、樊翠华译,中国政法大学出版社1998年版。
23. [美]布雷耶:《打破恶性循环:政府如何有效规制风险》,宋华琳等译,法律出版社2009年版。
24. [美]凯斯·R.桑斯坦:《恐惧的规则》,王爱民译,北京大学出版社2011年版。
25. [美]库珀:《行政伦理学:实现行政责任的途径》,张秀琴译,中国人民大学出版社2001年版。
26. [美]罗纳德·H.科斯等:《财产权利与制度变迁》,刘守英等译,格致出版社、上海三联书店、上海人民出版社2014年版。
27. [美]理查德·A.爱波斯坦:《简约法律的力量》,刘星译,中国政法大学出版社2004年版。
28. [美]诺内特、塞尔茨尼克:《转变中的法律与社会》,季卫东、张志铭译,中国政法大学出版社2002年版。
29. [美]易明C.E.:《一江黑水——中国未来的环境挑战》,姜智芹译,江苏人民出版社2011年版。
30. [美]约翰·亨利·梅利曼:《大陆法系》(第2版),顾培东、禄正平译,法律出版社2004年版。
31. [美]詹姆斯·A.费斯勒、唐纳德·F.凯特尔:《行政过程的政治——公共行政学新论》,陈振明等译,中国人民大学出版社2002年版。

32. [美]詹姆斯·R. 汤森、布兰特利·沃马克:《中国政治》,顾速、董方译,江苏人民出版社 2010 年版。
33. [美]哈罗德·J. 伯尔曼:《法律与革命》,贺卫方等译,中国大百科全书出版社 1993 年版。
34. [美]赫伯特·西蒙:《管理行为》,杨砾、韩春立等译,北京经济学院出版社 1988 年版。
35. [美]塞缪尔·亨廷顿:《变革社会中的政治秩序》,李盛平等译,华夏出版社 1988 年版。
36. [日]大木雅夫:《比较法》,范愉译,法律出版社 2006 年版。
37. [日]丹宗昭信编:《现代经济法入门》,谢次昌译,群众出版社 1985 年版。
38. [日]山本敬三:《民法中的动态系统论——有关法律评价及方法的绪论性考察》,解亘译,载梁慧星主编:《民商法论丛》第 23 卷,金桥文化出版(香港)有限公司 2002 年版。
39. [日]穗积陈重:《法典论》,李求轶译,商务印书馆 2014 年版。
40. [苏联]C. C. 阿列克谢耶夫:《法的一般理论》(上册),黄良平等译,法律出版社 1988 年版。
41. [意大利]纳塔利诺·伊尔蒂:《解法典化的时代》,薛军译,载徐国栋主编:《罗马法与现代民法》第 4 卷,中国人民大学出版社 2004 年版。
42. [英]埃德蒙·柏克:《法国大革命反思录》,冯丽译,江西人民出版社 2015 年版。
43. [英]霍布斯:《利维坦》,黎思复、黎廷弼译,商务印书馆 1985 年版。
44. [英]卡罗尔·哈洛、理查德·罗林斯:《法律与行政》(下卷),杨伟东等译,商务印书馆 2004 年版。
45. [英]洛克:《政府论》(下篇),叶启芳、瞿菊农译,商务印书馆 1982 年版。
46. [英]迈克尔·曼:《社会权力的来源》(第二卷·上),陈海宏等译,上海人民出版社 2007 年版。
47. [英]约瑟夫·拉兹:《法律的权威》,朱峰译,法律出版社 2005 年版。
48. [俄]拉扎列夫:《法与国家的一般理论》,王哲、王成英、刘远生译,法律出版社 1999 年版。
49.《爱沙尼亚环境法典法总则》中译本(内部资料)。
50.《德国环境法典专家委员会草案》中译本(内部资料)。
51.《法国环境法典》(第一至三卷),莫菲、刘彤、葛苏聃等译,法律出版社 2018 年版。
52.《马克思恩格斯全集》(第 1 卷),人民出版社 1956 年版。

53.《马克思恩格斯选集》(第 3 卷),人民出版社 1972 年版。
54.《中共中央关于全面推进依法治国若干重大问题的决定》,人民出版社 2014 年版。
55. 王树义主编:《可持续发展与中国环境法治》,科学出版社 2005 年版。
56. 周珂等:《环境法学研究》,中国人民大学出版社 2008 年版。
57. 蔡守秋:《环境法教程》,法律出版社 1995 年版。
58. 蔡守秋:《中国环境资源法学的基本理论》,中国人民大学出版社 2019 年版。
59. 蔡守秋主编:《环境资源法教程》,高等教育出版社 2004 年版。
60. 陈慈阳:《二十一世纪宪法国家之新挑战——宪法解释与环境国家》,新学林出版股份有限公司 2015 年版。
61. 陈慈阳:《环境法总论》,中国政法大学出版社 2003 年版。
62. 陈海嵩:《国家环境保护义务论》,北京大学出版社 2015 年版。
63. 陈泉生:《可持续发展与法律变革》,法律出版社 2000 年版。
64. 陈赞伟:《近代欧洲法典化运动:立法理性在历史层面的展开》,载周旺生主编:《立法研究》第 3 卷,法律出版社 2003 年版。
65. 董成美、赵秉志、王利明:《法律调整新论》,中国人民大学出版社 1990 年版。
66. 封丽霞:《法典编纂论——一个比较法的视角》,清华大学出版社 2002 年版。
67. 付子堂:《法律功能论》,中国政法大学出版社 1999 年版。
68. 公丕祥主编:《法理学》(第 2 版),复旦大学出版社 2008 年版。
69. 公丕祥主编:《法理学》,复旦大学出版社 2002 年版。
70. 顾培东:《社会冲突与诉讼机制》,法律出版社 2015 年版。
71. 韩志红:《经济法调整机制研究》,中国检察出版社 2005 年版。
72. 黄建武:《法律调整——法社会学的一个专题讨论》,中国人民大学出版社 2015 年版。
73. 焦艳鹏:《刑法生态法益论》,中国政法大学出版社 2012 年版。
74. 金岳霖:《形式逻辑》,人民出版社 2006 年版。
75. 经济合作与发展组织:《中国治理》,清华大学出版社 2007 年版。
76. 景跃进等:《当代中国政府与政治》,中国人民大学出版社 2016 年版。
77. 李明华、陈真亮:《环境法典立法研究:理念与方法》,法律出版社 2016 年版。
78. 李永峰:《生态伦理学教程》,哈尔滨工业大学出版社 2017 年版。
79. 李中原:《欧陆民法传统的历史解释——以罗马法与自然法的演进为主线》,法律出版社 2009 年版。
80. 梁慧星:《民法解释学》,中国政法大学出版社 1995 年版。

81. 林榕年、叶秋华:《外国法制史》(第 6 版),中国人民大学出版社 2017 年版。
82. 卢现祥:《西方新制度经济学》,中国发展出版社 2003 年版。
83. 罗豪才:《现代行政法制的发展趋势》,法律出版社 2004 年版。
84. 吕忠梅:《环境法学》,法律出版社 2004 年版。
85. 马怀德:《行政法与行政诉讼法》,中国政法大学出版社 2012 年版。
86. [美]沃森:《民法法系的演变及形成》,李静冰、姚新华译,中国政法大学出版社 1992 年版。
87. 彭峰:《法典化的迷思:法国环境法之考察》,上海社会科学院出版社 2010 年版。
88. 乔克裕、黎晓平:《法律价值论》,中国政法大学出版社 1991 年版。
89. 全国人大常委会法制工作委员会编:《中华人民共和国大气污染防治法释义》,法律出版社 2015 年版。
90. 全国人大常委会法制工作委员会编:《中华人民共和国环境保护法释义》,法律出版社 2014 年版。
91. 沈宗灵:《法理学》,北京大学出版社 1999 年版。
92. 沈宗灵主编:《法学基础理论》,北京大学出版社 1984 年版。
93. 石佳友:《民法法典化的方法论问题研究》,法律出版社 2007 年版。
94. 石亚军主编:《中国行政管理体制实证研究》,中国政法大学出版社 2010 年版。
95. 苏力:《法治及其本土资源》,中国政法大学出版社 1996 年版。
96. 苏永钦:《走入新世纪的私法自治》,中国政法大学出版社 2002 年版。
97. 苏永钦:《寻找新民法》,北京大学出版社 2012 年版。
98. 孙国华、朱景文主编:《法理学》,中国人民大学出版社 1999 年版。
99. 唐世平:《制度变迁的广义理论》,沈文松译,北京大学出版社 2016 年版。
100. 汪劲:《环境法学》,北京大学出版社 2014 年版。
101. 王灿发:《环境法学教程》,中国政法大学出版社 1997 年版。
102. 王灿发主编:《新〈环境保护法〉实施情况评估报告》,中国政法大学出版社 2016 年版。
103. 王贵友:《从混沌到有序——协同学简介》,湖北人民出版社 1987 年版。
104. 王立民:《唐律新探》,上海科学出版社 1993 年版。
105. 王利明、郭明瑞、潘维大:《中国民法典基本理论问题研究》,人民法院出版社 2004 年版。
106. 高鸿钧、王明远主编:《清华法治论衡(第 22 辑)生态 · 法治 · 文明》,清华大学出版社 2014 年版。
107. 王天木主编:《法理学》,中国政法大学出版社 1992 年版。

108. 翁岳生主编:《行政法》(上),台北,元照出版有限公司 2006 年版。
109. 谢晖:《法学范畴的矛盾辨思》,山东人民出版社 1999 年版。
110. 熊文钊:《大国地方——中央与地方关系法治化研究》,中国政法大学出版社 2012 年版。
111. 颜厥安:《法与实践理性》,中国政法大学出版社 2003 年版。
112. 杨一凡:《洪武法律典籍考证》,法律出版社 1992 年版。
113. 杨宗科:《法律机制论——法哲学与法社会学研究》,西北大学出版社 2000 年版。
114. 原华荣:《"生态目的性"与环境伦理》,中国环境科学出版社 2013 年版。
115. 陈甦、[波兰]佛朗西斯科·龙骧·柏瑞尔:《法典化的理论与实践——中国与波兰的比较》,社会科学文献出版社 2019 年版。
116. 张明楷:《刑法格言的展开》,北京大学出版社 2013 年版。
117. 张文显:《法哲学范畴研究》(修订版),中国政法大学出版社 2001 年版。
118. 张文显主编:《法理学》(第 5 版),高等教育出版社 2018 年版。
119. 张梓太、李传轩、陶蕾:《环境法法典化研究》,北京大学出版社 2008 年版。
120. 张梓太:《环境法法典化研究》,北京大学出版社 2008 年版。
121. 章剑生:《现代行政法总论》,法律出版社 2014 年版。
122. 赵震江:《法律社会学》,北京大学出版社 1998 年版。
123. 周旺生:《立法论》,北京大学出版社 1994 年版。
124. 周永坤:《法理学——全球视野》,法律出版社 2000 年版。
125. 卓泽渊:《法的价值论》,法律出版社 1999 年版。
126.《瑞典环境法典》,竺效等译,法律出版社 2018 年版。

(二)期刊

1. [波兰]弗朗茨切克·隆查普斯·德·布雷尔:《法律数据库与去法典化现象》,李宇飞译,载《中国应用法学》2017 年第 6 期。
2. [德]贝克、邓正来、沈国麟:《风险社会与中国——与德国社会学家乌尔里希·贝克的对话》,载《社会学研究》2010 年第 5 期。
3. [德]伯恩德·吕斯特:《法官法影响下的法教义学和法政策学》,季红明译,载《北航法律评论》2015 年第 1 期,法律出版社 2015 年版。
4. [德]卡尔·拉伦茨:《论作为科学的法学的不可或缺性——1966 年 4 月 20 日在柏林法学会的演讲》,赵阳译,载《比较法研究》2005 年第 3 期。
5. [法]让·路易·博格:《法典编纂的主要方法和特征》,郭琛译,载《清华法学》2006 年第 2 期。

6. [法]特隆歇、波塔利斯、普雷亚梅纽、马勒维:《法国民法典开篇:法典起草委员会在国会就民法典草案的演讲》,殷喆、袁菁译,载何勤华主编:《外国法制史研究》,法律出版社2003年版。
7. [意大利]桑德罗·史奇巴尼:《法学研究方法以及对古罗马法学著作和近现代法典结构体系中若干问题的思考》,丁玫译,载《比较法研究》1994年第2期。
8. [意大利]桑德罗·斯奇巴尼:《法典化及其立法手段》,丁玫译,载《中外法学》2002年第1期。
9. 艾云:《上下级政府间"考核检查"与"应对"过程的组织学分析》,载《社会》2011年第3期。
10. 白晓峰:《预算法视角下的中央与地方关系——以事权与支出责任为中心》,载《法商研究》2015年第1期。
11. 蔡守秋、任世丹:《论环境法学研究范式变革的深层探索——〈民本视阈下环境法调整机制变革:温州模式内在动力的新解读〉一书评介》,载《太平洋学报》2011年第5期。
12. 蔡守秋:《从综合生态系统到综合调整机制——构建生态文明法治基础理论的一条路径》,载《甘肃政法学院学报》2017年第1期。
13. 蔡守秋:《环境法的发展过程及特点》,载《法学评论》1981年第3期。
14. 曹炜:《环境监管中的"规范执行偏离效应"研究》,载《中国法学》2018年第6期。
15. 常纪文:《论环境法的调整对象》,载《湖南公安高等专科学校学报》2002年第4期。
16. 陈海嵩:《环境侵权案件中司法公正的量化评价研究》,载《法制与社会发展》2018年第6期。
17. 陈海嵩:《论程序性环境权》,载《华东政法大学学报》2015年第1期。
18. 陈海嵩:《绿色发展中的环境法实施问题》,载《中国法学》2016年第1期。
19. 陈海嵩:《生态文明体制改革的环境法思考》,载《中国地质大学学报(社会科学版)》2018年第2期。
20. 陈海嵩:《政府环境责任的实证研究》,载《社会科学战线》2016年第4期。
21. 陈海嵩:《中国环境法治中的政党、国家与社会》,载《法学研究》2018年第3期。
22. 陈海嵩:《环保督察制度法治化》,载《法学评论》2017年第3期。
23. 陈洪杰:《论法律续造的方法》,载《法律科学》2010年第6期。
24. 陈金钊:《法典的意义世界初论》,载《河南大学学报(社会科学版)》1994年第6期。

25. 陈卫佐:《现代民法典编纂的沿革、困境与出路》,载《中国法学》2014 年第 5 期。
26. 陈新民:《论中央与地方法律关系的变革》,载《法学》2007 年第 5 期。
27. 陈宜:《法的价值与功能辨》,载《西南民族学院学报(哲学社会科学版)》2001 第 4 期。
28. 崔建远:《我国〈民法总则〉的制度创新与历史意义》,载《比较法研究》2017 年第 3 期。
29. 党庶枫、郭武:《中国环境立法法典化的模式选择》,载《甘肃社会科学》2019 年第 1 期。
30. 邓海峰、俞黎芳:《环境法法典化的内在逻辑基础》,载《中国人民大学学报》2019 年第 2 期。
31. 董邦俊:《环境法与环境刑法衔接问题思考》,载《法学论坛》2014 年第 2 期。
32. 钭晓东、刘晓华:《推动环境权的私法保护——以民法典的制定为契机》,载《法治社会》2016 年第 6 期。
33. 钭晓东:《从单一"政府定位"到多元"社会选择"——环境法第三调整机制变革与温州商会的环保功能拓展》,载《浙江学刊》2005 年第 4 期。
34. 钭晓东:《环境法调整机制运行双重失灵的主要症结》,载《河北学刊》2010 年第 6 期。
35. 钭晓东:《论环境法的利益调整功能》,载《法学评论》2009 年第 6 期。
36. 钭晓东:《生态文明、风险社会与环境法的功能进化》,载《学术月刊》2008 年第 1 期。
37. 杜辉:《论制度逻辑框架下环境治理模式之转换》,载《法商研究》2013 年第 1 期。
38. 杜万华:《当前环境资源审判的重点和难点问题》,载《法律适用》2016 年第 2 期。
39. 法言:《光辉的历程——话说中国特色社会主义法律体系的形成(一)》,载《中国人大》2011 年第 11 期。
40. 法言:《判断法律体系形成的主要标志——话说中国特色社会主义法律体系的形成(二)》,载《中国人大》2011 年第 12 期。
41. 封丽霞:《法典法、判例法抑或"混合法":一个认识论的立场》,载《环球法律评论》2003 年秋季号。
42. 冯舟:《论宪法第三条第四款》,载《政法论坛》2007 年第 5 期。
43. 付子堂、胡仁智:《关于法律功能实现的若干思考》,载《法学评论》1999 年第 5 期。
44. 付子堂:《社会学视野中的法律功能问题》,载《郑州大学学报(哲学社会科学版)》1999 年第 5 期。

45. 高富平:《民法法典化的历史回顾》,载《华东政法大学学报》1999 年第 2 期。
46. 高利红:《论财政体制与我国环境法的实施责任》,载《法学杂志》2016 年第 5 期。
47. 高利红:《自然环境理念与民法典制定——物权法的环境保护功能:理念与模式》,载《法学》2003 年第 9 期。
48. 葛察忠等:《环境保护督察巡视:党政同责的顶层制度》,载《中国环境管理》2016 年第 1 期。
49. 巩固:《环境法律观检讨》,载《法学研究》2011 年第 6 期。
50. 巩固:《激励理论与环境法研究的实践转向》,载《郑州大学学报(哲学社会科学版)》2016 年第 4 期。
51. 辜胜阻:《理顺中央与地方关系——合理分配事权与财权》,载《中国人大》2011 年第 15 期。
52. 郭剑平:《论法律功能的概念与类型》,载《韶关学院学报(社会科学版)》2008 年第 8 期。
53. 郭武、刘聪聪:《在环境政策与环境法律之间:反思中国环境保护的制度工具》,载《兰州大学学报(社会科学版)》2016 年第 2 期。
54. 郭武:《论中国第二代环境法的形成和发展趋势》,载《法商研究》2017 年第 1 期。
55. 何国强:《风险社会下侵权法的功能变迁与制度建构》,载《政治与法律》2019 年第 7 期。
56. 何文燕:《再论民事诉讼法典体例结构的调整》,载《政法论丛》2005 年第 1 期。
57. 何艳玲、汪广龙:《中国转型秩序及其制度逻辑》,载《中国社会科学》2016 年第 6 期。
58. 侯一麟:《政府职能、事权事责与财政财力》,载《公共行政评论》2009 年第 2 期。
59. 黄京平:《刑事裁判过程中的价值判断问题研究》,载《法学家》2005 年第 6 期。
60. 黄韬:《法治不完备条件下的我国政府间事权分配关系及其完善路径》,载《法制与社会发展》2015 年第 6 期。
61. 黄锡生、史玉成:《中国环境法律体系的架构与完善》,载《当代法学》2014 年第 1 期。
62. 姜战军:《损害赔偿范围确定中的法律政策》,载《法学研究》2009 年第 6 期。
63. 解振华:《构建中国特色社会主义的生态文明治理体系》,载《中国机构改革与管理》2017 年第 10 期。
64. 劳东燕:《刑事政策与刑法解释中的价值判断——兼论解释论上的“以刑制罪”现象》,载《政法论坛》2012 年第 4 期。
65. 劳东燕:《刑事政策与刑法体系关系之考察》,载《比较法研究》2012 年第 2 期。

66. 劳东燕:《罪刑规范的刑事政策分析——一个规范刑法学意义上的解读》,载《中国法学》2011 年第 1 期。
67. 李爱年、周圣佑:《我国环境保护法的发展:改革开放 40 年回顾与展望》,载《环境保护》2018 年第 10 期。
68. 李昌麒、甘强:《经济法与社会法关系的再认识》,载《法学家》2005 年第 6 期。
69. 李传轩:《环境法法典化的基本问题研究》,载《华东政法大学学报》2007 年第 3 期。
70. 李大勇:《司法政策论要》,载《现代法学》2014 年第 5 期。
71. 李钧:《一步之遥:意大利环境"法规"与"法典"的距离》,载《中国人大》2018 年第 1 期。
72. 李力:《论法律的功能》,载《四川大学学报(哲学社会科学版)》1995 年第 3 期。
73. 李龙、李慧敏:《政策与法律的互动谐变关系探析》,载《理论与改革》2017 年第 1 期。
74. 李艳芳、田时雨:《比较法视野中的我国环境法法典化》,载《中国人民大学学报》2019 年第 2 期。
75. 李艳芳:《关于环境法调整对象的新思考——对"人与自然关系法律调整论"的质疑》,载《法学家》2002 年第 3 期。
76. 李艳芳:《论生态文明建设与环境法的独立部门法地位》,载《清华法学》2018 年第 5 期。
77. 李永军:《论商法的传统与理性基础——历史传统与形式理性对民商分立的影响》,载《法制与社会发展》2002 年第 6 期。
78. 李挚萍:《可持续发展原则基石上的环境法法典化——〈瑞典环境法典〉评析》,载《学术研究》2006 年第 12 期。
79. 李挚萍:《试论法对人与自然关系的调整》,载《中山大学学报(社会科学版)》2001 年第 2 期。
80. 林来梵:《转型期宪法的实施形态》,载《比较法研究》2014 年第 4 期。
81. 刘华:《国家治理现代化视域下的中央与地方关系》,载《江苏社会科学》2017 年第 2 期。
82. 刘剑文、候卓:《事权划分法治化的中国路径》,载《中国社会科学》2017 年第 2 期。
83. 刘茂林、王从峰:《论中国特色社会主义法律体系形成的标准》,载《法学论坛》2010 年第 6 期。
84. 刘士国:《绿色化与我国民法典编纂》,载《社会科学》2017 年第 9 期。

85. 刘肖委:《近年来中国特色社会主义——法律体系研究进展述要》,载《人大研究》2012 年第 1 期。
86. 刘长兴:《论环境法法典化的边界》,载《甘肃社会科学》2020 年第 1 期。
87. 刘兆兴:《比较法视野下的法典编纂与解法典化》,载《环球法律评论》2008 年第 1 期。
88. 卢现祥:《转变制度供给方式,降低制度性交易成本》,载《学术界》2017 年第 10 期。
89. 罗文君:《论环境法的利益调控功能》,载《环境科学动态》2003 年第 2 期。
90. 罗湘衡:《分析府际关系的四大主流模式研究》,载《国外理论动态》2016 年第 6 期。
91. 吕忠梅、窦海阳:《民法典"绿色化"与环境法典的调制》,载《中外法学》2018 年第 4 期。
92. 吕忠梅、吴一冉:《中国环境法治七十年:从历史走向未来》,载《中国法律评论》2019 年第 5 期。
93. 吕忠梅:《关于物权法的"绿色"思考》,载《中国法学》2000 年第 5 期。
94. 吕忠梅:《环境法回归　路在何方?——关于环境法与传统部门法关系的再思考》,载《清华法学》2018 年第 5 期。
95. 吕忠梅:《环境权力与权利的重构——论民法与环境法的沟通和协调》,载《法律科学》2000 年第 5 期。
96. 吕忠梅:《监管环境监管者:立法缺失及制度构建》,载《法商研究》2009 年第 5 期。
97. 吕忠梅:《中国环境司法现状调查》,载《法学》2011 年第 4 期。
98. 吕忠梅课题组:《"绿色原则"在民法典中的贯彻论纲》,载《中国法学》2018 年第 1 期。
99. 马长山:《多元和谐秩序建构中的法律功能及其实现》,载《学习与探索》2007 年第 2 期。
100. 马长山:《新一轮司法改革的可能与限度》,载《政法论坛》2015 年第 5 期。
101. 茅少伟:《寻找新民法典:"三思"而后行——民法典的价值、格局与体系再思考》,载《中外法学》2013 年第 6 期。
102. 莫菲:《法国环境法典化的历程及启示》,载《中国人大》2018 年第 3 期。
103. 倪星、原超:《地方政府的运动式治理是如何走向"常规化"的》,载《公共行政评论》2014 年第 2 期。
104. 欧阳恩钱:《环境法功能进化的层次与展开——兼论我国第二代环境法之发

展》,载《中州学刊》2010 年第 1 期。
105. 彭峰:《法国环境法法典化的成因及对我国的启示》,载《政法论丛》2010 年第 1 期。
106. 彭峰:《法国环境法法典化研究》,载《环境保护》2008 年第 4 期。
107. 彭峰:《法律进化与环境法法典化的未来》,载《东方法学》2010 年第 6 期。
108. 齐恩平:《"民事政策"的困境与反思》,载《中国法学》2009 年第 2 期。
109. 祁毓等:《环境保护事权与支出责任划分研究》,载《地方财政研究》2017 年第 12 期。
110. 钱水苗:《环境法调整对象的应然与实然》,载《中国法学》2003 年第 3 期。
111. 全国人大常委会办公厅研究室课题组:《中国特色社会主义法律体系若干问题研究》,载《理论研究》1999 年第 3 期。
112. 崔建远:《我国〈民法总则〉的制度创新与历史意义》,载《比较法研究》2017 年第 3 期。
113. 沈荣华:《分权背景下的政府垂直管理:模式与思路》,载《中国行政管理》2009 年第 9 期。
114. 史际春:《法的政策化与政策法治化》,载《经济法论丛》2018 年第 1 期。
115. 史玉成:《环境利益、环境权利与环境权力的分层建构——基于法益分析方法的思考》,载《法商研究》2013 年第 5 期。
116. 苏力:《当代中国的中央与地方分权》,载《中国社会科学》2004 年第 2 期。
117. 苏明等:《我国环境事权划分现状及改革建议》,载《经济研究参考》2016 年第 42 期。
118. 孙国东:《哈贝马斯对现代法律功能属性的定位及对转型中国法治建构的启示》,载《学习与探索》2018 年第 4 期。
119. 孙海波:《法条主义如何穿越错综复杂》,载《法律科学》2018 年第 1 期。
120. 孙佑海:《物权法与环境保护》,载《环境保护》2007 年第 5 期。
121. 孙佑海:《影响环境资源法实施的障碍研究》,载《现代法学》2007 年第 2 期。
122. 汪劲、骆建华:《法、意环境之行》,载《世界环境》2002 年第 3 期。
123. 汪劲:《环境法法典化:迷思与解谜》,载《中国地质大学学报(社会科学版)》2010 年第 3 期。
124. 汪劲:《环境法学的中国现象:由来与前程——源自环境法和法学学科发展史的考察》,载《清华法学》2018 年第 5 期。
125. 汪劲:《进化中的环境法上的权利类型探析——以环境享有权的核心构造为中心》,载《上海大学学报(社会科学版)》2017 年第 2 期。

126. 汪习根、罗思婧:《论当代中国特色社会主义法律体系完善之路》,载《河北学刊》2011 年第 6 期。
127. 汪信砚:《生态文明建设的价值论审思》,载《武汉大学学报(社会科学版)》2020 年第 3 期。
128. 汪洋:《土地承包经营权继承问题研究——对现行规范的法构造阐释与法政策考量》,载《清华法学》2014 年第 4 期。
129. 王灿发、陈世寅:《中国环境法法典化的证成与构想》,载《中国人民大学学报》2019 年第 2 期。
130. 王宏:《论民法总则制定后环境权在民法典中的建构——从作为请求权的新型基础权利出发》,载《法学论坛》2017 年第 6 期。
131. 王佳赫:《地方政府"环保财政"效率评价实证研究》,载《财经理论研究》2014 年第 3 期。
132. 王建学:《论地方政府事权的法理基础与宪法结构》,载《中国法学》2017 年第 4 期。
133. 王江:《环境法"损害担责原则"的解读与反思——以法律原则的结构性功能为主线》,载《法学评论》2018 年第 3 期。
134. 王立伟:《唯物史观视阈下新时代社会主要矛盾》,载《青年时代》2018 年第 10 期。
135. 王利明:《民法总则的立法思路》,载《求是学刊》2015 年第 5 期。
136. 王利明:《物权法与环境保护》,载《河南财经政法大学学报》2008 年第 4 期。
137. 王利明:《总分结构理论与我国民法典的编纂》,载《交大法学》2019 年第 3 期。
138. 王浦劬:《中央与地方事权划分的国别经验及其启示——基于六个国家经验的分析》,载《政治学研究》2016 年第 5 期。
139. 王全兴:《社会法学研究应当吸取经济法学研究的教训》,载《浙江学刊》2004 年第 1 期。
140. 王社坤:《论环境法的调整对象》,载《昆明理工大学学报(社会科学版)》2009 年第 9 期。
141. 王树义、桑东莉:《客观地认识环境法的调整对象》,载《法学评论》2003 年第 4 期。
142. 王树义:《论生态文明建设与环境司法改革》,载《中国法学》2014 年第 3 期。
143. 王轶:《民法价值判断问题的实体性论证规则——以中国民法学的学术实践为背景》,载《中国社会科学》2004 年第 6 期。
144. 王勇飞:《论法的职能和功能》,载《当代法学》1990 年第 1 期。

145. 王雨辰:《习近平"生命共同体"概念的生态哲学阐释》,载《社会科学战线》2018 年第 2 期。
146. 韦联春:《环境权的立法保护》,载《法学》1994 年第 6 期。
147. 吴飞飞:《论中国民法典的公共精神向度》,载《法商研究》2018 年第 4 期。
148. 吴卫星:《环境权入宪的比较研究》,载《法商研究》2017 年第 4 期。
149. 吴元元:《规则是如何形成的——从哈耶克的"自发演化"论开始》,载《西南政法大学学报》2006 年第 4 期。
150. 吴元元:《信息能力与压力型立法》,载《中国社会科学》2010 年第 1 期。
151. 夏光等:《中国共产党十八大以来生态环境保护的历史性变化》,载《环境与可持续发展》2018 年第 1 期。
152. 夏凌、金晶:《瑞典环境法的法典化》,载《环境保护》2009 年第 2 期。
153. 夏凌:《德国环境法的法典化项目及其新发展》,载《甘肃政法学院学报》2010 年第 3 期。
154. 夏凌:《法国环境法的法典化及其对我国的启示》,载《江西社会科学》2008 年第 4 期。
155. 夏凌:《欧洲环境法的法典化运动及其启示》,载《欧洲研究》2008 年第 6 期。
156. 谢鸿飞:《历史法学的思想内核及其中国复兴》,载《中国法律评论》2015 年第 2 期。
157. 谢晖:《论法律调整》,载《山东大学学报(哲学社会科学版)》2003 年第 5 期。
158. 谢庆奎:《中国政府的府际关系研究》,载《北京大学学报(哲学社会科学版)》2000 年第 1 期。
159. 谢哲胜:《论民法法典化模式的选择》,载《法商研究》2006 年第 3 期。
160. 徐国栋:《论现代民法典的结构——功能模式》,载《法学研究》1992 年第 1 期。
161. 徐祥民、巩固:《关于环境法体系问题的几点思考》,载《法学论坛》2009 年第 2 期。
162. 徐以祥:《环境权利理论、环境义务理论及其融合》,载《甘肃政法学院学报》2015 年第 2 期。
163. 许德风:《论法教义学与价值判断》,载《中外法学》2008 年第 2 期。
164. 严存生:《对法典和法典化的几点哲理思考》,载《北方法学》2008 年第 1 期。
165. 杨朝霞:《论环境权的性质》,载《中国法学》2020 年第 2 期。
166. 杨华国:《论环境法在法学体系中的地位》,载《社会科学家》2007 年第 6 期。
167. 杨巨中:《世界上最早的自然保护法——云梦秦简〈田律〉诌议》,载《人文杂志》2000 年第 5 期。

168. 杨瑞龙:《论制度供给》,载《经济研究》1993 年第 8 期。
169. 叶俊荣:《大量环境立法:我国环境立法的模式、难题及因应方向》,载《台大法学论丛》第 22 卷第 1 期。
170. 叶俊荣:《环境立法的两种模式:政策性立法与管制性立法》,载《清华法治论衡》2013 年第 3 期。
171. 易军:《民法基本原则的意义脉络》,载《法学研究》2018 年第 6 期。
172. 尹田:《民法典总则与民法典立法体系模式》,载《法学研究》2006 年第 6 期。
173. 余光辉、陈亮:《论我国环境执法机制的完善》,载《法律科学》2010 年第 5 期。
174. 余少祥:《社会法的界定与法律性质论析》,载《法学论坛》2018 年第 5 期。
175. 郁建兴、高翔:《地方发展型政府的行为逻辑及制度基础》,载《中国社会科学》2012 年第 5 期。
176. 郁建兴、吴国骅:《新公共管理运动与官僚制》,载《教学与研究》2003 年第 9 期。
177. 张高丽:《大力推进生态文明　努力建设美丽中国》,载《求是》2013 年第 24 期。
178. 张红:《走向"精明"的证券监管》,载《中国法学》2017 年第 6 期。
179. 张璐:《〈矿产资源法〉修改中的"权证分开"问题研究》,载《甘肃政法学院学报》2010 年第 6 期。
180. 张璐璐:《德国环境法法典化失败原因探究》,载《学习交流》2016 年第 6 期。
181. 张文显:《迈向科学化现代化的中国法学》,载《法制与社会发展》2018 年第 6 期。
182. 张翔:《环境宪法的新发展及其规范阐释》,载《法学家》2018 年第 3 期。
183. 张翔:《基本权利的受益权功能与国家的给付义务》,载《中国法学》2006 年第 1 期。
184. 张翔:《宪法与部门法的三重关系》,载《中国法律评论》2019 年第 1 期。
185. 张翔:《刑法体系的合宪性调控——以"李斯特鸿沟"为视角》,载《法学研究》2016 年第 4 期。
186. 张小筠、刘戒骄:《新中国 70 年环境规制政策变迁与取向观察》,载《改革》2019 年第 10 期。
187. 张欣:《大众媒体、公共事件和立法供给研究——以 2003 ~ 2013 年公共事件为例》,载《法学评论》2016 年第 5 期。
188. 张欣:《我国立法电子参与有效性的提升——基于公众参与法律草案征求意见(2005 ~ 2016 年)的实证研究》,载《法商研究》2018 年第 2 期。
189. 张馨月:《新时代我国社会主要矛盾与中国特色社会主义生态文明》,载《广西教育学院学报》2020 年第 2 期。

190. 张旭昆:《论制度的均衡与演化》,载《经济研究》1993 年第 9 期。
191. 张云飞:《"生命共同体":社会主义生态文明的本体论奠基》,载《马克思主义与现实》2019 年第 2 期。
192. 张震:《公民环境义务的宪法表达》,载《求是学刊》2018 年第 6 期。
193. 张震:《民法典中环境权的规范构造——以宪法、民法以及环境法的协同为视角》,载《暨南学报(哲学社会科学版)》2018 年第 3 期。
194. 张中秋:《试论我国古代律的历史发展及其特点》,载《史学月刊》1989 年第 1 期。
195. 张梓太、郭少青:《结构性陷阱:中国环境法不能承受之重》,载《南京大学学报(哲学·人文科学·社会科学版)》2013 年第 2 期。
196. 张梓太、陶蕾、李传:《我国环境法典框架设计构想》,载《东方法学》2008 年第 2 期。
197. 张梓太:《论法典化与环境法的发展》,载《华东政法大学学报》2007 年第 3 期。
198. 张梓太:《论我国环境法法典化的基本路径与模式》,载《现代法学》2008 年第 4 期。
199. 赵传朋:《论中国环境法的非法典化》,山东师范大学 2007 年硕士学位论文。
200. 赵国伟:《浅议形成中国特色社会主义法律体系》,载《吉林人大工作》1999 年第 7 期。
201. 赵娟:《论环境法的行政法性质》,载《南京社会科学》2001 年第 7 期。
202. 赵之隆:《法的功能与价值》,载《当代法学》1997 年第 2 期。
203. 郑毅:《建国以来中央与地方关系在宪法文本中的演变》,载《中国行政管理》2015 年第 4 期。
204. 周黎安:《行政发包制》,载《社会》2014 年第 6 期。
205. 周旺生:《法的功能和法的作用辨异》,载《政法论坛》2006 年第 5 期。
206. 周旺生:《法典在制度文明中的位置》,载《法学论坛》2002 年第 4 期。
207. 周旺生:《论法的总则部分构造》,载《政治与法律》1995 年第 3 期。
208. 周伟:《论恩格斯晚年关于法的功能的理论》,载《云南教育学院学报》1989 年第 2 期。
209. 周雪光、练宏:《政府内部上下级部门间谈判的一个分析模型——以环境政策实施为例》,载《中国社会科学》2011 年第 5 期。
210. 周雪光:《基层政府间的"共谋现象":一个政府行为的制度逻辑》,载《社会学研究》2008 年第 6 期。
211. 周雪光:《运动型治理机制:中国国家治理的制度逻辑再思考》,载《开放时代》

2012 年第 9 期。
212. 周叶中、叶正国:《论基本法一般条款的功能和适用》,载《北京联合大学学报(人文社会科学版)》2014 年第 1 期。
213. 朱炳成:《环境健康风险预防原则的理论建构与制度展开》,载《暨南学报(哲学社会科学版)》2019 年第 11 期。
214. 朱炳成:《面向公众健康保障的生态环境法律规制转型》,载《吉首大学学报(社会科学版)》2019 年第 5 期。
215. 朱炳成:《全球气候治理的挑战与法制应对》,载《中州学刊》2020 年第 4 期。
216. 朱炳成:《形式理性关照下我国环境法典的结构设计》,载《甘肃社会科学》2020 年第 1 期。
217. 朱未易:《对中国地方纵横向关系法治化的研究》,载《政治与法律》2016 年第 11 期。
218. 朱芸阳:《论民法上的一般条款的理念和功能》,载《湖北社会科学》2013 年第 4 期。
219. 竺效、丁霖:《绿色发展理念与环境立法创新》,载《法制与社会发展》2016 年第 2 期。
220. 竺效、田时雨:《瑞典环境法典化的特点及启示》,载《中国人大》2017 年第 15 期。
221. 竺效:《论我国环境污染责任保险单行法的构建》,载《现代法学》2015 年第 3 期。
222. 邹海林:《私法规范文本解释之价值判断》,载《环球法律评论》2013 年第 5 期。

(三)重要报刊

1. 白天亮:《全面深化改革取得重大成就——访中央改革办常务副主任穆虹》,载《人民日报》2017 年 9 月 21 日,第 8 版。
2. 陈斯喜:《中国特色社会主义法律体系的主要特征》,载《人民日报》2011 年 3 月 12 日,第 12 版"两会"特刊。
3. 高伟:《多地完成环保垂改方案制定工作　改革试点进展明显》,载《经济观察报》2017 年 9 月 28 日,第 7 版。
4. 李军等:《第四批中央环保督察综述》,载《中国环境报》2017 年 10 月 9 日,第 1 版。
5. 李林:《中国特色社会主义法律体系形成的法治意义》,载《人民日报》2011 年 2 月 21 日,第 3 版。
6. 刘海年:《中国特色社会主义法律体系若干问题研究》,载《人民法院报》2001 年 1 月 1 日,第 3 版。

7. 刘牧晗、罗吉:《环境权益的民法表达——"环境权益与民法典的制定"学术研讨会综述》,载《人民法院报》2016 年 2 月 17 日,第 8 版。
8. 刘毅:《生态环境监管体制改革将有序推进》,载《人民日报》2017 年 10 月 24 日,第 7 版。
9. 孟勤国、刘牧晗、罗吉:《环境权益的民法表达——"环境权益与民法典的制定"学术研讨会综述》,载《人民法院报》2016 年 2 月 17 日,第 8 版。
10.《完善中国特色社会主义法律体系——五论坚持和完善人民代表大会制度》,载《人民日报》2009 年 3 月 15 日,第 1 版。
11. 任勇:《垂直管理改革的逻辑与任务》,载《中国环境报》2016 年 10 月 13 日,第 3 版。
12. 孙国华:《简论法的作用和职能》,载《光明日报》1986 年 7 月 27 日,第 3 版。
13. 孙秀艳、寇江泽:《第三批中央环保督察反馈结束》,载《人民日报》2017 年 8 月 2 日,第 14 版。
14. 孙秀艳:《第一批中央环保督察移交案件问责情况公开》,载《人民日报》2017 年 11 月 17 日,第 15 版。
15. 王昆婷、童克难:《注重条块结合—强化履职尽责——解读〈关于省以下环保机构监测监察执法垂直管理制度改革试点工作的指导意见〉》,载《中国环境报》2016 年 9 月 23 日,第 1 版。
16. 吴邦国:《中国特色社会主义法律体系形成 人大常委会召开座谈会 吴邦国发表重要讲话》,载《人民日报》2011 年 1 月 26 日,第 1 版。
17. 夏光:《蹄疾步稳绘就生态文明蓝图——〈生态文明体制改革总体方案〉解读》,载《中国环境报》2015 年 9 月 14 日,第 2 版。
18. 翟勇:《构建我国生态文明建设法律体系》,载《社会科学报》2017 年 12 月 14 日,第 3 版。
19. 周汉华:《机构改革与法制建设——对"大部制"的不同看法》,载《经济观察报》2003 年 3 月 3 日,B12 版。
20. 中华人民共和国国务院新闻办公室:《中国特色社会主义法律体系》,载《人民日报》2011 年 10 月 28 日,第 14 版。
21. 周迎久、张铭贤:《河北垂管改革落地生根》,载《中国环境报》2017 年 2 月 24 日,第 5 版。

二、外文文献

(一)著作

1. H. Bocken & D. Ryckbost, *Codification of Environmental Law*: *Proceedings of The*

International Conference, in H. Bocken and D. Ryckbost, eds., The Hague, Kluwer Law International, 1996, p. 217.

2. David R. Body, *The Environmental Rights Revolution: A Global Study of Constitutions, Human Rights, and The Environmental*, UBC Press, 2012, p. 279.
3. Gunther A. Weiss, *The Enchantment of Condificationin The Common – Law World*, The Federation Press, 2012, p. 449.
4. Marianne Steneroth Sillen, *The Environmental Law System*, in N. S. J. Koeman, ed., Environmental Law in Europe, Kluwer Law International, 1999, p. 524 – 525.
5. Mateut Gheorghita & Mihaila Arthur, *Logica Juridica*, Lumina Lex Publishing House, 1998, p. 54.
6. Sunstein, *After The Rights Revolution – Reconceiving The Regulatory State*, Harvard University Press, 1990, p. 114.

（二）论文

1. S. Breiting & W. Pre, *The Progressive Development of Enviromental Education in Sweden and Denmark*, Enviromental Education Research Vol. 16(2010).
2. J. L. Bergel, *Principal Features and Methods of Codification*, Louisiana Law Review, Vol. 48(1987).
3. Christian Aimer & Timo Goeschl, *Environmental Crime and Punishment: Empirical Evidence from The German Penal Code*, Land Economics, Vol. 4 (2010).
4. Christiane TruÈe, *The Drafting of an Environmental Law Code (UGB)*, European Energy and Environmental Law Review, Vol. 4 (2009).
5. F. Fracchia, *Codification and The Environment*, Italian Journal of Public Law, Vol. 1(2009).
6. Jody Freeman & Jim Rossi, *Agency Coordination in Shared Regulatory Space*, Harvard Law Review, Vol. 125 (2012).
7. Pepe Clarke & Carine David, *New Provincial Environmental Legislation in New Caledonia Continuity and Reform*, Asia Pacific Journal of Environmental Law, Vol. 1 (2011).
8. Peter H. Schuck, *Legal Complexity: Some Causes, Consequences, and Cure*, Duke Law Journal, Vol. 42:1(1992).
9. Rehbinder, *Point of Referencefora Codification of National Environmental Law*, The Codification of Environmental Law, Vol. 1(2000).
10. Rylander H., *Integration of Waste Management Processes in Sweden*, Wastes Man-

agement, Vol. 25(1997).
11. Bayless Manning, *Hyperlexis: Our National Disease*, Northwest University Law Review, Vol. 71:6(1977).
12. Ehrlich, *Legal Pollution*, New York Times, Vol. 8(1976).
13. Ernst Brandl & Hartwin Bungert, *Constitutional Entrenchment of Environmental Protection: a Comparative Analysis of Experiences Abroad*, Harvard Environmrntal Law Review, Vol. 16(1992).
14. Jacob E. Gersen, *Overlapping and Underlapping Jurisdiction in Administrative Law*, Supreme Court Review, Vol. 201(2006).
15. Tim Kolk & Airi Andresson, *The Role of Basic Rights in Environmental Protection*, Juridica International, Vol. 34(2003).
16. Van Reene & T. P, *Reflections on the codification of South Africa Environmental Law: General Considerations*, Stellenbosch Law Review, Vol. 2(1994).
17. Veinla H., *Codification of Environmental Law, Major Challanges and Options*, Journal of Periodontology, Vol. 76:8(2007).

后　　记

本书源于中国法学会环境资源法学研究会开展的《环境法典研究(2018～2020)》计划。2018年10月,环境资源法研究会公布了第一批环境法典研究课题(共计15项)。2020年7月,该批课题研究成果陆续提交。在研究会负责人吕忠梅教授的统一安排下,将其中涉及环境法典基础理论的四个课题研究成果予以汇集和整理,形成本书。具体课题包括:武汉大学陈海嵩教授承担的"中国生态文明体制改革与环境法典编撰研究"(项目编号:CESRL－FDH－18001)、中国人民大学丁霖博士后承担的"环境法在中国特色社会主义法律体系中的定位与功能研究"(项目编号:CESRL－FDH－18005)、天津大学代杰副教授承担的"中国环境法适度法典化的概念厘清与实现路径"(项目编号:CESRL－FDH－18006)、中国政法大学朱炳成讲师承担的"我国环境法典的结构研究"(项目编号:CESRL－FDH－18014)。在后续编写过程中,为了更好地展示环境法学界对本问题的最新研究进展,本书还吸收了中国人民大学副教授曹炜、西南政法大学讲师何江、西南政法大学讲师周骁然等优秀环境法青年学者的相应研究,使内容更为充实。

本书紧密围绕构建中国特色、中国风格的环境法理论与学术话语体系目标,为环境法典编纂提供"中国方案",形成"中国经验"。本书包括绪论、基础篇、分析篇、设想篇四大部分,共分为七章,分别从中国环境法典编纂的实质理性与形式理性、目的论、模式与方案、应对制度转型、基本功能、总则、环境权等问题展开,力图较为全面地分析中国环境法典编纂中所涉及的基础理论问题。具体的作者分工及前期发表情况如下:

本人作为本书主编，承担了全部内容的组织、统稿、整理、优化的工作，并撰写了本书第四章，其中的部分内容此前已经公开发表，相关文献是：《中国环境法治的体制性障碍及治理路径》，载《法律科学》2019年第4期；《中国生态文明法治转型中的政策与法律关系》，载《吉林大学社会科学学报》2020年第2期。其他情况是：(1)丁霖撰写了本书绪论、第五章第三节初稿；(2)朱炳成撰写了本书第一章第二节、第三节，以及第三章初稿，其中部分内容以《形式理性关照下我国环境法典的结构设计》为题发表于《甘肃社会科学》2020年第1期；(3)何江撰写了本书第五章第一节、第二节，以及第六章第三节初稿，其中主要内容以《为什么环境法需要法典化——基于法律复杂化理论的证成》为题发表于《法制与社会发展》2019年第5期；(4)周骁然撰写了本书第二章，其中主要内容已经以《体系化与科学化：环境法法典化目的的二元塑造》为题发表于《法制与社会发展》2020年第6期；(5)曹炜撰写了本书第一章第一节初稿，其中部分内容已经以《论环境法法典化的方法论自觉》为题发表于《中国人民大学学报》2019年第2期；(6)代杰撰写了本书第六章第一节、第二节，以及第七章初稿。

本书的编写时间紧、任务重。由于各部分内容风格迥异，繁简不一，完成度上也存在一定差异。为了让所有内容能够较为和谐地汇集为一部著作，本人根据吕忠梅教授的指导及整体构思，针对各个部分进行了修改、补充和优化；同时在焦艳鹏教授的定期催促下，本书终于得以按期完成。武汉大学环境法研究所博士生姜闻远、胡攀作为研究助理，承担了一部分文字校对和格式编排工作。内容上如有错漏之处，敬请同仁谅解。希冀本书能够成为中国环境法典编纂在理论上的“垫脚石”，助推中国环境法典早日诞生！

陈海嵩

2021年1月5日于珞珈山

图书在版编目(CIP)数据

中国环境法典编纂的基本理论问题 / 陈海嵩主编
. -- 北京 : 法律出版社, 2021(2022.4 重印)
ISBN 978 - 7 - 5197 - 5491 - 4

Ⅰ. ①中… Ⅱ. ①陈… Ⅲ. ①环境保护法—法典—研究—中国 Ⅳ. ①D922.680.4

中国版本图书馆 CIP 数据核字(2021)第 054407 号

中国环境法典编纂的基本理论问题
ZHONGGUO HUANJING FADIAN BIANZUAN DE JIBEN LILUN WENTI

陈海嵩 主编

责任编辑 吴 昉
装帧设计 凌点工作室

出版发行 法律出版社
编辑统筹 法律教育出版分社
责任校对 杨锦华 王沁陶
责任印制 刘晓伟
经　　销 新华书店

开本 A5
印张 10.125　**字数** 282 千
版本 2021 年 6 月第 1 版
印次 2022 年 4 月第 2 次印刷
印刷 北京建宏印刷有限公司

地址:北京市丰台区莲花池西里 7 号(100073)
网址:www. lawpress. com. cn
投稿邮箱:info@ lawpress. com. cn
举报盗版邮箱:jbwq@ lawpress. com. cn

销售电话:010 - 83938349
客服电话:010 - 83938350
咨询电话:010 - 63939796

书号:ISBN 978 - 7 - 5197 - 5491 - 4　**定价**:38. 00 元

凡购买本社图书,如有印装错误,我社负责退换。电话:010 - 83938349